ROBERT NEDOMA

Kleine Grammatik des Altisländischen

Dritte,
erweiterte und aktualisierte Auflage

Universitätsverlag
WINTER
Heidelberg

Bibliografische Information Der Deutschen Bibliothek

Die Deutsche Bibliothek verzeichnet diese Publikation
in der Deutschen Nationalbibliografie;
detaillierte bibliografische Daten sind im Internet
über *http://dnb.ddb.de* abrufbar.

UMSCHLAGBILD

Codex regius der *Lieder-Edda* (GkS 2365, 4°),
Ausschnitt aus fol. 18r: Str. 1–7 der *Vǫlundarkviða*

ISBN 978-3-8253-5786-3
3. Auflage

Imprimé en Allemagne · Printed in Germany
Druck: Memminger MedienCentrum, 87700 Memmingen

Gedruckt auf umweltfreundlichem, chlorfrei gebleichtem
und alterungsbeständigem Papier

Den Verlag erreichen Sie im Internet unter:
www.winter-verlag-hd.de

INDOGERMANISCHE BIBLIOTHEK

Begründet von H. Hirt und W. Streitberg

Fortgeführt von H. Krahe

Herausgegeben

von Alfred Bammesberger

ERSTE REIHE

Lehr- und Handbücher

Für L. B.

Vorbemerkung zur ersten Auflage

Das vorliegende Kompendium ist aus einschlägigen, mehrfach modifizierten Unterlagen zu meinen an der Universität Wien gehaltenen Altnordisch-Proseminaren erwachsen. Ursprünglich als eine knappe Minimalgrammatik konzipiert, hat sich eine Darstellung mittleren Umfangs daraus entwickelt – ich habe ziemlich bald bemerkt, daß angesichts der komplexen Morphophonemik des Altisländischen mit einem gedrängten Abriß im akademischen Unterricht nur wenig gedient ist.

Da es sich 'nur' um einen ersten Behelf zur Arbeit an und mit altisländischen Texten handelt (und nicht um ein Handbuch im engeren Sinn oder gar um eine 'große Grammatik'), gilt das Hauptaugenmerk der Flexionsmorphologie (in durchaus konventioneller Darstellung); der Abschnitt über die Syntax des Altisländischen ist vergleichsweise kurz gehalten, und textlinguistische Aspekte bleiben weitgehend ausgespart. – Abweichend zu einer Reihe vergleichbarer Werke (meist älteren Datums) ist das vorliegende Lehrbuch keine historische Grammatik, sondern lediglich eine historisch orientierte Grammatik des Altisländischen; in Abschnitt II (Zur diachronen Phonologie) finden sich ausschließlich Lautwandelprozesse und -ergebnisse behandelt, die für die Flexionsmorphologie des Altisländischen (genauer: für das Verständnis morphophonemischer Alternanzen) relevant sind.

[...]

Wien, im Oktober 2000 — Robert Nedoma

Vorbemerkung zur zweiten Auflage

Die *Kleine Grammatik des Altisländischen* hat überraschend schnellen Absatz gefunden, sodaß früher als geplant eine neue Auflage notwendig geworden ist.

Gegenüber der ersten Auflage ist ein Exkurs zum Thema Altschwedisch (als neuer Abschnitt VI) hinzugekommen. Erweitert habe ich vor allem die Einführung zum Thema Urnordisch – Altnordisch – Altisländisch (I.1.), in geringerem Ausmaß auch das Kapitel Überlieferung des

Altisländischen (I.2.); ferner wurden in der Formenlehre (Abschnitt III) etliche Paradigmen hinzugefügt. Schließlich habe ich auch die Bibliographie (nunmehr Abschnitt VII) auf den neuesten Stand gebracht. Daß da und dort Präzisierungen vorgenommen und kleinere Versehen korrigiert wurden, versteht sich von selbst. Die Paragraphengliederung der ersten Auflage ist unverändert geblieben.

[...]

Wien, im Februar 2006 Robert Nedoma

Vorbemerkung zur dritten Auflage

Die Neuauflage der *Kleinen Grammatik des Altisländischen* erscheint in einem leicht veränderten Satzspiegel.

Gegenüber der zweiten Auflage ist ein weiterer Anhang hinzugekommen, und zwar zum Altdänischen (neuer Abschnitt VII), sodaß nunmehr sämtliche ‘großen’ altnordischen Sprachen in diesem Werk vertreten sind. Neu ist auch ein Kleines Lexikon sprachwissenschaftlicher Termini (Abschnitt X), das eventuelle Verständnisprobleme auf kurzem Wege beseitigen soll. Die Bibliographie (nunmehr Abschnitt VIII) habe ich wiederum auf den aktuellen Stand gebracht; ferner sind einige Abbildungen und Übersichten hinzugekommen. Auch diesmal wurde der Text an einigen Stellen präzisiert bzw. korrigiert. Die Paragraphengliederung der ersten (und zweiten) Auflage ist unverändert geblieben.

Ein Fertigungsdatum des mehrfach angekündigten Begleitbandes *Lesebuch des Altisländischen* wage ich nicht mehr zu nennen.

Wien, im August 2010 Robert Nedoma

Inhalt

0. Abkürzungen und Zeichen

0.1. Allgemeine Abkürzungen

Allgemein gebräuchliche, im Wörterverzeichnis des Duden und ähnlicher Werke verbuchte Abkürzungen werden hier nicht aufgelistet. Abkürzungen, die durch Tilgung des finalen Segments *-isch* entstehen (z.B. got. = gotisch), sind ebenfalls nicht angeführt.

Adj. .... Adjektiv
Adv. .... Adverb
ae. .... altenglisch
agutn. .... altgutnisch
ahd. .... althochdeutsch
aisl. .... altisländisch
Akk. .... Akkusativ
an. .... altnordisch
anorw. .... altnorwegisch
a(o/w)dän. ... alt(ost/west)dänisch
aschwed. ..... altschwedisch
awn. .... altwestnordisch
Dat. .... Dativ
dial. .... dialektal
Du. .... Dual ('Zweizahl')
f(em). .... feminin
frz. .... französisch
Gen. .... Genetiv
ggerm. .... gemeingermanisch
gr. .... (alt)griechisch
Imp. .... Imperativ
Ind. .... Indikativ
Inf. .... Infinitiv
ital. .... italienisch
Komp. .... Komparativ
Konj. .... Konjunktiv
m(ask.) .... maskulin
mhd. .... mittelhochdeutsch
n(eutr). .... neutrum
ne. .... neuenglisch
nhd. .... neuhochdeutsch
nisl. .... neuisländisch
Nom. .... Nominativ
Num. .... Numerale
österr. .... österreichisch
P(ers). .... Person
Part. .... Partizip
Perf. .... Perfekt
Pl. .... Plural
PP (Vb.) ...... Präteritopräsens
Präs. .... Präsens (-ntis)
Prät. .... Präteritum (-ti)
Pron. .... Pronomen
Rel. .... Relativum
Sg. .... Singular
st. Vb. .... starkes Verb
Sup. .... Superlativ
sw. Vb. .... schwaches Verb
urgerm. .... urgermanisch
uridg. .... urindogermanisch
urn. .... urnordisch
Vb. .... Verb

0.2. Sprachwissenschaftliche Zeichen

‹a› .... graphemische Klammer; graphemische Einheit(en)

[a] .... phonetische Klammer; phonetische Einheit(en)

/a/ .... phonologische Klammer; phonologische Einheit(en)

*a .... Asterisk; rekonstruierte, nicht belegte sprachliche Form

**a .... lautgesetzlich zu erwartende hypothetische Form (Transponat)

ta+ka .... Segmentierung: Trennung nach Silben

tak-a .... Segmentierung: Trennung nach Morphemen

t° .... Unvollständigkeit; steht (quasi als Abkürzungsmittel) für Wortteile ungeachtet morphologischer Segmentierung

a# .... Grenzsymbol; indiziert Wortgrenze

$a > b$ .... *a* wird lautgesetzlich durch *b* ersetzt (*a* wird lautgesetzlich zu *b*)

$a < b$ .... *a* ersetzt lautgesetzlich *b* (*a* entsteht lautgesetzlich aus *b*)

$a \rightarrow b$ .... *a* wird nicht-lautgesetzlich (z.B. analogisch) durch *b* ersetzt

C .... (beliebiger) Konsonant

C_0 .... beliebige Anzahl von (beliebigen) Konsonanten, null eingeschlossen

C_1 .... mindestens ein (beliebiger) Konsonant

R .... (beliebiger) Sonorkonsonant (Liquida, Nasal)

L .... (beliebige) Liquida (*l*, *r*)

N .... (beliebiger) Nasal (*m*, *n*, *ŋ*)

K .... (beliebiger) Tektal (*g*, *k*)

V .... (beliebiger) Vokal ($\bar{V}$ Langvokal, $\breve{V}$ Kurzvokal)

Ø .... Nullelement

Hinweis: Sprachwissenschaftliche Termini sind in einem speziellen *Kleinen Lexikon* (Abschnitt X) erklärt.

I. Einführung

I.1. Urnordisch – Altnordisch – Altisländisch

§ 1.1. Für das 1. bzw. 2. Jahrhundert n. Chr. ist von einem zusammenhängenden germanischen Sprachraum auszugehen, einem Dialektkontinuum, das sich – grob gesagt – über die Gebiete zwischen Rhein im Westen, Weichsel im Osten und Donau im Süden unter Einschluß von Dänemark und Südskandinavien im Norden erstreckt hat.

Die gegenseitige Verstehbarkeit innerhalb eines derartigen Dialektkontinuums ist kettenartig abgestuft: Sprecher(innen) eines Dialekts verstehen in jedem Fall die Sprecher(innen) der benachbarten Dialekte, der nächsten Kettenglieder sozusagen. In der Regel verringert sich die Verstehbarkeit mit zunehmender Entfernung der Dialektgebiete, sodaß Sprecher(innen) von Dialekten weit auseinanderliegender Gegenden, die sich – um das Bild weiterzuführen – an den entgegengesetzten Enden der Kette befinden, einander kaum oder überhaupt nicht verstehen.

Von diesem alten gemeingermanischen Dialektkontinuum sonderten sich zunächst das Gotische und weitere ostgermanische Sprachen räumlich und sprachlich ab. Im 'Restkontinuum' kam es dann zu einem folgenschweren Bruch, als die Angeln gemeinsam mit den Jüten (und Teilen der Sachsen) um die Mitte des 5. Jahrhunderts aus Schleswig-Holstein bzw. Jütland nach Britannien abwanderten und die Dänen, von Seeland und Fünen kommend, in die nun bevölkerungsarmen Landstriche – *desertus inter provincias Iutarum et Saxonum* (Beda, *Historia ecclesiastica* I,15) – nachrückten. Zwischen den neu benachbarten Sprecher(inne)n des dänischen 'Kettenglieds' im Norden und des sächsischen 'Kettenglieds' im Süden war die Verstehbarkeit jedoch stärker eingeschränkt, sodaß das große 'nordwestgermanische' Dialektkontinuum im Laufe des 6. Jahrhunderts in drei kleinere Kontinuen zerfiel:

(1) ein (neu 'komponiertes' angelsächsisches bzw.) englisches Kontinuum auf der britannischen Hauptinsel,

(2) das nordgermanische Kontinuum und

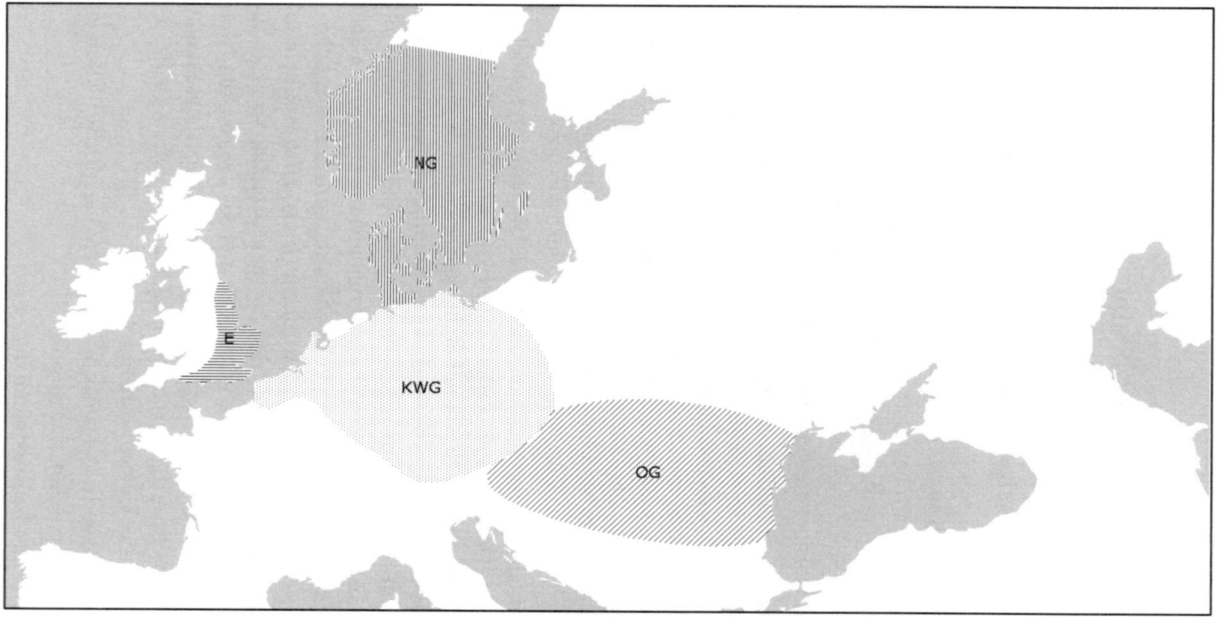

Abb. 1: Germanische Dialektkontinuen im späten 5. Jahrhundert (vereinfachte Darstellung; 'versprengte' *gentes* wie die Burgunden oder Westgoten bleiben außer Betracht, die Friesen haben eine Sonderstellung): ▤ (E) englisches (anglisch-sächsisch-jütisches) Dialektkontinuum; ▥ (NG) nordgermanisches Dialektkontinuum; ▦ (KWG) 'kontinentalwestgermanisches' (hochdeutsch-niederdeutsches) Dialektkontinuum; ▨ (OG) ostgermanisches Dialektkontinuum.

(3) ein ‘kontinental(west)germanisches’ Kontinuum mit der Eider als Sprachgrenze zwischen dem Dänischen und dem Sächsischen.

Aus der überreichen Literatur zum Thema Gliederung des Germanischen nenne ich hier nur: E[lmar] Seebold, Germanen, Germania, Germanische Altertumskunde: B. Sprache und Schrift. In: Reallexikon der Germanischen Altertumskunde, ed. Heinrich Beck et al. ^{2}XI (1999), 275–304: 296 ff. (mit weiterer Literatur). – Das Friesische hat in diesem Modell eine Sonderstellung.

§ 1.2. In der Germania setzt die Textüberlieferung zuerst auf dem Boden des (späteren) nordgermanischen Kontinuums ein, und zwar mit Inschriften in einer älteren Runenreihe, dem sog. älteren Fuþark; eine Gruppe früher Inschriften gehört noch in das späte 2. Jahrhundert n. Chr. Die Sprache dieser runenepigraphischen Texte, das Urnordische (= Urn.), stand dem (rekonstruierten) Urgermanischen in vielerlei Hinsicht noch recht nahe und blieb über mehrere Jahrhunderte weitgehend unverändert.

Eine der bekanntesten urnordischen Runeninschriften findet sich auf dem reich bebilderten Goldhorn B von Gallehus (Südwestjütland), das in die Zeit um bzw. kurz nach 400 zu datieren ist.

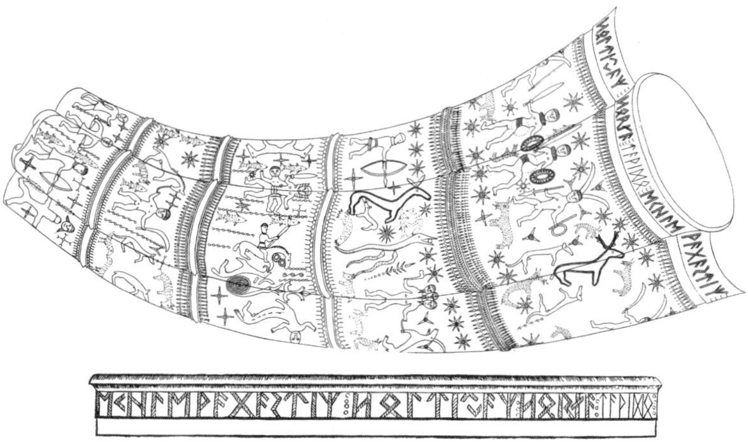

Abb. 2: Horn B von Gallehus mit Runeninschrift (transliteriert) _**ekhlewagastiz⁝ holtijaz⁝horna⁝tawido⁝**. – Nach Heinz Klingenberg, Runenschrift – Schriftdenken – Runeninschriften (Heidelberg 1973), Taf. XXIX (Gesamtobjekt; Frost) und I (Schriftband; Paulli).

Die um den oberen Rand des heute verlorenen Stücks angebrachte Herstellerinschrift *ek, Hlewagastiz Holtijaz, horna tawiðō* ‘ich, Hlewagastiz Holtijaz, machte das Horn’ zeigt intakten Schwachtonvokalismus; die für die nachfolgende Sprachstufe charakteristischen Umlautprozesse (§ 7 ff.) haben noch nicht eingesetzt.

Der konservativ-nordgermanische Charakter läßt sich u.a. in dem Akkusativ Sg. *horn-a* ‘Horn’ erkennen; in den etwa zeitgleichen Inschriften auf drei Knochen aus dem Flußbett der Unterweser, auf sächsischem Gebiet also, ist nach Ausweis von *hagal-Ø* ‘Hagel’ bereits der westgermanische Schwund des Themavokals *a* durchgeführt.

In den Jahrzehnten um bzw. nach 500 beginnt dann die sog. späturnordische Periode, in der es zu allmählich immer tiefer gehenden Sprachveränderungen kam, die das konservative ‘klassische’ Urnordische durchgreifend umgestalteten und zu einem Sprachstand hinführten, den wir Altnordisch (= An.) nennen.

Mit der wichtigen Frage, ob die Sprache der frühen nordgermanischen Runeninschriften vom späten 2. Jahrhundert bis etwa 500 die Ausgangssprache sowohl der altnordischen Sprachen als auch (eines Teils) der alten westgermanischen Sprachen ist bzw. sein kann, hat sich in jüngerer Zeit Hans Frede Nielsen (The Early Runic Language of Scandinavia. Studies in Germanic Dialect Geography [Heidelberg 2000]) befaßt. Er gelangt zu dem Ergebnis, daß nur *Early Norse* (i.e. das Späturnordische bzw. das Altnordische) als Tochtersprache des ‘Frührunischen’ gelten kann, nicht jedoch die alten nordseegermanischen Einzelsprachen, deren Schwachtonvokalismus sich nicht aus dem des ‘Frührunischen’ herleiten läßt (S. 77 ff. 89. 294 f.). Es handelt sich also um ein exklusiv ‘voraltnordisches’

<table>
<tr><td>ca. 150/200–500</td><td>Urnordisch</td><td colspan="2">urnordisk
Ancient Nordic, Early Runic</td></tr>
<tr><td>ca. 500–700(/725)
(transitional period)</td><td>Späturnordisch
(Nachurnordisch)</td><td>yngre urnordisk
Early Norse</td><td rowspan="2">Common Scandinavian, Old Nordic</td></tr>
<tr><td>ca. 700(/725)–1100(/1150)</td><td>Altnordisch</td><td>oldnordisk
Old Norse</td></tr>
</table>

Fig. 1: Die älteren Sprachperioden des Nordgermanischen und ihre Bezeichnungen in der deutsch- und englischsprachigen sowie in der skandinavischen (stellvertretend: dänischen) wissenschaftlichen Literatur. (Zusatz: Die Zeit von ca. 250 bis ca. 450 kann auch als Phase des ‘klassischen’ Urnordischen gelten.)

Spezifikum, sodaß der eingebürgerte Terminus *urnordisch* für die Sprache der älteren skandinavischen Runeninschriften seine Berechtigung behält (das Präfix *ur-* hier literal 'ursprünglich, frühest' und nicht in der terminologisierten Bedeutung 'ursprünglich und unbezeugt'; vgl. Robert Nedoma, in: Kratylos 48 [2003], 159–164: 161 f.).

Charakteristisch für das Späturnordische, das bis in die Zeit um bzw. nach 700 reicht, ist die Verstärkung des Initialakzents (genauer: eine Intensivierung des auf der Wurzelsilbe liegenden Haupttons), sodaß es zu Reduktionsprozessen in den schwächer betonten Silben kommt (vgl. § 7). Die wichtigsten Folgeerscheinungen sind Schwund von schwachtonigem Kurzvokal (urn. **horna** = *horna̱* Akk. Sg. n. 'Horn' > spät-urn. aisl. *horn*) und Kürzung von schwachtonigem Langvokal (urn. **tawido** = *tawiðō̱*, 1. Pers. Sg. Prät. Ind. 'machte' > spät-urn. **tauðǫ̱*, aisl. ***táða*), ferner Umlaut (§ 7 ff.; urn. **-gastiz** = *-gastiz* m. 'Gast' > spät-urn. *ge̱stʀ*, aisl. *ge̱str*) sowie Brechung (§ 10; urn. **heruz* m. 'Schwert' > spät-urn. **hᴀ̱eru-**, aisl. *hjǫ̱rr*).

Die Anzahl der schwachtonigen Silben (und damit naturgemäß auch die durchschnittliche Zahl von Silben pro Wort) verringert sich durch die Verstärkung des Initialakzents beträchtlich; im 'klassischen' Altisländischen würde der Text der Runeninschrift von Gallehus *ek, *Hlégestr *Høltir, horn **táða* lauten – nur 8 Silben also gegen 13 Silben im urnordischen Originaltext. (Eine Kontinuante von *tawiðō*, Inf. **tawjan* existiert in den altnordischen Sprachen nicht mehr; das gewöhnliche Wort für 'machen' ist [aisl.] *gør(v)a/ger(v)a/gjǫr(v)a*, Prät. *gørða/ gerða/g(j)ǫrða*; vgl. § 43.1.e.)

> An Literatur ist vor allem zu nennen Th[orsten] Andersson, Nordgermanische Sprachen. In: Reallexikon der Germanischen Altertumskunde, ed. Heinrich Beck et al. ^{2}XXI (2001), 289–306 (mit weiterer Literatur); ferner die von verschiedenen Autor(inn)en stammenden Beiträge in: The Nordic Languages. An International Handbook of the History of the North Germanic Languages, ed. Oskar Bandle et al. I (= Handbücher zur Sprach- und Kommunikationswissenschaft 22,1; Berlin – New York 2002), 605 ff.

Jüngst hat man eine Reihe von nordgermanischen Sprachneuerungen – (Umlaut,) suffigierter Artikel, Mediopassiv etc. – als samische Interferenzerscheinungen erklären wollen, die bis in die Zeit um 550 zurückreichen würden (v.a. Jurij Kusmenko, Der samische Einfluss auf die skandinavischen Sprachen. Ein Beitrag zur skandinavischen Sprachgeschichte [= Berliner Beiträge zur Skandinavistik 10; Berlin 2008]; ferner etwa Michael Rießler, Substratsprachen, Sprachbünde und Arealität in Nordeuropa. In: North-Western European Language Evolution 54/55 [2008], 99–130). Intensität und Resultate eines alten nordgermanisch-samischen Sprachkontakts sind aber (auch) mangels außersprachlicher Evidenz unsicher.

§ **1.3.** Während der Wikingerzeit (ca. 800 bis ca. 1050) entwickelte sich sodann die altnordische Sprache zwar regional verschieden, die dialektalen Unterschiede innerhalb des Kontinuums waren aber noch geraume Zeit relativ geringfügig.

Einer der Lautwandelprozesse, die zu einer dialektalen Differenzierung in der altnordischen Periode führten, ist die im Laufe des 10. Jahrhunderts einsetzende Ostnordische Monophthongierung urn. /ai/ > /ē/ bzw. /au/ > /ø̄/, die im Altdänischen und Altschwedischen (§ 58.1 sub [4], § 61.1) durchgeführt wurde, nicht jedoch im Altgutnischen. In der runenepigraphischen Überlieferung läßt sich die 'wellenförmige' Ausbreitung von Dänemark nach Norden gut nachvollziehen; in Mittelschweden etwa ist die Monophthongierung erst ab ca. 1100 zu belegen.

Eines der frühesten Beispiele für den durchgeführten Lautwandel ist die kurz nach 983 auf dem sog. Erikstein aus Haiðaby ('Haithabu') im jüngeren Fuþąrk (vgl. § 2) eingeritzte Gedenkinschrift: [Seite A] *Þŏr[u]lf[ʀ] re̱sþi ste̱n þæn(n)si, he̱mþegi Swe̱ns, æftiʀ Ē̱rīk, fēlaga sīn, ias warð* [B] *dø̨̄ðʀ, þā dræ(n)gjaʀ sɔ̄tu um He̱ðabȳ, ian han(n) was stȳrima(n)dʀ, dræ(n)gʀ harða gōðʀ* 'Thorulf errichtete diesen Stein, der Gefolgsmann Svens, nach [dem Tod von] Erik, seinem Kameraden, der starb, als die Krieger Heðaby belagerten („um H. saßen“), und er war Schiffsführer („Steuermann“), ein sehr tüchtiger Krieger.'

In Skandinavien blieb das Bewußtsein einer sprachlichen Zusammengehörigkeit jedenfalls noch längere Zeit bestehen: bis ins 13. Jahrhundert hinein wurde der Ausdruck *dǫnsk tunga* ('„dänische“ Sprache') als Sammelbezeichnung für die alten nordgermanischen Sprachen verwendet.

So etwa bemerkt Snorri Sturluson, der wohl hervorragendste mittelalterliche Autor Islands (1178/1179 bis 1241), im Prolog seiner *Heimskringla* ('Weltkreis'),

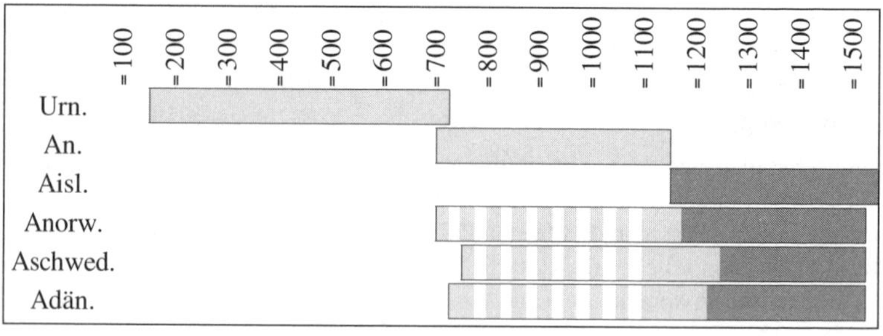

Fig. 2: Chronologische Übersicht zur Überlieferung der alten nordgermanischen Sprachen bzw. Dialekte (hellgrau: nur runenepigraphisch bezeugt; dunkelgrau: auch [bzw. vor allem] literarisch bezeugt).

das Werk handle von Herrschern, die *á Norðrlǫndum* ('in den nördlichen Ländern, in Nordeuropa') regiert und *á danska tungu* ('in [alt]nordischer Sprache') gesprochen haben.

Spätestens mit dem Einsetzen der literarischen Überlieferung(en), also ca. 1100/1150, spricht man dann von Altisländisch, Altnorwegisch (§ 54 ff.), Altschwedisch (§ 57 ff.), Altdänisch (§ 60 ff.) etc.

§ 1.4. Von diesen alten nordgermanischen Sprachen ist das Altisländische (= Aisl.) am altertümlichsten. Das abseits im Nordwestatlantik gelegene Island wurde erst ab etwa 870 dauerhaft besiedelt (während der *landnámatíð* 'Landnahmenzeit', die bis um/nach 930 dauerte). Da ein beträchtlicher Teil der Kolonist(inn)en aus dem (süd)westlichen Norwegen kam, stand das Altisländische auch noch um 1200 dem Altwestnorwegischen recht nahe; für die alte westnordische bzw. norwegisch-isländische Sprache pflegte man den Ausdruck *norrœnt mál* zu verwenden. Die zunächst vorhandenen Unterschiede zwischen den Dialekten der Siedler(inne)n wurden offenbar recht bald ausgeglichen: die alte Schriftsprache Islands zeigt kaum interne Differenzierungen.

Neuisländisch (= Nisl.) läßt man mit dem Jahr 1540 beginnen, in dem die erste isländische Übersetzung des Neuen Testaments im Druck erschienen ist.

Orthographie, Flexionsmorphologie und Syntax haben sich vom Altisländischen zum Neuisländischen nur wenig gewandelt; erhebliche Veränderungen haben indessen im phonetisch(-phonologisch)en Bereich sowie im Lexikon stattgefunden.

I.2. Überlieferung des Altisländischen

§ 2. Die nordgermanischen Runeninschriften der Wikingerzeit und des Mittelalters sind in einer jüngeren Runenreihe, dem sog. jüngeren Fuþąrk, geschrieben.

Es handelt sich um ein ab dem 8. Jahrhundert verwendetes, nur 16 Zeichen umfassendes Graphemsystem: ein (gegenüber dem Urnordischen) vermehrtes Inventar an Phonemen steht einem (gegenüber dem aus 24 Runen bestehenden älteren Fuþark) verringerten Inventar an Schriftzeichen gegenüber: mehrdeutige Schreibungen sind sonach nicht selten.

Von den insgesamt etwas mehr als 6200 Runeninschriften im jüngeren Fuþąrk stammen – *runica manuscripta* nicht mitgerechnet – nur etwas weniger als 100 Stück aus Island (aus vorreformatorischer Zeit, ab ca. 1200), ferner knapp mehr als 100 Inschriften aus Grönland, das ab dem ausgehenden 10. Jahrhundert von Island aus besiedelt wurde.

Die altisländische handschriftliche Überlieferung ist demgegenüber außerordentlich reich, die literarischen Texte sind zudem künstlerisch hochstehend und verarbeiten teilweise recht archaische Stoffe, Themen, Motive und Züge. Die zwei frühesten erhaltenen altisländischen Handschriften sind in der Zeit um/nach 1150 entstanden; es handelt sich um AM 237a, fol. (das Fragment eines Homilienbuches) und AM 315d, fol. (ein Bruchstück der *Grágás* ['Graugans'], der alten isländischen Gesetzessammlung). Nicht viel jünger ist auch AM 674a, 4°, das älteste Fragment der altisländischen *Elucidarius*-Übersetzung.

Hinweis: AM ist Sigle für Handschriften aus der Arnamagnaeanischen Sammlung, Det Arnamagnæanske Institut (København) / Stofnun Árna Magnússonar í íslenskum fræðum (Reykjavík), GkS für Handschriften aus der 'Alten königlichen Sammlung' (Den gamle kongelige Samling), Det Kongelige Bibliotek (København) / Stofnun Árna Magnússonar.

Nach dem Übertritt zum Christentum im Jahre 1000 entwickelte sich auf Island zuerst, und zwar bereits gegen Ende des 11. Jahrhunderts, eine (zunächst geistliche) Übersetzungsliteratur. Es handelt sich (nur) um einen Aspekt eines tiefgreifenden kulturellen Wandels, der von einer im wesentlichen von der Mündlichkeit geprägten alten Gedächtniskultur zu einer sich neu formierenden Schriftkultur führte: unter den 'Standardisierungen' der christlich geprägten Sozietäten Europas fand auch die Praxis, Texte in lateinischen Buchstaben auf Pergament zu schreiben, ihren Weg nach Island. Konkret war es so, daß einige frühe Proponenten des Christentums auf Island im Ausland studierten und sodann 'Buchwissen' mit zurück in ihre Heimat brachten – es ist wohl kein Zufall, daß das früheste isländische Schrifttum ausgesprochen didaktischen Charakter hat.

Ebenfalls recht früh, und zwar im Winter 1117/1118, begann man mit der schriftlichen Aufzeichnung von Rechtstexten. Etwa zur selben Zeit wurden auch schon Geschichtswerke verfaßt: in den Jahren zwischen 1122 und 1133 schrieb Ari Þorgilsson inn fróði die *Íslendingabók* ('Isländerbuch'). Ab diesem Zeitpunkt ging es dann mehr oder weniger Schlag auf Schlag: nur wenig später, um die Mitte des 12. Jahrhunderts,

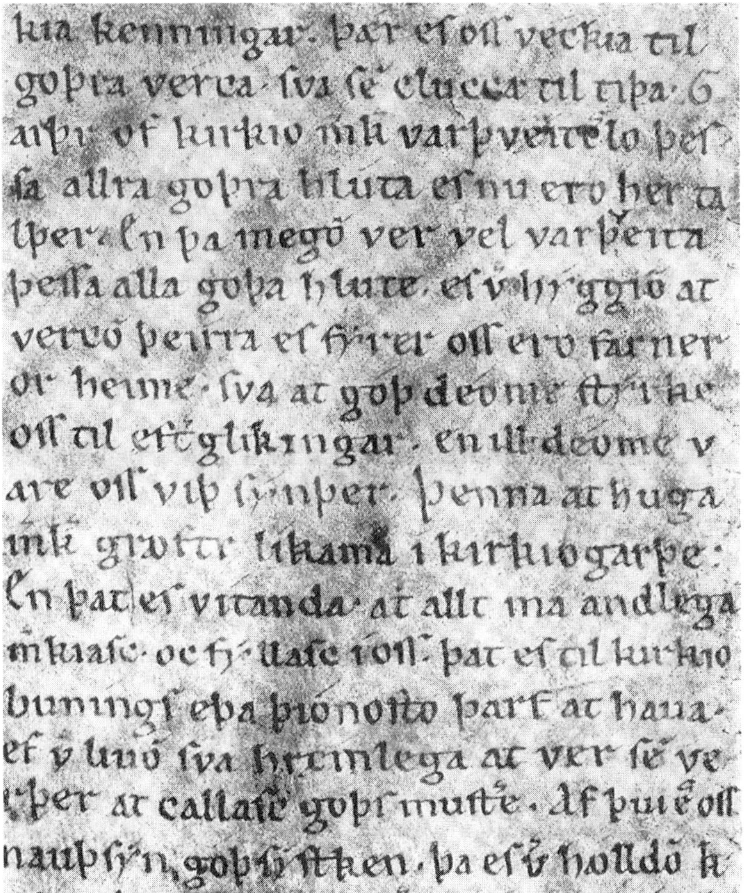

Abb. 3: Ausschnitt aus fol. 1v der altisländischen Handschrift AM 237a, fol. (Fragment eines Homilienbuches; um 1150). – Nach Didrik Arup Seip, Palæografi. B: Norge og Island (= Nordisk kultur 28B; Stockholm – Oslo – København 1954), 42 (Fig. 11).

setzt mit dem – allerdings verlorenen – *Hryggjarstykki* (‘Rückenstück’) des Eiríkr Oddsson künstlerisch geformte Prosaliteratur ein, etwa zeitgleich auch Sachprosa wie der sog. *Erste Grammatische Traktat*. Ferner gelangte die zum Teil mehrere Jahrhunderte hindurch mündlich tradierte ältere Dichtung in gebundener Form – Skaldengedichte und Eddalieder – im frühen 13. Jahrhundert erstmals auf das Pergament.

Zur Illustration: Die Haupthandschrift der berühmten *Lieder-Edda*, der sog. Codex regius (= R; Signatur: GkS 2365, 4°), stammt aus den Jahren um 1270; die nicht erhaltenen, aber erschließbaren schriftlichen Vorlagen des Codex regius reichen in die Zeit 1200–1240 zurück; einige der Lieder gehören indessen in ihrem Grundbestand sehr wahrscheinlich in das 9. oder 10. Jahrhundert.

Im späten 12. Jahrhundert bzw. in der Zeit nach 1200 werden schließlich die beiden 'großen' Genres der altisländischen Sagaliteratur (*konungasǫgur* 'Königssagas', *Íslendingasǫgur* 'Isländersagas') produktiv. Weitere Sagagattungen, z.B. die *fornaldarsǫgur* ('Vorzeitsagas'), folgen dann im Laufe des 13. Jahrhunderts.

Hier ist nicht der Ort für eine Darstellung der altisländischen Literaturgeschichte; weitere bzw. detailliertere Informationen sind einschlägigen Überblickswerken (s. Abschnitt VIII: Bibliographie, Rubriken 8 und 9: Literaturlexika, Literaturgeschichten) zu entnehmen.

I.3. Orthographie, Phonetik, Phonologie

§ 3. Schreibung

Die isländischen Handschriften des Mittelalters kennen keine (normativ) geregelte Schreibung.

Um nur zwei Beispiele herauszugreifen: in den älteren Handschriften findet sich früh-aisl. /ɔ/ (s. § 4) unter anderem durch ‹o›, ‹ǫ›, ‹ô›, ‹ꜵ› (Ligatur *a* + *o*), ‹ꜷ› (Ligatur *a* + *v*), ‹av› oder auch ‹a› wiedergegeben; die Vokallänge ist nur in der Minderzahl der Fälle durch Akut bezeichnet (d.h. ‹o› steht häufiger als ‹ó› für /ō/) etc.

Unter Anlehnung an die neuisländischen Gegebenheiten hat man für die modernen Texteditionen, Grammatiken und Wörterbücher eine normierte Orthographie des (bis etwa in die Zeit um die Mitte des 13. Jahrhunderts reichenden) 'klassischen' Altisländischen geschaffen, die naturgemäß die tatsächlichen Usancen der einzelnen alten Handschriften verdeckt.

Die normierte Orthographie bedient sich des folgenden Inventars an Graphemen:

(1) für Kurzvokale: ‹a e i o u y ø ǫ›
(2) für Langvokale: ‹á é í ó ú ý æ œ›
(3) für Diphthonge: ‹au ei ey›
(4) für Konsonanten: ‹b d ð f g h j k l m n p r s t v x z þ›

Die (in Wörterbüchern bzw. einschlägigen Indices verwendete) Buchstabenfolge entspricht im ganzen der des lateinischen Alphabets, wobei *á, é, í, ó, ú, ý* bzw. *ð* im allgemeinen (nicht als Bestandteile der Alphabetliste betrachtet werden und) unter *a, e, i, o, u, y* bzw. *d* rubriziert sind; die 'Sonderzeichen' *þ, æ, ø, œ, ǫ* werden (meist in dieser Reihenfolge) an das Ende gerückt. – Abweichend davon werden *á, é, í, ó, ú* und *ý* mancherorts (in die Alphabetliste aufgenommen und) nach dem jeweiligen Grundbuchstaben eingefügt; *þ* kann sich mitunter auch nach *t* finden.

Zwischen graphematischer und phonologischer Ebene bestehen keine großen Diskrepanzen; es handelt sich somit um ein phonologisch 'flaches' Schriftsystem.

Folgende Punkte sind zu beachten (Weiteres s. unten, § 5): 1. ‹æ›, ‹œ› (jeweils ohne Akut) stehen für langvokalische Phoneme. Im neuen Wörterbuch des Arnamagnäanischen Instituts (s. Abschnitt VIII: Bibliographie, Nr. 6.7) wird ‹ǽ› und ‹ǿ› für /ǣ/ und /ø̄/ geschrieben; bei ‹ǽ› ist der Akut indessen redundant. – 2. ‹ð› gibt das stellungsbedingte Allophon [ð] des Phonems /θ/ wieder. – 3. ‹x› bezeichnet (wie in vielen anderen Sprachen) die Phonemfolge /ks/. – 4. ‹z› kann die Phonemkombinationen /ts/, /ds/ oder /θs/ wiedergeben.

Anm. 1: Eine andere, heute allerdings kaum noch gebräuchliche Normierung, etwa in den Grammatiken von Noreen, Holthausen und Heusler (s. Abschnitt IX: Bibliographie, Nr. 4.4. 4.5. 4.7) verwendet, fußt auf den Schreibungen der frühesten altisländischen Handschriften; das verwendete Grapheminventar spiegelt sonach das Phonemsystem einer vor dem klassischen Altisländischen liegenden Sprachstufe wider. – Zum Vergleich eine kurze Passage aus der *Njáls saga* (verfaßt um 1280[!]), Kap. 36:

Nú er frá þuí at segia, huat heima er tíþenda. Þeir ǫ́tto skóg saman, Niáll ok Gunnarr, í Rauþaskriþom. Þeir hǫfþo eige skipt skógenom, en huerr var vanr at hǫggva, sem þurfte, ok talþe huárge á annan of þat.	*Nú er frá því at segja, hvat heima er tíðenda. Þeir áttu skóg saman, Njáll ok Gunnarr, í Rauðaskriðum; þeir hǫfðu eigi skipt skóginum, en hvárr var vanr at hǫggva sem þurfti, ok talði hvárgi á annan of þat.*

'Nun ist davon zu erzählen, was zu Hause geschieht. Sie besaßen gemeinsam, Njal und Gunnar, einen Wald auf den Raudaskridur. Sie hatten den Wald nicht aufgeteilt, sondern jeder von beiden pflegte Holz zu schlagen, was er brauchte, und keiner von beiden rechnete das dem anderen gegenüber auf.'

In einer der Haupthandschriften der Saga, AM 132, fol. (sog. *Mǫðruvallabók*, ca. 1330–1370), liest sich die betreffende Passage jedenfalls folgendermaßen:

Nu ē ꝼ þ aт ſegıa huaт heīa
er тıðenða. þr aттu ſkóg ſaman. ɢ. ꝫ ɴ. ı rauðaſk
ðū. þr hoꝼðu eckı ſkıpт ſkogınū. en huaꝃ v vanr
aт hoggua ſē þurꝼтı ꝫ тalðı huargı a añan.

Die vorhin (S. 27) gegebenen Textzitate stammen aus: Andreas Heusler, Altisländisches Elementarbuch (Heidelberg ⁴1950), 211 (linke Kolumne); Brennu-Njáls saga, ed. Finnur Jónsson (= Altnordische Saga-Bibliothek 13; Halle/Saale 1908), 79 f. (rechte Kolumne). – Diplomatische Wiedergabe des Handschriftentextes nach: Möðruvallabók. AM 132 Fol. II: Text, ed. Andrea van Arkel-de Leeuw van Weenen (Leiden etc. 1987), 6 (13va 23–26).

§ 4. Phonemsystem

§ 4.1. Wie sich aus den altisländischen Handschriften (sowie auch aus der einschlägigen Sachliteratur: es sind insgesamt vier sog. Grammatische Traktate erhalten) erkennen läßt, hat das Phoneminventar des klassischen Altisländischen zur Zeit der Hochblüte der Literatur in der ersten Hälfte des 13. Jahrhunderts folgende Phoneme umfaßt:

(1) Vokale (–R ungerundet, +R gerundet):

(1.1) Kurzvokale

	palatal		neutral	velar
	–R	+R	–R	+R
hoch	/i/	/y/		/u/
mittel	/e/	/ø/		/o/
(halb)tief			/a/	

(1.2) Langvokale

	palatal		velar
	–R	+R	+R
hoch	/ī/	/ȳ/	/ū/
mittel	/ē/	/ø̄/	/ō/
(halb)tief	/ǣ/		/ɔ̄/

(1.3) Diphthonge

	palatal		neutral/velar
schließend	/ei/	/ey/	/au/

(2) Konsonanten:

	labial	dental	tektal	glottal
stimmlose Plosive	/p/	/t/	/k/	
stimmhafte Plosive	/b/	/d/	/g/	
Nasale	/m/	/n/		
Vibrant		/r/		
stimmlose Frikative	/f/	/θ/ /s/		/h/
Approximanten	/v/		/j/	
lateraler Approximant		/l/		

Von den 16 Konsonantenphonemen ist die Quantität (in intervokalischer Position) für 12 distinktiv (/C/ : /CC/, vgl. Minimalpaare wie *sekr* 'geächtet' : *sekkr* 'Sack'); keine Quantitätsopposition gilt für /θ/, /h/, /v/ und /j/.

§ **4.2.** Zur Vorgeschichte: Im Laufe der zweiten Hälfte des 12. Jahrhunderts wird früh-aisl. /ā/ wohl (in allen Positionen) immer geschlossener realisiert, bis es als [ɔː] mit dem bereits bestehenden Phonem /ɔ̄/ (in anderer Notation: /ǭ/) zusammenfällt: dieses 'additive' Phonem klass.-aisl. /ɔ̄/ wird durch ‹á› wiedergegeben. – Nicht lange danach, und zwar vermutlich seit etwa 1200, kommt es zu einer weiteren Phonemverschmelzung: die phonologische Opposition zwischen früh-aisl. /ɔ/ und /ø/ wird aufgehoben, im Unterschied zum vorigen Fall bewahrt man hier jedoch die ursprünglichen Verhältnisse in der Orthographie (etymologische Schreibung ‹ǫ, ø› für éin Phonem klass.-aisl. /ø/).

Anm. 2: 1. Schon in älteren Handschriften – etwa im Stockholmer Homilienbuch (Signatur: SKB perg. 15, 4°), um 1200 – wechselt in manchen Fällen, und zwar ohne erkennbare Regel, (früh-aisl.) /ø/ mit (ungerundetem) /e/, z.B. *efstr* Adj./Sup. 'der letzte', *kemr* 3. Pers. Sg. Präs. Ind. 'kommt' neben regulärem *øfstr*, *kømr* etc.

2. Noch im Laufe des (späteren) 13. Jahrhunderts kommt es zu einem weiteren Phonemverlust: /ø̄/ fällt mit /ǣ/ zusammen, und zwar in /ǣ/ (Beispiel: klass.-aisl. *dœma* > spät-aisl. nisl. *dæma* 'urteilen').

Literatur: Die m.W. letzte umfangreichere Untersuchung zum Thema (Phonetik und) Phonologie des frühen bzw. klassischen altisländischen Vokalismus ist Klaus-Christian Küspert, Vokalsysteme im Westnordischen: Isländisch, Färöisch, Westnorwegisch. Prinzipien der Differenzierung (= Linguistische Arbeiten 198; Tübingen 1988), 181 ff. (mit Literatur). Aus der älteren Forschung sind vor allem zwei (strukturalistische) Arbeiten von Hreinn

Benediktsson zu nennen: The Vowel System of Icelandic. A Survey of Its History. In: Word 15 (1959), 282–312; The Unstressed and the Non-Syllabic Vowels of Old Icelandic. In: Arkiv för nordisk filologi 77 (1962), 7–31. Der jüngste zusammenfassende Artikel zum gesamten Phonemsystem des Altisländischen stammt von Michael Schulte, The phonological systems of Old Nordic I: Old Icelandic and Old Norwegian. In: The Nordic Languages. An International Handbook of the History of the North Germanic Languages, ed. Oskar Bandle et al. I (= Handbücher zur Sprach- und Kommunikationswissenschaft 22,1; Berlin – New York 2002), 882–895: 886 ff. (mit weiterer Literatur).

§ 5. Graphem-Phonem-Korrelationen, Aussprache

§ 5.0. Die im folgenden präsentierten Graphem-Phonem-Korrelationen bzw. die davon abzuleitende 'Standardaussprache' des klassischen Altisländischen sind neuzeitliche Konstruktion und können daher naturgemäß nur approximativ sein.

Immerhin handelt es sich um keine Rekonstruktion; im Altisländischen sind insgesamt vier grammatische Abhandlungen überliefert, von denen der *Erste Grammatische Traktat* von besonderem Quellenwert für die phonetischen Gegebenheiten ist.

§ 5.1. Vokale

a. Was die 'Intensität' im suprasegmentalen Sinn betrifft, so liegt der Hauptton im Altisländischen (wie in allen germanischen Sprachen) auf der Wurzelsilbe des Wortes; von Präfixbildungen wie etwa *fyrir-bjó̲ða* 'verbieten' [..×̲́×] etc. abgesehen, kommt der Hauptakzent sonach in der Regel der ersten Silbe zu.

In Komposita trägt die Wurzelsilbe des Hinterglieds einen hauptton-ähnlichen Starkton bzw. starken Nebenton, z.B. *Atla-kvi̲ða* 'Atlilied' [×́××̲̍×], *fylkis-ko̲nungar* Nom. Pl. 'Kleinkönige' [×́××̲̍×̀×].

Wurzelsilben der Hinterglieder von Komposita sind von der altnorwegischen Vokalharmonie (§ 55.4) nicht betroffen (wie übrigens in der Regel auch schwersilbige Suffixe wie *-ing-* oder *-und-*).

Kein Starkton liegt hingegen auf 'entkonkretisierten' ehemaligen zweiten Kompositionsgliedern, aus denen reihenbildende Suffixe hervorgegangen sind, z.B. in aisl. *mann-li̲ga* Adv. 'menschlich, mannhaft' [×́××̲̀] (mit 'grammatikalisiertem' *-ligr* '-lich': Derivation), dagegen aber *mann-lí̲kan* 'menschliche Gestalt' [×́××̲̍] (zu *lík* 'Gestalt': Komposition; Starkton). – Ähnliches gilt auch für

Personennamen mit verdunkeltem Hinterglied, z.B. *Sigurðr* [×́×̲̀] (< **Sig-wǫrðr* < **-warduz*).

Zu den Graphem-Phonem-Korrelationen der Haupttonvokale im Altisländischen:

(1) ‹á› repräsentiert /ɔ̄/, ein Phonem mit zweierlei etymologischen Wurzeln (s. oben, § 4.2).

(2) Wie bereits ebenda ausgeführt, wird durch ‹ǫ› an sich ein früh-aisl. Phonem /ɔ/ bezeichnet, das indessen zu Beginn des 13. Jahrhunderts mit /ø/, und zwar in klass.-aisl. /ø/, zusammengefallen ist. Die beiden (etymologisch motivierten) Schreibungen ‹ǫ, ø› sind sonach éinem Phonem klass.-aisl. /ø/ zuzurechnen.

(3) Das korrespondierende langvokalische Phonem, /ø̄/, wird durch ‹œ› wiedergegeben.

(4) ‹æ› steht für das Langvokalphonem /ǣ/, das als offener *e*-Laut, phonetisch also [æː] bzw. [ɛː], realisiert wurde.

(5) Die drei Diphthonge des Altisländischen sind fallend (der erste Bestandteil ist akzentuiert) und schließend (der zweite Bestandteil ist geschlossener bzw. mit höherer Zungenstellung artikuliert als der erste). Für die phonetische (allophonische?) Realisation können lediglich Näherungswerte angegeben werden: /ei/ = [ɛɪ], /ey/ (oder /øy/?) = [ɛʏ] und/ oder [œʏ], /au/ = [ɑʊ] (und/oder [ɔʊ]?).

(6) Die ‘steigenden Diphthonge’ des Altisländischen sind biphonematisch zu werten: es handelt sich um Folgen von konsonantischem Element (bzw. ‘Halbvokal’) und betontem Vokal, die durch ‹ja, jǫ, ju› bzw. ‹já, jó, jú› wiedergegeben werden; gemäß den Usancen der altisländischen Handschriften wird indessen in manchen Ausgaben ‹i› vor Vokal geschrieben (z.B. *hjarta* ‘Herz’ = *hiarta*). – Ähnliches gilt auch für ‹v› (z.B. *byggva* ‘wohnen’ = *byggua*).

b. In der Regel liegt auf der Mittelsilbe von dreisilbigen Wörtern Nebenton (der in schwerer Silbe etwas stärker ausfällt als in leichter Silbe; zum Silbengewicht § 6), z.B. *eigandi* ‘Eigentümer’ und *kǫlluðu* 3. Pers. Pl. Prät. Ind. ‘riefen’ [×́×̲̀×], ferner *Vǫlundar-kviða* ‘Völundlied’ [×́×̲̀××̀×] etc.). – Schwersilbige Derivationssuffixe sind indessen auch in Zweisilblern nebentonig, z.B. *víkingr* ‘Wikinger’ und *gefendr* Nom. Pl. ‘Geber’ [×́×̲̀].

Nebentonige Vokale können sowohl umgelautet werden als auch selbst Umlaut bewirken; vgl. § 8.1 (*i*-Umlaut), § 9.1 (*u*-Umlaut).

c. Schwachton kommt insbesondere den Ausgängen (Flexiven) zu. – Die (stets kurzen) Vokale der schwachtonigen ('unbetonten') Silben, phonetisch vermutlich [a], [ɪ] und [ʊ], werden in den altisländischen Handschriften zunächst bis in das 13. Jahrhundert hinein mit den Haupttonvokalen /a/, /e/ und /o/ identifiziert und dementsprechend durch ‹a›, ‹e› und ‹o› wiedergegeben. In der weiteren Folge – und darauf rekurriert die übliche normalisierte Orthographie – werden die Schwachtonvokale in der Regel mit den haupttonigen Vokalen /a/, /i/ und /u/ identifiziert und dementsprechend durch ‹a›, ‹i› und ‹u› wiedergegeben.

Anm. 3: Ein Mischsystem (Übergangssystem?) zeigt sich etwa in der Haupthandschrift der *Lieder-Edda* (vgl. oben, § 2): in den Ausgängen findet sich hier nämlich statt des klass.-aisl. ‹u› in den meisten Fällen ‹o› („*i/o*-Handschrift"): *flugo* 3. Pers. Pl. Prät. Ind. 'flogen' (z.B. *Vǫlundarkviða*, Str. 1,1) : klass.-aisl. *flugu*; *sciǫldom* Dat. Pl. 'den Schilden' (z.B. *Atlakviða*, Str. 14,8) : klass.-aisl. *skjǫldum* etc.

§ 5.2. Konsonanten

(1) ‹f› repräsentiert das Phonem /f/, das wohl im Anlaut, in der Gemination und in Verbindung mit stimmlosen Konsonanten (scil. /k/, /s/ und /t/) als stimmloser labiodentaler Frikativ [f], sonst als dessen stimmhaftes Pendant [v] realisiert wurde.

(2) ‹g› steht für das Phonem /g/, das wohl im Anlaut, in der Gemination und nach /n/ Verschlußlaut war, in den übrigen Fällen indessen Reibelaut.

Phonetisch ist die Bandbreite groß: Verschlußlaut velar [g], palatal [ɟ]; Reibelaut velar stimmlos [x], stimmhaft [ɣ], palatal stimmlos [ç]; stimmhaft [j̱].

(3) Der nur im Anlaut auftretende Hauchlaut wird durch ‹h› wiedergegeben.

(4) ‹s› bezeichnet das Phonem /s/, das durchwegs stimmlos realisiert wurde.

(5) ‹v› vertritt ein Phonem, das wahrscheinlich im Anlaut bereits labiodental (phonetisch sonach [ʋ]), inlautend (nur intervokalisch?) zunächst wohl noch labial-velar (phonetisch [w]), realisiert wurde. Dieses Phonem klass.-aisl. /v/ ersetzt älteres (= urn. und früh-aisl.) /w/ (= „/u̯/").

Wie 'distinkt' übrigens die beiden Phoneme klass.-aisl. /f/ und /v/ in intervokalischer Umgebung realisiert wurden, ist nicht ganz klar. Bei den Skalden waren jedenfalls Binnenreime $f \simeq v$ in Verwendung (z.B. *Sv<u>ív</u>ǫr* ... *l<u>ífi</u>* Þórbjǫrn dísarskáld [spätes 10. Jahrhundert] I, Str. 2,8), in der Zeit vor 1300 allerdings nicht übermäßig häufig. Ferner finden sich bereits in den frühesten altisländischen Handschriften Schreibungen wie *hofa* für reguläres *háva* Akk. Pl. m. 'hohe' (so AM 674 a, 4° [ca. 1150–1200], 23^{r} 11) oder umgekehrt *haua* für reguläres *hafa* 'haben' (so AM 237 a, fol. [um 1150], 1vb 24; s. oben, Abb. 3 [S. 25], Ende der 5. Zeile von unten).

(6) Die beiden stellungsbedingten Allophone des Phonems /θ/ werden durch ‹þ› und ‹ð› bezeichnet; dabei steht ‹þ› für den stimmlosen dentalen Frikativ [θ] (hauptsächlich im Anlaut), ‹ð› hingegen für den stimmhaften dentalen Frikativ [ð] im In- und Auslaut.

Zur Aussprache vgl. etwa ne. *thin* [θɪn] 'dünn' : *father* [fɑ:ðə] 'Vater').

(7) 'Lange' Konsonanten (Geminaten) werden – wie auch in anderen Sprachen, z.B. ital. *ecco* 'hier ist/sind' (: *eco* 'Echo'), *carro* 'Wagen' (: *caro* 'lieb') etc. – durch Doppelschreibung ausgedrückt, z.B. aisl. *sekkr* 'Sack' (: *sekr* 'geächtet'), *árr* 'Bote' (: *ár* f. 'Ruder'; *ár* n. 'Jahr') etc.

In den Handschriften sind /l/ und /n/ in der Position vor dentalem Plosiv (/d/ oder /t/) oft durch ‹ll› und ‹nn› wiedergegeben, z.B. *hallda* 'halten' (= normalisiert *halda*), *lannd* 'Land' (= normalisiert *land*); in diesen Schreibungen spiegeln sich jedenfalls keine Geminaten wider.

§ 5.3. Die übrigen vokalischen und konsonantischen Phoneme bzw. Phonemverbindungen sind phonetisch wenigstens annäherungsweise wie vom Neuhochdeutschen her gewohnt zu realisieren.

Zu beachten ist lediglich, daß die Sequenzen /rl/ und /ll/ wohl noch im Laufe des 13. Jahrhunderts (zusammengefallen bzw. allmählich) zu /(r)dl/ umgegliedert (und dementsprechend realisiert) worden sind.

Anm. 4: Mit Vorbehalt ist indessen auch, obgleich ahistorisch, neuisländische Aussprache möglich – am ehesten für Prosatexte, bei denen dadurch keine Reime und Metren beeinträchtigt werden. Der Vorteil liegt auf der Hand und besteht in der Kontinuität zur lebenden Sprache: Morphologie und Syntax haben sich nur wenig geändert, sodaß Isländer(innen) des 21. Jahrhunderts etwa altisländische Sagas fast genauso lesen können wie neuisländische Romane. Umgekehrt wäre aber die gesprochene Gegenwartssprache für die alten Isländer(innen) wohl kaum verständlich, denn die phonetisch-phonologischen Gegebenheiten haben sich teilweise beträchlich gewandelt; das Neuisländische gibt sich – in der Diktion von Kurt Braunmüller (Die skandinavischen Sprachen im Überblick [= UTB 1635; Tübingen – Basel

[3]2007], 244) – „den Anschein historischer Kontinuität trotz sprachhistorischer Veränderungen" (auf lautlicher, aber auch lexikalischer Ebene).

Literatur: Eine breit aufgerollte Diskussion über Pro und Contra neuisländische Aussprache des Altisländischen vermitteln Einar Haugen et al., Two Views of Old Norse Pronunciation: IP [= (modern) Icelandic pronunciation] or RP [= reconstructed pronunciation]? A Discussion. In: Mediaeval Scandinavia 1 (1968), 138–173 (Stellungnahmen von 17 Autoren, von denen die meisten zur neuisländischen Aussprache tendieren). – Zwei jüngere Beiträge sind Gunnstein Akselberg, Uttale av norrønt språk: Idealistisk eller pragmatisk rekonstruert norm? In: Ord etter ord. Festschrift Oddvar Nes, ed. Gunnstein Akselberg / Jarle Bondevik (Bergen 1998), 11–30; Odd Einar Haugen, Uttale av norrønt. In: Norsklæreren 25,2 (2001), 44–47.

I.4. Zum Silbengewicht

§ 6. Um hier in diesem Rahmen nicht auf das (durchaus kontrovers diskutierte) Problem der Bestimmung von Silbengrenzen im Urgermanischen bzw. in den altgermanischen Einzelsprachen eingehen zu müssen, empfehlen sich – im Anschluß an Elmar Seebold, Das System der indogermanischen Halbvokale (Heidelberg 1972), 132 – folgende Festlegungen:

Eine Silbe gilt als l e i c h t (bzw. 'kurz'), wenn nach einem kurzvokalischen Silbengipfel höchstens ein Konsonant in der Silbensenke steht, z.B. ahd. *geban*, aisl. *gefa* 'geben', ferner auch (wobei *j* und *v/w* als 'Halbvokale', *i̯* und *u̯*, jedenfalls nicht als Konsonanten zu werten sind!) got. *waljan*, aisl. *velja* 'wählen' etc.

Eine Silbe gilt hingegen als s c h w e r (bzw. 'lang'),

(1) wenn nach einem langvokalischen oder diphthongischen Silbengipfel höchstens ein Konsonant in der Silbensenke steht ('Naturlänge'), z.B. ahd. *rītan*, aisl. *ríða* 'reiten' bzw. got. *augo*, aisl. *auga* 'Auge';

(2) wenn nach einem kurzvokalischen Silbengipfel zwei Konsonanten in der Silbensenke stehen ('Positionslänge'), z.B. got. *bindan*, aisl. *binda* 'binden'.

Ferner gilt eine Silbe als ü b e r s c h w e r (bzw. 'überlang'), wenn nach einem langvokalischen oder diphthongischen Silbengipfel mehr als ein Konsonant in der Silbensenke steht oder wenn nach einem kurzvokalischen Silbengipfel mehr als zwei Konsonanten in der Silbensenke stehen. – Die Überschwere von Silben (z.B. aisl. *sátt* n. ‘versöhnt’ gegenüber *sát* ‘Hinterhalt’ und *satt* n. ‘wahr’) ist indessen morphophonemisch nicht weiter relevant.

Im Gegensatz zu den anderen germanischen Sprachen gelten im Altisländischen zum einen auch Silben mit (haupttonigem) Langvokal vor Hiatus – i.e. Typ $C_0\bar{V}+VC_0$ (z.B. *trúa* ‘glauben’), dem sich der Typ $C_0\bar{V}+j^\circ$ (z.B. *flýja* ‘fliehen’) anschließt – sowie zum anderen Silben mit *gg* in der Silbensenke – i.e. Typ C_0Vgg+° bzw. $C_0Vgg\#$ (z.B. *leggja* ‘legen’ bzw. *skegg* ‘Bart’) – als leicht.

Anm. 5: Nach *opinio communis* setzt die Binnenreimtechnik der altisländischen Skalden eine vom Neuhochdeutschen und anderen germanischen Sprachen abweichende Silbentrennung voraus (die im Prinzip noch für die moderne isländische Orthographie gilt): alle Konsonanten zwischen zwei Silbenkernen werden, so es sich nicht um *j* oder *v* handelt, der vorangehenden Silbe zugerechnet, also: aisl. *kveð+a* ‘sprechen’, *bind+a* ‘binden’, *hús+un+um* Dat. Pl. ‘den Häusern’, *kveð+ja* ‘Anrede’, *fǫl+vir* Nom. Pl. m. ‘fahle’ etc. Dabei sind ‘analogisch-morphologische’ Kriterien berücksichtigt, etwa in *ham+ri* Dat. Sg. ‘dem Hammer’ (nach *ham+arr* Nom. Sg.) oder *bund+nir* Nom. Pl. m. ‘gebundene’ (nach *bund+inn* Nom. Sg. m.). Schließlich werden die einzelnen Lexeme (bei Komposition) getrennt bzw. Affix(oid)e (bei Derivation) abgelöst, z.B. *goð+gá* ‘Gotteslästerung’ (Kompositum), *of+kátr* ‘übermütig’ (Präfix *of-*), *rétt+ligr* ‘rechtmäßig’ (Suffix *-ligr*) etc.

Zusatz: Was das Silbengewicht betrifft, so gelten indessen in der altisländischen Dichtung – abweichend von den oben dargebotenen Regelungen – die Typen *vel+ja* / *fǫl+vir*, *flý+ja* und *legg+ja* als schwer.

Literatur: Zum Thema Sprache und Metrik des Altisländischen s. zuletzt etwa: Kristján Árnason, The Rhythms of Dróttkvætt and other Old Icelandic Metres (Reykjavík 1991), 3 ff. pass. (mit Lit.). Zu den Silbengrenzen im Altisländischen ferner: Hans Fix / Thomas Birkmann, Die Worttrennung am Zeilenende in Handschriften der *Snorra Edda*. In: Snorri Sturluson. Beiträge zu Werk und Rezeption, ed. Hans Fix (= Ergänzungsbände zum Reallexikon der Germanischen Altertumskunde 18; Berlin – New York 1998), 23–33.

II. Zur diachronen Phonologie

Aus der historischen Lautlehre sind im folgenden vor allem Umlaut und Brechung dargestellt (§§ 7–9 und § 10), da diese (strukturell zusammengehörenden) Erscheinungen für das Verständnis der flexivischen Besonderheiten des Altisländischen von großer (wenn nicht entscheidender) Bedeutung sind. Die wichtigsten anderen Lautwandelprozesse bzw. -ergebnisse von morphophonemischer Relevanz sind in einem weiteren Kapitel (§§ 11–14) zusammengefaßt. – In Abschnitt III (Formenlehre) finden sich an den betreffenden Stellen entsprechende Rückverweise.

Für nähere Einzelheiten ist auf die im Text genannte Spezialliteratur sowie auf die einschlägigen Grammatiken (s. Abschnitt VIII: Bibliographie, Rubrik 4) zu verweisen.

II.1. Umlaut

§ 7. Allgemeines

Unter Umlaut versteht man die Angleichung eines Vokals der haupttonigen (bzw. auch der nebentonigen) Silbe an einen Vokal der schwächer betonten Folgesilbe. Damit handelt es sich um eine (meist partielle) regressive Fernassimilation.

Abhängig von der Umgebung (nicht-umlautauslösender vs. umlautauslösender Folgesilbenvokal) entstehen zunächst komplementär distribuierte Aussprachevarianten des betreffenden vokalischen Phonems: vorläufig handelt es sich um einen rein phonetischen, subphonemischen Prozeß. Erst mit der Beseitigung der determinierenden Faktoren, durch einen weiteren Lautwandel also, werden aus den Allophonen eines Phonems zwei getrennte Phoneme.

Für den altnordischen *i*-Umlaut (§ 8.1) etwa ist folgendes Szenario anzusetzen:

(0) Spät-urgerm. früh-urn. */sūpan/ Inf. ‘saufen’ : */sūpiz/ 2. Pers. Sg. Präs. Ind. ‘[du] säufst’.

[Zusatz: Für ein frühes Stadium des Urgermanischen sind */sūpanã/ Inf. und */sūpezi/ 2. Pers. Sg. Präs. Ind. anzusetzen; das Urnordische hat hier die auslautenden Vokale apokopiert.]

(1) Klass.-urn. */sūpan/ [ˈsuːpan] : */sūpiz/ > /sūpiʀ/ [ˈsuːpɪř] > [ˈsuːpɪr].

[Zusatz: Durch sog. Rhotazismus wird spät-urgerm. früh-urn. /z/ durch urn. /ʀ/ ersetzt (realisiert zunächst als [ř] wie etwa in čech. *Jiři*, später bzw. fakultativ als [r], als Zungenspitzen-*r*). Da sich nur die phonetischen Merkmale des Phonems ändern, jedoch keine bestehenden Phonemgrenzen (: /r/, uvular realisiert[?]) verschoben werden, fällt der Lautwandel durch den 'orthographischen Rost' der älteren Runeninschriften (sowohl der *input* /z/ als auch der *output* /ʀ/ werden durch die sog. Besenrune ᛉ wiedergegeben); eine genaue zeitliche Festlegung des Lautwandels bzw. der einzelnen Stufen ist schwierig.]

(2) Spät-urn. I */sūpan/ [ˈsuːpan] : */sūpiʀ/ [ˈsyːpɪr].

Ausbildung zweier kombinatorischer Varianten des Phonems spät-urn. /ū/ in betonter Silbe, und zwar zum einen [yː] (Merkmal [+palatal]) vor schwachtonigem /i(ː)/ bzw. /j/ (Merkmal [+palatal]) der Folgesilbe, zum anderen [uː] (Merkmal [+velar]) in den übrigen Positionen. Der Beginn des Lautwandels fällt wohl in die späturnordische Periode, läßt sich aber zeitlich nicht genau festlegen: nur ausnahmsweise finden die umgelauteten Allophone in den älteren Runeninschriften auch einen orthographischen Niederschlag.

(3) Spät-urn. II bzw. früh-an. */sūpã/ [ˈsuːpã] > */sūpa/ [ˈsuːpa] : */sȳpəʀ/ [ˈsyːpər] > */sȳpʀ/ [ˈsyːpr].

Zentralisierung (Qualitätsreduktion) nebst nachfolgender Synkope (Quantitätsreduktion) von Kurzvokalen infolge verstärkter Initialbetonung ('Akzentballung'): schwachtoniges [°ɪr] wird über eine 'geschwächte' Zwischenstufe [°ər] zu [°Ør], i.e. [°r]. Da bereits mit der Qualitätsreduktion die Kontextbedingung für die komplementäre Verteilung zerstört (bzw. neutralisiert) ist, kommt es zu einer Phonemisierung der Allophone: aus éinem Phonem urn. /ū/ sind nun zwei Phoneme an. /ū/ und /ȳ/ entstanden. Das jüngere Fuþąrk (vgl. § 2) ist phonographisch 'weitmaschig' und spiegelt das Mehr an Phonemen in den (wikingerzeitlichen) Runeninschriften nicht wider: die (alte) *u*-Rune ᚢ steht für insgesamt neun[!] altnordische Phoneme (scil. /u(ː)/, /y(ː)/, /o(ː)/, /ø(ː)/ und /w/).

[Zusatz: Im Infinitiv Schwund von auslautendem /n/, das den vorangehenden Vokal nasal färbt (/°an/ > /°ã/); das neuentstandene Schwachtonphonem /ã/ fällt offenbar bald mit oralem /a/ zusammen.]

(4) Aisl. /sūpa/ *súpa* : /sȳpr/ *sýpr*.

Erst in den mittelalterlichen Handschriften ist die Phonemspaltung dann auch graphemisiert (‹ú› etc. : ‹ý› etc.).

[Zusatz: Ferner kommt es zu einem Phonemzusammenfall von urn. früh-an. /ʀ/ (s. vorhin, [1]) und urn. früh-an. /r/ in aisl. /r/.]

§ 8. *i*-Umlaut und parallele Entwicklungen

§ 8.1. *i*-Umlaut (genauer: *i/j*-Umlaut)

Vor (spät-)urn. /i/ oder /j/ der Folgesilbe werden haupt- und nebentonige (neutrale bzw.) velare Vokale – urn. /a/, /ā/ bzw. /o/, /ō/, /u/, /ū/ – palatalisiert, d.h. die Artikulationsstellen werden in Richtung Palatum verlegt:

(1) urn. /a/ (> an. früh-aisl. /æ̆/) > aisl. /e/ (Beispiel Nr. 1),
(2) urn. /ā/ > aisl. /ǣ/ ‹æ› (Nr. 2),
(3) urn. /o/ > aisl. /ø/ (Nr. 3),
(4) urn. /ō/ > aisl. /ø̄/ ‹œ› (Nr. 4),
(5) urn. /u/ > aisl. /y/ (Nr. 5),
(6) urn. /ū/ > aisl. /ȳ/ ‹ý› (Nr. 6); ferner:
(7) urn. /au/ > aisl. /ey/ (Nr. 7),
(8) (früh)urn. /eu ~ iu/ > aisl. /ȳ/ ‹ý› (Nr. 8).

Beispiele: Nr. 1: aisl. *vallar* Gen. Sg. ‘des Feldes’ : aisl. *velli* Dat. Sg. ‘dem Feld’ (< urn. **walþiu*). – Nr. 2: *láta* Inf. ‘lassen’ : *lætr* 2. Pers. Sg. Präs. Ind. ‘läßt’ (< urn. **lātiʀ*). – Nr. 3: (analogisch gebildetes) *sonr* ‘Sohn’ (neben lautgesetzlichem *sunr*) : *sønir* Nom. Pl. ‘die Söhne’ (neben lautgesetzlichem *synir*). – Nr. 4: *óðr* ‘wütend’ : *œða* ‘wütend machen’ (< urn. **wōd(i)jan*). – Nr. 5: *spurða* 1. Pers. Sg. Prät. Ind. ‘spürte auf’ : *spyrja* Inf. ‘aufspüren’ (< urn. **spurjan*). – Nr. 6: *súpa* Inf. ‘saufen’ : *sýpr* 2. Pers. Sg. Präs. Ind. ‘säufst’ (< urn. **sūpiʀ*; s. § 7). – Nr. 7: *hlaupa* Inf. ‘laufen’ : *hleypr* 2. Pers. Sg. Präs. Ind. ‘läufst’ (< urn. **hlaupiʀ*). – Nr. 8: *fljúga* ‘fliegen’ (< urn. **fleugan*) : *flýgr* 2. Pers. Sg. Präs. Ind. ‘fliegst’ (< urn. **fliugiʀ*).

Anm. 6 (zu den Nebentonvokalen): 1. An sich bewirkt auch nebentoniger Vokal Umlaut des Haupttonvokals (z.B. aisl. *karl* ‘[alter] Mann’ : *kerling* ‘[alte] Frau’), bedingt durch interparadigmatischen Ausgleich zeigen sich jedoch nicht selten unumgelautete Formen (z.B. aisl. *fundr* ‘Fund’ : *funding* ‘Auffindung’).

2. Umlaut von Nebentonvokal (ausgelöst durch schwachtonigen Vokal) tritt u.a. im Nominativ und Akkusativ Plural sog. konsonantischer Substantivstämme auf, z.B. aisl. *gefandi* Nom. Sg. ‘Geber’ (< urn. **°andǣ*) : *gefendr* Nom./Akk. Pl. (< **°andiʀ*), s. § 15.1 (mit weiteren Verweisen).

Anm. 7 (zu Beispiel Nr. 3): Sprachhistorisch gesehen, war haupttoniges *o* ursprünglich nur kombinatorisches Allophon von /u/ vor /a/ der Folgesilbe (entstanden durch gemeingermanischen *a*-Umlaut), wurde aber im Urnordischen offenbar bald phonemisiert: auf den bestehenden Phonemstatus von *o* lassen die um 400 runeninschriftlich bezeugten Formen **holtijaz** = urn. /ho°/ (Goldhorn B von Gallehus; § 1.2) und **dohtriz** = /do°/ (Stein von Tune) schließen. – In der Position vor (urn.) /i/ bzw. (ehemals *a*-Umlaut hemmendem) /j/ der Folgesilbe tritt /o/ indessen nur in analogisch gebildeten Formen auf.

Anm. 8 (zu Beispiel Nr. 8): Der Diphthong (früh)urn. /eu/ hat zwei kombinatorische Allophone: [iu] vor /i/ oder /u/ der Folgesilbe, [eu] in den übrigen Positionen. – Zu den Reflexen von (früh)urn. /eu ~ iu/ im Altisländischen s. § 14.

Kontextbedingungen:

a. Vor urn. /j/ der Folgesilbe erscheint – unabhängig davon, ob es bis ins Altisländische bewahrt bleibt oder nicht (s. § 12) – durchwegs umgelauteter Wurzelvokal.

b1. Nicht synkopiertes /i/: Ein im Altisländischen noch erhaltenes /i/ der Folgesilbe hat den Wurzelvokal – und zwar gleicherweise in leichter wie schwerer Silbe – dort umgelautet, wo es auf altes (d.h. urnordisches) /i/ (bzw. /ī/) zurückgeht, z.B. urn. **katilaʀ* (> **°lʀ* > an. früh-aisl. **kætill*) > aisl. *ketill* 'Kessel', urn. **budīm* > aisl. *byðim* 1. Pers. Pl. Prät. Konj. 'böten' (: *buðum* 1. Pers. Pl. Prät. Ind.).

Durch Kürzungen bzw. Kontraktionen in schwachtoniger Silbe erst in späterer (d.h. altnordischer) Zeit entstandenes /i/ bewirkt hingegen im allgemeinen k e i n e n Umlaut, z.B. urgerm. früh-urn. **armai* Dat. Sg. 'dem Arm' > früh-urn. **armē* > spät-urn. *arme* > klass.-aisl. *armi*. – Eine Ausnahme besteht darin, daß sich vor einem wurzelschließenden (palatal realisierten) Tektal /g/ oder /k/ umgelauteter Wurzelvokal /e/ < urn. /a/, und zwar auch in leichter Silbe, zeigt (sog. *g/k*-Umlaut, besser: *g/k*-Palatalisierung o.ä.).

Zwei Beispiele für diesen Sonderfall: Nr. 9: urgerm. früh-urn. **dagai* > früh-urn. **dagē* Dat. Sg. 'dem Tag' > spät-urn. **dage* > aisl. *degi* (zu *dagr* Nom. Sg.), dagegen aber *armi* Dat. Sg. 'dem Arm' (zu *armr* Nom. Sg., s. vorhin). In der Nominalflexion ist umgelautetes /e/ jedoch durch intraparadigmatischen Ausgleich wieder weitgehend beseitigt worden. – Nr. 10: urn. *slaginaʀ* Part. II Nom. Sg. m. 'geschlagen' (Runenstein von Möjbro, ca. 450; das Suffix urn. *-inaz/-inaʀ* ist übrigens sekundär [: urgerm. **-anaz*]) > aisl. *sleginn*; Partizipia II starker Verba der VI. und VII. Ablautreihe, deren Wurzel nicht auf (palatal realisiertem) Tektal /g/ oder /k/ endet, zeigen dagegen keinen umgelauteten Vokal, z.B. *grafinn* 'gegraben' (s. §§ 39.6.c, 39.7.g).

1. urn. *j* umlautauslösend: + (urn.**waljan* > aisl. *velja*)

2. urn. *i*, *ī* umlautauslösend
    ↳ urn. *i* geschwunden
        ↳ Wurzelvokal in leichter Silbe: – (urn. **walidō* > aisl. *valða*)
        ↳ Wurzelvokal in schwerer Silbe: + (urn. **warmidō* > aisl. *vermða*)
    ↳ *i* im Altisländischen erhalten
        ↳ altes (urn.) *i*, *ī*: + (urn. **katilaz* > aisl. *ketill*)
        ↳ sekundär entstandenes *i*
            ↳ regulär: – (urn. **armē* > an. früh-aisl. *arme* > aisl. *armi*)
            ↳ wurzelschließendes *g*, *k*: + (urn. **dagē* > aisl. *degi*)

Fig. 3: Fließdiagramm zum *i*/*j*-Umlaut im Altisländischen.

b2. Synkopiertes /i/: Ein nach schwerer Haupttonsilbe geschwundenes /i/ bewirkt Umlaut: urn. **warmidō* > aisl. *vermða* 3. Pers. Sg. Prät. Ind. ‘wärmte’ (zu *verma* ‘wärmen’, vgl. got. *warmjan* dass.).

Dagegen zeigen sich in leichter Silbe keine (phonologisch faßbaren) Umlautwirkungen: urn. **walidō* > aisl. *valða* 3. Pers. Sg. Prät. Ind. ‘zählte’ (zu *velja* Inf. ‘wählen’ < urn. **waljan*).

§ **8.2.** *iʀ*-Umlaut, *ʀ*-‘Umlaut’:

a. In leichter Haupttonsilbe tritt Umlaut ein, wenn unmittelbar auf das synkopierte /i/ urn. /ʀ/# (< urgerm. */z/#) folgt (sog. *iʀ*-Umlaut).

Zwei Beispiele: Nr. 11: aisl. *troða* Inf. ‘treten’ : aisl. *trøðr* 2. Pers. Sg. Präs. Ind. ‘trittst’ (< urn. **trodiʀ*). – Nr. 12: urn. **batiʀ* > aisl. *betr* Adv./Komp. ‘besser’ (: ahd. *baz* dass., vgl. nhd. *für-baß*).

b. In der Mehrzahl der Fälle ist schließlich der Haupttonvokal vor unmittelbar folgendem urn. /ʀ/ (< urgerm. */z/), und zwar ohne die Beteiligung eines /i/ oder /j/ der Folgesilbe, entsprechenden Veränderungen unterworfen (sog. *ʀ*-Umlaut, besser: *ʀ*-Palatalisierung o.ä.).

Wiederum zwei Beispiele: Nr. 13: urgerm. **sū-z* > urn. **sūʀ* > aisl. *sýr* ‘Sau’ (: ahd. *sū*). – Nr. 14: urgerm. **rauza-* > urn. **rauʀaʀ* > aisl. *reyrr* m. ‘Rohr’ (: ahd. *rōr* n. [mit Monophthongierung /au/ > /ō/]).

Kein *ʀ*-‘Umlaut’ zeigt sich hingegen etwa in aisl. *váru* 3. Pers. Pl. Prät. Ind. ‘waren’ (< urgerm. **wǣzun* > got. *wēsun*).

Anm. 9: Die maßgebliche rezente Untersuchung stammt von Michael Schulte, Grundfragen der Umlautphonemisierung. Eine strukturelle Analyse des nordgermanischen *i/j*-Umlauts unter Berücksichtigung der älteren Runeninschriften (= Ergänzungsbände zum Reallexikon der Germanischen Altertumskunde 17; Berlin – New York 1998). Der Verfasser erstellt hier (und in verschiedenen Begleitarbeiten) folgendes Drei-Phasen-Modell: 1. *ī*-Umlaut (Phonemisierung infolge von Zusammenfall von schwachtonigem spät-urn. /ī/ mit /ē/), 2. *i*-Umlaut (Phonemisierung infolge Zentralisierung spät-urn. /i/ > /ə/), 3. *j*-Umlaut (Phonemisierung infolge sog. Saṃprasāraṇa spät-urn. *i̯* [i.e. *j*] > *i*); Auslöser sei nicht Quantitätsreduktion (Synkope), sondern Qualitätsreduktion (durch Senkung und Zentralisierung).

(Weitere) Literatur: Die 'klassische' ältere Abhandlung ist Axel Kock, Umlaut und Brechung im Altschwedischen (= Lunds Universitets Årsskrift, N.F., Avd. 1, 12,1; Lund – Leipzig 1911–1916), bes. 38 ff. (mit reichem Material). Einen ausgezeichneten Forschungsbericht bietet Hreinn Benediktsson, Nordic Umlaut and Breaking: Thirty Years of Research (1951–1980). In: Nordic Journal of Linguistics 5 (1982), 1–60: 2 ff. Ferner zu nennen ist Ottar Grønvik, Untersuchungen zur älteren nordischen und germanischen Sprachgeschichte (= Osloer Beiträge zur Germanistik 18; Frankfurt/Main etc. 1998), 48 ff.

§ 9. *u*-Umlaut, *w*-Umlaut

§ 9.0. Vor den bilabialen Resonanten urn. /u/ (§ 9.1) oder urn. /w/ (§ 9.2) der Folgesilbe werden haupt- und nebentonige (neutrale bzw.) palatale Vokale – urn. /a/, /ā/ bzw. /e/, /i/, /ī/ – labialisiert, d.h. mit (zusätzlicher) Lippenrundung versehen.

§ 9.1. *u*-Umlaut:

(1) urn. /a/ > früh-aisl. /ɔ/ ‹ǫ›, mit früh-aisl. /ø/ ‹ø› verschmolzen in klass.-aisl. /ø/ ‹ǫ, ø› (s. § 4, § 5.1) (Beispiel Nr. 15),

(2) urn. /ā/ > früh-aisl. /ɔ̄/ ‹ǫ́›, mit früh-aisl. /ā/ ‹á› verschmolzen in klass.-aisl. /ɔ̄/ ‹á› und synchron nicht zu erkennen (s. § 4, § 5.1) (Nr. 16).

Beispiele: Nr. 15: aisl. *armr* Nom. Sg. 'Arm' (< urn. **armaʀ*) : aisl. *ǫrmum* Dat. Pl. 'den Armen'. – Nr. 16: aisl. *ráð* Nom. Sg. 'Ratschlag' (< urn. **rāda*) : aisl. *ráð* Nom. Pl. 'Ratschläge' (< urn. **rādu*).

Umgelautetes nebentoniges /ɔ/ wird (zunächst weiter zu /o/ entwickelt und sodann) offenbar mit haupttonigem /u/ identifiziert, z.B. aisl.

hundrað Nom. Sg. (n.) ‘hundert’ : aisl. *hundru̲ðum* Dat. Pl. (< **hundrɔþum* < urn. **hundraþumʀ*). Das so entstandene nebentonige /u/ lautet seinerseits noch haupttoniges (urnordisches) /a/ um, sodaß ggf. zwei Vokale eines Lexems dem *u*-Umlaut unterliegen (sog. doppelter *u*-Umlaut).

Zwei Beispiele für den ‘doppelten’ *u*-Umlaut: Nr. 17: aisl. *annarr* Nom. Sg. m. ‘anderer’ : aisl. *ǫnnu̲r* Nom. Sg. f. (< **annu̲r* < **annɔr* < urn. **anþaru* < urgerm. *-*ō*). – Nr. 18: aisl. *kallaða* 1. Pers. Sg. Prät. Ind. ‘rief’ (< früh-urn. **kallōdō* < urgerm. *-*ō*^{n}) : aisl. *kǫllu̲ðu* 3. Pers. Pl. Prät. Ind. ‘riefen’ (< **kallu̲du* < **kallɔdu* < spät-urn. **kalladu* < früh-urn. **kallōd*° < urgerm. *°*dun*).

§ 9.2. *w*-Umlaut:

(1) urn. /a/ > früh-aisl. /ɔ/ ‹ǫ›, mit früh-aisl. /ø/ ‹ø› verschmolzen in klass.-aisl. /ø/ ‹ǫ, ø› (s. § 4, § 5.1) (Beispiel Nr. 19),

(2) urn. /e/ > aisl. /ø/, im allgemeinen nur nach den die *u*-Brechung (§ 10.2) hemmenden Konsonanten urn. /w/ (> klass.-aisl. /v/), /l/, /r/ (Nr. 20),

(3) urn. /i/ > aisl. /y/ (Nr. 21),

(4) urn. /ī/ > aisl. /ȳ/ ‹ý› (Nr. 22a), in der Stellung /°īw°/ nur bei gemäß § 13.2.a geschwundenem /w/ (Nr. 22b); ferner

(5) (urn. /ai/ >) spät-urn. /æi/ > aisl. /ey/ (Nr. 23).

Beispiele: Nr. 19: früh-urn. **waþwǣ* > aisl. *vǫðvi* m. ‘Muskel’ (: nhd. *Wade* f.). – Nr. 20: urn. **rekwaʀ* > aisl. *rø̲kkr* ‘Dunkelheit’ (vgl. got. *riqis* dass.). – Nr. 21: (urgerm. **sengwa-* >) ggerm. urn. **singwan* > aisl. *sy̲ngva* (: nhd. *singen*). – Nr. 22a: urn. *wīkwan* > aisl. *ý̲kva* ‘weichen’ (Schwund von anlautendem /w/ gemäß § 13.1). Nr. 22b: aisl. *tívar* Nom. Pl. ‘Götter’ (< urn. **tīwōʀ*) : aisl. *Tý̲r* Nom. Sg. Name eines Gottes (< urn. **Tīwaʀ* = ahd. *Ziu*). – Nr. 23: nur wenige Beispiele, darunter (urn. **waikwaʀ* >) spät-urn. **wæik*° > aisl. *ve̲y̲kr* ‘weich’. (Nicht umgelautetes spät-urn. /æi/ erscheint im Altisländischen als /ei/.)

Anm. 10: Für die beiden Entwicklungen /ē/ > /ø̄/ – *input*-Laut wäre hier das sog. */$\bar{e}_2$/ (: urgerm. */$\bar{e}_1$/ = */ǣ/ > urn. /ā/!) – sowie /ā/ > /ɔ̄/ vor /w/ der Folgesilbe gibt es keine wirklich stichhaltigen Beispiele.

§ 9.3. Einen Sonderfall bildet der verstärkte *u*-Umlaut: vor urn. /u/ der Folgesilbe wird /ā/ in der Position nach urn. /w/ (Beispiel Nr. 24) bzw. vor oder nach Nasal (Nr. 25) über zu erwartendes /ɔ̄/ hinaus zu /ō/ umgelautet.

Beispiele: Nr. 24: aisl. *vánar* Gen. Sg. : *ǫ́n* Nom. Sg. 'Hoffnung' (< **wō°* < urn. **wānu* < urgerm. **wǣnō-*; *w*-Schwund im Anlaut gemäß § 13.1); die lautgesetzliche Form *ón* (vor allem poetisch, z.B. *Skírnismál*, Str. 2,2) wurde freilich wiederum von der analogisch gebildeten Form *ván* weitgehend verdrängt. – Nr. 25: urn. **nāmum* 1. Pers. Pl. Prät. Ind. 'nahmen' (ahd. *nāmum*) > aisl. *nǫ́mum* (vgl. § 39.4.e).

Anm. 11: Im Zuge einer Art von k o m b i n i e r t e m (*i*- sowie *w*-)Umlaut wird urn. /a/ zu aisl. /ø/ entwickelt, wobei zwei Wege möglich sind: entweder zunächst *a* > *æ* (durch *i*-Umlaut) und sodann *æ* > *ø* (durch *w*-Umlaut) oder – aus chronologischen Gründen weniger wahrscheinlich – zunächst *a* > *ɔ* (durch *w*-Umlaut) und sodann *ɔ* > *ø* (durch *i*-Umlaut).

Beispiel: Nr. 26: urn. **haggwiʀ* > aisl. *høggr* 2. Pers. Sg. Präs. Ind. 'haust' (mit 'kombiniertem' Umlaut *a* > *æ/ɔ* > *ø*), dagegen aber urn. **haggwan* > aisl. *hǫggva* Inf. 'hauen' (mit 'einfachem' *w*-Umlaut *a* > *ɔ*).

Literatur zum Thema *u*-Umlaut: Kock, Umlaut und Brechung [s. oben, § 8.2], 156 ff.; Gun Widmark, Det nordiska *u*-omljudet. En dialektgeografisk undersökning (= Skrifter utgivna av Institutionen för nordiska språk vid Uppsala universitet 6; Uppsala 1959); Dies., *U*-omljudet, åsrunan och *Oslo*. In: Namn och runor. Uppsalastudier i onomastik och runologi. Festschrift Lennart Elmevik, ed. Lena Peterson et al. (= Namn och samhälle 17; Uppsala 2006), 231–250; Jesse L. Byock / Marcin Krygier, Teaching Old Icelandic *u*-Umlaut: A Student-Friendly Approach. In: North-Western European Language Evolution 31/32 (1997 [= Festschrift Anatoly Liberman]), 47–55.

II.2. Brechung

§ 10. Mit Brechung bezeichnet man einen Prozeß, der wie im Falle von Umlaut koartikulatorischen Charakter hat: der Vokal der Haupttonsilbe wird hier jedoch nicht durch Einwirkung des Vokals der schwachtonigen Folgesilbe 'gefärbt', sondern in einen Diphthong 'zerlegt'. Es handelt sich sonach um eine Art von Epenthese (eines vokalischen Segments). – Dabei sind zwei Fälle zu unterscheiden:

§ 10.1. *a*-Brechung

Haupttoniges urn. /e/ wird vor schwachtonigem /a/ der Folgesilbe zunächst zu einem fallenden monophonematischen Diphthong /ea/ (phonetisch etwa [ɛɐ]) gebrochen, der dann (reinterpretiert wird und) im klassischen Altisländischen als Phonemsequenz (‘steigender Diphthong’, s. § 5.1.a) /i̯a/ = /ja/ erscheint.

Beispiel: Nr. 27: (urgerm. *_berhta-_ >) urn. *_bertaʀ_ > aisl. _bjartr_ ‘strahlend, glänzend’ (: nhd. _Ro-bert_).

§ 10.2. _u_-Brechung (genauer: _u/w_-Brechung)

Haupttoniges urn. /e/ wird vor schwachtonigem /u/ der Folgesilbe (Beispiel Nr. 28) bzw. /w/ der Folgesilbe (Nr. 29) zunächst zu einem fallenden monophonematischen Diphthong /eo/ (phonetisch etwa [εɔ]) gebrochen, der dann (reinterpretiert wird und) im frühen Altisländischen als Phonemsequenz (‘steigender Diphthong’, s. § 5.1.a) /i̯ǫ/ = /jɔ/ ‹jǫ› (klass.-aisl. /jø/) erscheint.

Beispiele: Nr. 28: urn. *_meduʀ_ > aisl. _mjǫðr_ (: nhd. _Met_). – Nr. 29: urn. *_melwa_ > aisl. _mjǫl_ (: nhd. _Mehl_). – Nr. 27/28: aisl. _hjarta_ Nom. Sg. ‘Herz’ : aisl. _hjǫrtu_ Nom. Pl. ‘die Herzen’.

Anm. 12: In den (‘vollen’) Binnenreimen der altisländischen Skalden reimt das durch _u_-Brechung entstandene vokalische Segment (der zweite Teil des ‘steigenden Diphthongs’) mit früh-aisl. /ɔ/ (z.B. _hjǫrr ... hildibǫrrum_ bei Kórmakr Ǫgmundarson [spätes 10. Jahrhundert], _Sigurðardrápa_, Str. 2,4), nur ausnahmsweise hingegen mit /o/.

Hinweis: Mitunter wurde und wird auch die Ansicht vertreten, der _input_ urn. /e/ sei in beiden Fällen (d.h. sowohl vor /a/ als auch vor /u/ bzw. /w/ der Folgesilbe) zunächst zu éinem _output_ [εə] bzw. /ea/ gebrochen worden, der dann vor /u/ (und /w/ [?!]) erst in einem zweiten Schritt, und zwar durch _u_-Umlaut des Diphthongzweitteils, zu /eɔ/ (> /iɔ/ > /jɔ/) entwickelt worden sei. Aus phonetischen Gründen hat diese Erklärung jedoch weniger für sich.

§ 10.3. Kontextbedingungen

a. Wenn urn. /w/ (> klass.-aisl. /v/), /l/ oder /r/ dem haupttonigen /e/ vorangeht, ist – und zwar unabhängig vom Silbengewicht – weder _a_- noch _u_-Brechung durchgeführt, z.B. aisl. _verpa_ ‘werfen’, _vefa_ ‘weben’; _leðr_ ‘Leder’ (< urn. *_leþra_); _bregða_ ‘schwingen’ etc.

Derart erhaltenes haupttoniges urn. /e/ wird indessen ggf. durch urn. /w/ (> klass.-aisl. /v/) der Folgesilbe umgelautet (_w_-Umlaut, s. § 9.2), z.B. urn. *_rekwaʀ_ > aisl. _røkkr_ ‘Dunkelheit’.

b. Ferner ist die _a_-Brechung von /e/ in leichter Silbe unterblieben, wenn das schwachtonige /a/ auf urgerm. früh-urn. */a/ (und nicht auf

/ō/) zurückgeht. – Dies betrifft vor allem Infinitivformen starker Verba der Klassen IV und V (s. § 39.4, § 39.5), z.B. aisl. _stela_ ‘stehlen’, _nema_ ‘nehmen’, _gefa_ ‘geben’ (da _-a_ < urn. _-an_ < urgerm. _-ana_^{n}), aber auch Formen wie _hnefa_ Gen. Sg. m. _n_-St. ‘[der] Faust’ (_-a_ < urn. _-an_ < urgerm. _*-an(a)z_), _međal_ Präp. ‘zwischen’(urgerm. _*medal_) etc.

Gebrochenes urn. /e/ zeigt sich dagegen etwa in Bildungen wie _jara_ f._ōn_ ‘Streit’, _skjala_ sw. Vb. II ‘schwatzen’ (da /-a/ < früh-urn. */-ō(n)/) etc.

Anm. 13: Diese – freilich bisweilen durch analogischen Ausgleich durchbrochene – Regel hat erst Helge J. J. Dyvik erkannt (Breaking in Old Norse and Related Languages: A Reassessment of the Phonetic Conditions. In: Arkiv för nordisk filologi 93 [1978], 1–37: 20 ff.).

Literatur: Kock, Umlaut und Brechung [s. oben, § 8.2], 248 ff. Ein Forschungsbericht stammt von Hreinn Benediktsson, Nordic Umlaut and Breaking [s. oben, § 8.2], 38 ff. (zu der auf den ersten Blick bestechenden Theorie Dyviks, konditionierender Faktor für die Brechung von urn. /e/ in schwerer Silbe sei die konsonantische Sequenz /_lC/ oder /_rC/ gewesen: ebd., 41 ff.).

II.3. Varia

Neben Umlaut und Brechung sind ferner von morphophonemischer Relevanz: Assimilationen (§ 11); die Entwicklung von urn. /j/ (§ 12), von urn. /w/ (§ 13) und von (früh)urn. /eu ~ iu/ (§ 14).

§ 11. Assimilationen

Die wichtigsten (der zahlreichen) Assimilationen sind:

§ 11.1. Auslautendes spät-urn. /ʀ/ (< früh-urn. urgerm. */-V̆z/), als aisl. /-r/ vor allem im Nominativ Sg. starker maskuliner Substantiva und Adjektiva (§ 16.0, Anm. 19; § 20, Anm. 22) sowie in der 2. (bzw. 3.) Person Sg. Präs. Ind. Aktiv von Verba (§ 37.0, Anm. 27; § 41.0, Anm. 30), wird – und zwar noch in späturnordischer Zeit – an vorangehendes /s/ ausnahmslos, an vorangehendes /l/ oder /n/ meist nur in schwerer oder nicht haupttoniger Silbe assimiliert (d.h. zu /°ss/; /°ll/, /°nn/). In postkonsonantischer Stellung wird sodann der dabei entstandene Doppelkonsonant vereinfacht, z.B. urn. _*erlaʀ_ > _*earll_ > aisl. _jarl_ ‘Jarl’.

Doppelkonsonanten: In der Position nach /ll/ ist auslautendes spät-urn. früh-an. /R/ > aisl. /r/ bewahrt (bzw. analogisch restituiert?), z.B. aisl. _fullr_ 'voll'. – In der Position nach /nn/ hingegen ist auslautendes spät-urn. /R/ an sich lautgesetzlich geschwunden, z.B. *_brennR_ > aisl. _brenn_ 3. Pers. Sg. Präs. Ind. 'brennt'; im Altisländischen findet sich jedoch meist /°θr/ °_ðr_ (< /°nnr/, das wohl auf analogischem Weg entstanden ist) oder /°nnr/ (das noch später neugebildet wurde?), z.B. aisl. _bruðr_ neben _brunnr_ 'Brunnen'. Mitunter existieren auch Tripelformen wie z.B. im Falle von aisl. _menn_ ~ _meðr_ ~ _mennr_ Nom. Pl. 'Männer' (*_mænnR_ < urn. *_manniR_).

Anm. 14: Im Inlaut gilt ebenfalls /nnr/ > /θr/ _ðr_, z.B. urn. *_annarumR_ > *_annrum_ > aisl. _ǫðrum_ Dat. Pl. 'anderen' (: _annarr_ Nom. Sg. m. 'anderer' < urn. *_annaraR_).

§ 11.2. In den Ausgängen des Nominativs und Akkusativs Sg. neutr. der starken Adjektiva (§ 20.0, Anm. 23) und der Partizipia II (§ 37.2.d) sowie der 2. Person Sg. Präteriti Ind. starker Verba (§ 37.2.b) werden /°d-t/# und /°θ-t/# °_ð-t#_ ausnahmslos (Beispiel Nr. 30), /°n-t/# hingegen an sich nur in nicht haupttoniger Silbe (Nr. 31) zu /°tt/# assimiliert, das dann nach Konsonanten bzw. im Schwachton zu /°t/# vereinfacht wird.

Beispiele: Nr. 30: *_blind-t_ > *_blintt_ > aisl. _blint_ Nom. Sg. n. : _blindr_ Nom. Sg. m. 'blind'. – Nr. 31: *_tekin-t_ > *_tekitt_ > aisl. _tekit_ Nom. Sg. n. : _tekinn_ Nom. Sg. m. 'genommen'.

Darüber hinaus ist /°nt/# aber auch in haupttoniger Silbe zu /°tt/# assimiliert in _satt_ n. : _sannr/saðr_ m. 'wahr' sowie im Imperativ (2. Pers. Sg.) starker Verba der Klasse IIIa (z.B. _bitt_ 'binde!' : _binda_ Inf.; § 37.1.i), und in der 1./3. Pers. Sg. Prät. Ind. dieser Klasse (z.B. _batt_ 'band' : _binda_ Inf.; § 37.2.a), ferner im Nominativ und Akkusativ Sg. neutr. von Possessiva (z.B. *_min-t_ > _mitt_ : _minn_ m. 'mein'; § 28.1) bzw. des Numerales (*_ein-t_ > _eitt_ : _einn_ m. 'ein'; § 34.a).

§ 11.3. Inlautendes /nt/ wird zu /tt/ (Beispiel Nr. 32), ferner in- und auslautendes /nk/ zu /kk/ (Nr. 33) sowie /mp/ zu /pp/ (Nr. 34) assimiliert, wobei ggf. vorangehender Wurzelvokal /i/ zu /e/ gesenkt wird.

Beispiele bei starken Verba der Klasse IIIa (§ 39.3.c; vgl. auch § 39.3.e): Nr. 32: ggerm. *_sprintan_ > aisl. _spretta_ 'springen' (mit Prät. _spratt_ etc.). – Nr. 33: ggerm. urn. *_drinkan_ > aisl. _drekka_ 'trinken' (mit Prät. _drakk_ etc.). – Nr. 34: ggerm. urn. *_skrimpan_ > aisl. _skreppa_ 'gleiten' (mit Prät. _skrapp_ etc.).

Anm. 15: In Formen wie aisl. *bitt* 'binde!', *batt* 'band' (s. oben, § 11.2) bzw. *sprakk* 1./ 3. Pers. Sg. Prät. Ind. 'sprang' (: *springa* Inf.) ist Auslautverhärtung /°d/# > /°t/# bzw. /°g/# > /°k/# der Assimilation /°nt/# > /°tt/# bzw. /°nk/# > /°kk/# vorangegangen (vgl. § 37.1.i, § 37.2.a etc.).

Literatur zum Thema Assimilationen: Anton Batliner, Wie natürlich sind die Assimilationen im Altnordischen? In: The Nordic Languages and Modern Linguistics II, ed. Karl-Hampus Dahlstedt (Stockholm 1975), 362–372; Thomas Krisch, Assimilationen im Altisländischen und lexikalische Phonologie. In: Akten der 13. Österreichischen Linguistentagung, ed. Christian Zinko (Graz 1988), 107–129; Charles Reiss, The outcome of /lr/ and /nr/ in Old Icelandic. In: The Linguistic Review 11 (1994), 329–350; Ders., The Origin of the *nn/ð* Alternation in Old Icelandic. In: North-Western European Language Evolution 30 (1997), 135–158.

§ 12. Entwicklung von urn. /j/

§ 12.1. Inlautendes (in nicht haupttoniger Silbe auftretendes) urgerm. urn. /j/ ist im Altisländischen in folgenden beiden Fällen erhalten:

(1) nach leichter Haupttonsilbe vor schwachtonigem klass.-aisl. /a/ oder /u/, z.B. aisl. *berj̱a* Gen. Pl. (< urn. *°ō), *berj̱um* Dat. Pl. (< urn. *°*umʀ*; zu *ber* 'Beere');

(2) nach schwerer Haupttonsilbe nur in der Position zwischen tektalem Verschlußlaut /g/ oder /k/ und schwachtonigem klass.-aisl. /a/ oder /u/, z.B. aisl. *líkj̱a* Gen. Pl., *líkj̱um* Dat. Pl. (zu *líki* n.*ja* 'Reich'), aber *hirða* Gen. Pl., *hirðum* Dat. Pl. (zu *hirðir* m.*ja* 'Hirte').

§ 12.2. Nach leichter Wurzelsilbe finden sich im Altisländischen keine Reflexe von inlautendem urn. /j/ vor synkopiertem Themavokal, z.B. urn. *-*i̯a*, *-*i̯as*, *-*i̯aʀ* (> *-*i*, *-*is*, *-*iʀ*) > aisl. -*Ø*, -*s*, -*r*, etwa in *ber-Ø̲* Nom. Sg. n.*ja* 'Beere', *bers̱* Gen. Sg., *niðṟ* Nom. Sg. m.*ja* 'Verwandter'. Nach schwerer Wurzelsilbe erscheint urn. /ij/ (die Suffixvariante nach Sievers' Regel) vor synkopiertem Themavokal als (klass.-aisl.) /i/, z.B. urn. *-*ii̯a*, *-*ii̯as*, *-*ii̯aʀ* (> *-*ī*, *-*īs*, *-*īʀ* oder *-*ii̯*, *-*ii̯s*, *-*ii̯ʀ*?) > aisl. -*i*, -*is*, -*ir*, etwa in *ríki̱* Nom. Sg. n.*ja* 'Reich', *ríki̱s* Gen. Sg., *mæki̱r* Nom. Sg. m.*ja* 'Schwert'. – Dies betrifft auch mehrsilbige Bildungen, z.B. *erfiði̱* Nom. Sg. n.*ja* 'Arbeit', *erfiði̱s* Gen. Sg. etc.

Zahlreiche Beispiele (für § 12.1 und § 12.2) in der Nominalflexion (*ja(n)-*, *jō(n)-*Stämme: § 16.1.g, § 16.4.e, § 16.6.e; § 17.1.f, § 17.2.b, ferner § 20.e, § 30.2, § 32.2.a, § 35.c [ad *þriði*]) und bei den schwachen *(i)jan*-Verba (= Kl. I; § 41.1.a).

Anm. 16: Anlautendes urgerm. /j/ ist bereits in späturnordischer Zeit vor allen Vokalen geschwunden, z.B. früh-urn. **jungaz* > aisl. *ungr* (: nhd. *jung*).

Hinweis: Das in Initialposition recht frequente klass.-aisl. /j/ ist vor allem durch (*a*- bzw. *u*-)Brechung (§ 10) entstanden: *jarða* 'beerdigen', *jǫrð* 'Erde' etc.

§ 13. Entwicklung von urn. /w/

§ 13.1. Sowohl an- als auch inlautend (auch antekonsonantisch) schwindet, und zwar bereits in späturnordischer Zeit, urgerm. urn. /w/ vor den gerundeten velaren Vokalen /o/, /ō/, /u/ und /ū/, z.B. urn. *wōdu-rīdē* Dat. Sg. (Runenstein von Tune, um 400) : aisl. *Óðr* (m.*u*) Name eines Gottes, aisl. *þvá* 'waschen' : *þó* 'wusch' etc.

§ 13.2. a. Inlautendes (in nicht haupttoniger Silbe auftretendes) /w/ schwindet ferner:

(1) nach wurzelschließenden Tektalen /g/ oder /k/ bei haupttonigem /o/ oder /u/, z.B. aisl. *sunginn* Part. Prät. 'gesungen' (: *syngva* Inf. 'singen');

(2) vor synkopiertem Themavokal, z.B. urn. **-u̯a*, **-u̯as*, **-u̯aʀ* (> **-u*, **-us*, **-uʀ*) > aisl. *-Ø*, *-s*, *-r*, etwa in *hǫgg-Ø* Nom. Sg. n.*wa* 'Hieb', *hǫggs* Gen. Sg., *sǫngr* Nom. Sg. m.*wa* 'Gesang' und *Týr* Nom. Sg. m.*wa* Name eines Gottes < **Tīuʀ* (vgl. run. **hutiuʀ** /hōtīuʀ/ auf dem Schädel von Ribe, um 720/730) < urn. **Tīwaʀ* (vgl. § 9.2).

b. Klass.-aisl. /v/ (< urn. /w/) im Suffix bleibt dagegen vor schwachtonigem /a/ (z.B. aisl. *-a*, *-ar* < urn. *-ō*, *-ōʀ* oder aisl. *-a* < urn. **-an(n)*) oder /i/ (z.B. aisl. *-i* < *-e* < urn. *-ē* < früh-urn. *-ai* oder aisl. *-i* < *-e* < urn. *-ǣ*) erhalten, z.B. aisl. *sǫngvar* Nom. Pl., *sǫngva* Akk. Pl., *sǫngvi* Dat. Sg. 'Gesang'.

Zahlreiche Beispiele (für § 13.1 und § 13.2) in der Nominalflexion (*wa(n)*-, *wō(n)*-Stämme: § 16.1.h, § 16.4.f, § 17.1.g, § 17.2.c, § 20.f), im flektierten Präteritum bzw. Partizipium II starker Verba (§ 39.3.a, § 39.3.i, § 39.4.a, § 39.5.a, § 39.6.a; Anlaut), in der Verbalflexion (§ 37.1.c, § 41.1.b) und in der Stammbildung starker Verba (vgl. § 39.3.h, § 39.4.c).

Literatur zum Thema urn. *-ǣ* > an. *-e* > aisl. *-i* (vgl. § 13.2.b): Robert Nedoma, Urnordisch **-a** im Nominativ Singularis der maskulinen *n*-Stämme. In: North-Western European Language Evolution 46/47 (2005 [= Festschrift Michael Barnes]), 155–191.

§ 13.3. Anlautendes (urn.) an. /w/ schwindet ferner im Altisländischen (sowie teilweise auch im Altnorwegischen) – und zwar noch in vorliterarischer Zeit – in der Position vor /r/ (und /l/), z.B. aisl. *reiði*, anorw. *ræidi* 'Zorn' : anorw. *v̲ræiði* (§ 55.4.b), aschwed. *v̲rēþe* dass. (§ 58.2 sub [2]) etc.

Manche Alliterationsverse der skaldischen und eddischen Dichtung setzen indessen noch die alten lautlichen Verhältnisse voraus, z.B. *v̲ín í v̲alhǫllo, / reiði* [**v̲reiði*] *sáz þeir Húna* (*Atlakviða*, Str. 2,3–4).

§ 14. Entwicklung von (früh)urn. /eu ~ iu/

Der Diphthong urgerm. /eu/ > (früh)urn. /eu ~ iu/ (vgl. § 8.1, Anm. 8) hat im klassischen Altisländischen dreierlei Reflexe:

(1) /ȳ/ ‹ý› unter den Bedingungen des *i*- bzw. *(i)ʀ*-Umlauts (§ 8; Beispiel Nr. 35a/b); andernfalls:

(2) (biphonematisches) /jū/ ‹jú› vor den Tektalen /g/ oder /k/ (Nr. 36a) bzw. vor den Labialen /f/ (< urn. /f/ und /b/, in stimmhafter Umgebung als [β] realisiert) oder /p/ (Nr. 36b),

(3) (biphonematisches) /jō/ ‹jó› in den übrigen Fällen, d.h. vor allem vor Dentalen (Nr. 37a/b).

Beispiele: Nr. 35a: urgerm. **deupiþō-* > (**diupiþō-* > **diy°* >) aisl. *dý̲pt* 'Tiefe'. Nr. 35b: urgerm. **deuza-* > urn. **deuʀa* > aisl. *dý̲r* 'Tier'. – Nr. 36a: urgerm. **seuka-* > aisl. *sjú̲kr* 'krank'. Nr. 36b: urgerm. **deupa-* > aisl. *djú̲pr* 'tief'. – Nr. 37a: urgerm. **skeuta-* > aisl. *skjó̲tr* 'schnell'. Nr. 37b: urgerm. **leuhman-* > urn. **°mǣ* > aisl. *ljó̲mi* 'Leuchten'.

Unregelmäßigen Lautstand zeigt hingegen etwa aisl. *þjófr* (< urn. **þeuba-*) 'Dieb'.

III. Formenlehre

III.1. Substantiva

§ 15. Allgemeines

§ 15.0. Paradigmatische Kategorien der Substantivflexion (Deklination) im Altisländischen sind Kasus (Positionen: Nominativ, Genetiv, Dativ, Akkusativ) und Numerus (Positionen: Singular, Plural).

Weiteres zu den einzelnen Kasus s. Abschnitt IV (Zur Syntax), § 46.1.

Genus ist hier übrigens k e i n e paradigmatische Kategorie, da ja bei keinem Substantiv zwischen Maskulinum, Femininum und Neutrum unterschieden wird.

§ 15.1. Die Kontinuanten einer Gruppe alter Wurzelnomina und anderer konsonantischer Stämme zeichnen sich durch einen besonderen Nominativ und Akkusativ Pl. auf *-r* < urn. **-iʀ* aus; in diesen Fällen zeigt der Vokal der haupt- oder nebentonigen Silbe gegebenenfalls *i(ʀ)*-Umlaut (§ 8.1 mit Anm. 6,2; in den Übersichten § 16.0 und § 17.0 durch *-r*^{i} indiziert). Durch interparadigmatischen Ausgleich haben die Wörter dieser Gruppe im Singular die Ausgänge verschiedener anderer Flexionsklassen übernommen (und sind hier diesen zugeschlagen; s. § 16.1.g [mask. *a*-Stämme], § 16.3.g [mask. *u*-Stämme], § 16.4.g [fem. *ō*-Stämme], § 16.5.e [fem. *i*-Stämme], § 17.1.e [mask. *n*-Stämme]).

§ 15.2. Bei den altisländischen Substantiva sind folgende drei Flexionstypen zu unterscheiden:

— I ('stark'; § 16),

— II ('schwach'; § 17) und

— III (Verwandtschaftsbezeichnungen; § 18).

Im folgenden werden die in den einschlägigen Grammatiken üblichen, sprachgeschichtlich motivierten Bezeichnungen der einzelnen Flexionsklassen verwendet, z.B. mask. *n*-Stämme (Sigle: m.*n*), fem. *ō*-Stämme (f.*ō*), neutr. *ja*-Stämme (n.*ja*) etc.

Anm. 17 (Allgemeines zu den Ausgängen; vgl. § 19.2, Anm. 21): 1. Der Dativ Pl. geht in allen substantivischen (und adjektivischen) Deklinationstypen auf *-um* aus.

2. Bei den Neutra sind in allen substantivischen (und adjektivischen) Deklinationstypen die Ausgänge von Nominativ und Akkusativ (Sg. : Pl.) identisch.

(Weiterführende Spezial-)Literatur: Hans-Olav Enger, Morfemet i beskrivelsen av bøyningsmorfologien til norrøne substantiv – utfordring eller hindring? In: Maal og Minne 1993, 12–27; Eric Papazian, Morfemet og substantivbøyninga i norrønt. In: Maal og Minne 1995, 129–149; Hans-Olav Enger, Morfemet: En Replikk. In: Maal og Minne 1997, 91–102.

§ 16. Flexionstyp I: stark

§ 16.0. Übersicht

		m.	f.	n.
Sg.	Nom.	*-r*, *-r*^{u}	*-Ø*^{u}, *-r*	*-Ø*
	Gen.	*-s*, *-ar*	*-ar*	*-s*
	Dat.	*-i*$^{\times}$, *-Ø*	*-Ø*^{u}, *-i*$^{\times}$, *-u*	*-i*$^{\times}$
	Akk.	*-Ø*, *-Ø*^{u}	*-Ø*^{u}, *-i*$^{\times}$	*-Ø*
Pl.	Nom.	*-ar*, *-ir*$^{(\times)}$, *-r*^{i}	*-ar*, *-ir*$^{\times}$, *-r*^{i}	*-Ø*^{u}
	Gen.	*-a*	*-a*	*-a*
	Dat.	*-um*	*-um*	*-um*
	Akk.	*-a*, *-i*$^{\times}$, *-u*, *-r*^{i}	*-ar*, *-ir*$^{\times}$, *-r*^{i}	*-Ø*^{u}

Hinweis: Hochgestelltes *i* (z.B. *-r*^{i}) indiziert, daß es ggf. zu einer durch *i(ʀ)*-Umlaut (§ 8.1, § 8.2) entstandenen Vokalalternation innerhalb des Paradigmas kommt. Hochgestelltes × (z.B. *-i*$^{\times}$) hingegen indiziert, daß es zu keiner durch *i(ʀ)*-Umlaut entstandenen Vokalalternation innerhalb des Paradigmas kommt. – Und hochgestelltes *u* (z.B. *-Ø*^{u}) schließlich indiziert, daß es ggf. zu einer durch *u*-Brechung (§ 10.2) oder *u*-Umlaut (§ 9.1) entstandenen Vokalalternation innerhalb des Paradigmas kommt.

Anm. 18: Der für die Klasseneinteilung aus diachronischer Sicht maßgebliche, aus dem Urgermanischen ererbte Themavokal (z.B. Nom. Sg. **arm-a̲-z* m. > aisl. *arm-Ø-r*) zeigt sich bei den starken Maskulina und Feminina des Altisländischen in den jeweiligen Ausgängen des Akkusativs Pl. (wobei aisl. *-ar* f. < urn. *-ōʀ*).

Anm. 19 (Assimilationen, vgl. § 11.1): 1. Auslautendes spät-urn. /R/ im Nominativ Sg. mask. ist an vorangehendes /s/ immer, an vorangehendes /l/ oder /n/ hingegen nur in schwerer oder nicht haupttoniger Silbe assimiliert, z.B. *þys-s* m.*i* 'Lärm', *ás-s* m.*u* 'Ase, heidnischer Gott'; *kjól-l* m.*a* 'Schiff', *ketil-l* m.*a* 'Kessel'; *stein-n* m.*a* 'Stein', *himin-n* m.*a* 'Himmel' etc.

2. In postkonsonantischer Stellung zeigt sich indessen im Auslaut einfacher Konsonant: Nom. Sg. *hals* m.*a* 'Hals' (< _*hals-s_; Gen. *hals* etc.), *jarl* m.*a* 'Jarl' (< _*earl-l_; Gen. *jarls* etc.), *hrafn* m.*a* 'Rabe' (< _*hrafn-n_; Gen. *hrafns* etc.), auch *akr* m.*a* 'Acker' (< _*akr-r_; Gen. *akr-s* etc.) etc.

3. Nach Doppelkonsonanten /nn/ ist auslautendes spät-urn. /R/ an sich geschwunden; in den meisten Fällen findet sich jedoch analogisch restituiertes /-r/, sodaß mitunter Doppel- oder sogar Tripelformen existieren, z.B. Nom./Akk. Pl. *menn* (die 'Normalform') neben *meðr* (mit /°θr/ < /°nnr/) neben seltenem *mennr* 'Männer' (vgl. § 16.1.g).

Bei den Maskulina sind drei Subtypen zu unterscheiden: *a*-Stämme (*ja*-, *wa*-Stämme; § 16.1), *i*-Stämme (§ 16.2) und *u*-Stämme (§ 16.3). – Bei den Feminina gibt es zwei Subtypen: *ō*-Stämme (*jō*-, *wō*-Stämme; § 16.4) und *i*-Stämme (§ 16.5). – Alle starken Neutra sind *a*-Stämme (*ja*-, *wa*-Stämme; § 16.6).

§ 16.1. Maskuline *a*-Stämme (*ja*-, *wa*-Stämme)

Paradigmata: *armr* m.*a* 'Arm', *ketill* m.*a* 'Kessel', *mór* m.*a* 'Heide'; *maðr* m.*a*/k. 'Mann'; *hirðir* m.*ja* 'Hirte'; *sǫngr* m.*wa* 'Gesang'.

		m.*a*	m.*a*	m.*a*	m.*a*/k.	m.*ja*	m.*wa*
Sg.	Nom.	*armr*	*ketill*	*mór*	*maðr*	*hirðir*	*sǫngr*
	Gen.	*arms*	*ketils*	*mós*	*manns*	*hirðis*	*sǫngs*
	Dat.	*armi*	*katli*	*mó*	*manni*	*hirði*	*sǫngvi*
	Akk.	*armi*	*katli*	*mó*	*manni*	*hirði*	*sǫngvi*
Pl.	Nom.	*armar*	*katlar*	*móar*	*menn*	*hirðar*	*sǫngvar*
	Gen.	*arma*	*katla*	*móa*	*manna*	*hirða*	*sǫngva*
	Dat.	*ǫrmum*	*kǫtlum*	*móm*	*mǫnnum*	*hirðum*	*sǫngum*
	Akk.	*arma*	*katla*	*móa*	*menn*	*hirða*	*sǫngva*

a. Bei einigen Lehnwörtern (*biskup* 'Bischof') oder fremden (Personen-)Namen (*Jakob*) tritt im Nominativ Sg. auch ein Nullmorph auf. – In *akr* 'Acker' ist *-r* stammhaft (Gen. *akrs*; s. § 16.0 Anm. 19,2).

b. Einige Wörter – Appellativa wie *hǫfundr* 'Richter', ferner auch Personennamen wie *Vǫlundr* etc. – bilden den Genetiv Sg. (exklusiv oder auch nur alternativ) wie bei den *i*- und *u*-Stämmen auf *-ar*, also: *hǫfundar*, *Vǫlundar* etc.

Nach Ausweis von 'appellativiertem' Nominativ Pl. auf *-ar* flektiert der Name des Meisterschmieds *Vǫlundr* als *a*-Stamm (und nicht etwa als *u*-Stamm).

c. Im Dativ Sg. kann auch, besonders in älterer Zeit, ein Nullmorph auftreten, z.B. *dag* (neben *degi* durch *g/k*-Palatalisierung [§ 8.1.b1]) 'dem Tag'.

d. Vor (im Späturnordischen) vokalisch anlautendem Ausgang wird der schwächer betonte (kurze) Vokal von 'zweisilbigen Stämmen' (d.h. der Mittelsilbenvokal) synkopiert, z.B. Dativ Sg. spät-urn. **hamare* > *hamre* > aisl. *hamri* (: *hamarr* Nominativ Sg.) 'Hammer', Dat. Sg. aisl. *jǫtni* (: *jǫtunn* Nom. Sg.) 'Riese' etc. – Die (leichte) Haupttonsilbe ist dabei vom *i*-Umlaut nicht betroffen (§ 8.1.b2): Dativ Sg. spät-urn. **katile* > *katle* > aisl. *katli* (: *ketill* Nominativ Sg.) 'Kessel'.

Dies hat aber nur für einige wenige Fälle Gültigkeit; meist ist die Vokalalternation durch intraparadigmatischen Ausgleich beseitigt worden.

Bei einigen Eigennamen, z.B. *Gunnarr* (ursprünglich ein Kompositum **Gunþa-harjaz*), bleibt indessen der 'Binnenvokal' vor vokalisch anlautendem Ausgang erhalten: Dativ Sg. *Gunnari* ('regulär' dagegen jedoch etwa *Óðni* Dativ Sg. zu *Óðinn*).

e. Bei einigen wenigen Wörtern finden sich im Nominativ bzw. Akkusativ Pl. auch Ausgänge der maskulinen *i*-Stämme, z.B. *dalir* bzw. *dali* neben *dalar* bzw. *dala* (zu *dalr* 'Tal').

f. Wie *mór* flektieren nur wenige Wörter. In Dativ Sg. *mó* (< **mō-e*) und Dativ Pl. *móm* (< **mō-om*) zeigen sich kontrahierte Formen.

Skór 'Schuh' bildet alternative Pluralformen mit *ú*-Vokalismus: Nom. *skúar* etc.

g. Einige wenige Maskulina – neben *maðr* 'Mann' z.B. *fingr* 'Finger', *nagl* 'Nagel' und *vetr* 'Winter' – bilden einen besonderen Nominativ und Akkusativ Pl. auf *-r* < urn. **-iʀ* (vgl. § 15.1); gegebenenfalls tritt also *i(ʀ)*-Umlaut (§ 8) des Wurzelvokals auf: *me̱nnr/me̱ðr* (woneben häufigeres *me̱nn*), *fingr*, *ne̱gl* (< **næglʀ* mit Assimilation und folgender Vereinfachung des Doppelkonsonanten, s. § 11.1), *vetr*.

h. Wie *hirðir* geht eine große Zahl von schwersilbigen Wörtern, denen sich auch etliche leichtsilbige Namen (wie etwa *Ymir*) angeschlossen haben. Das charakteristische *-i(r/s)* in den Ausgängen des Singularis geht auf die Suffixvariante urn. **-ii̯V(ʀ/s)* zurück (§ 12.2). – Die schwersilbigen *ja*-Stämme mit wurzelschließendem Tektal /g/ oder /k/ (z.B. *mækir* 'Schwert') bewahren gemäß § 12.1 das ursprüngliche /j/ des Suffixes vor /a/ und /u/, d.h. im gesamten Plural.

Die leichtsilbigen *ja*-Stämme sind fast ausnahmslos zu den *i*-Stämmen (§ 16.2) übergetreten.

Isoliert bleibt *niðr* 'Verwandter': Sg. Gen. *niðs/niðjar*, Dat. Akk. *nið*; Pl. Nom. *niðjar*, Gen. *niðja*, Dat. *niðjum*, Akk. *niðja*.

i. Die maskulinen *wa*-Stämme zeigen ggf. durchgehenden *w*-Umlaut des Wurzelvokals. Im Dativ Sg. tritt oft ein Nullmorph auf (*sǫng* neben *sǫngvi*). Vor /a/ und /i/ des Ausgangs erscheint das /v/ des Suffixes (§ 13.2.b).

Bunte Formen zeigt *sær* 'See': Nom. Sg. *sær/sjór/sjár*, Gen. *sævar/sjóvar/sjávar*, Dat. *sæ(vi)/sjó(vi)/sjá(vi)*, Akk. *sæ/sjó/sjá*; Pl. Nom. *sævar/sjóvar/sjávar*, Gen. Akk. *sæva/sjóva/sjáva*, Dat. *sæ(v)um/sjóvum/sjávum*. – Wie *sær* geht auch *snær/snjór/snjár* 'Schnee'.

§ **16.2.** Maskuline *i*-Stämme – § **16.3.** Maskuline *u*-Stämme

Paradigmata: *gestr* m.*i* 'Fremder, Gast', *staðr* m.*i* 'Stelle' (§ 16.2) – *vǫllr* m.*u* 'Feld, Ebene', *fjǫrðr* m.*u* 'Fjord', *fǫgnuðr* m.*u* 'Freude' (§ 16.3).

		m.*i*	m.*i*	m.*u*	m.*u*	m.*u*
Sg.	Nom.	*gestr*	*staðr*	*vǫllr*	*fjǫrðr*	*fǫgnuðr*
	Gen.	*gests*	*staðar*	*vallar*	*fjarðar*	*fagnaðar*
	Dat.	*gest*	*stað*	*velli*	*firði*	*fagnaði*
	Akk.	*gest*	*stað*	*vǫll*	*fjǫrð*	*fǫgnuð*
Pl.	Nom.	*gestir*	*staðir*	*vellir*	*firðir*	*fagnaðir*
	Gen.	*gesta*	*staða*	*valla*	*fjarða*	*fagnaða*
	Dat.	*gestum*	*stǫðum*	*vǫllum*	*fjǫrðum*	*fǫgnuðum*
	Akk.	*gesti*	*staði*	*vǫllu*	*fjǫrðu*	*fagnaði*

§ **16.2.** Maskuline *i*-Stämme

a. Der *i*-Umlaut des Wurzelvokals ist entweder auf analogischem Weg in allen Kasus durchgeführt (Typ *gestr*) oder durchgängig beseitigt (Typ *staðr*).

Ein umgelauteter Wurzelvokal /e/ (< /a/) zeigt sich nach älterer *opinio communis* bereits in spät-urn. *gestumʀ* Dat. Pl. 'den Fremden' (Runenstein von Stentoften, vor/um 600). Falls nun eine von Lillemor Santesson vorgetragene (aber umstrittene!) Neuinterpretation zutrifft, derzufolge Zeile II als *niu ha(n)gestumʀ* 'mit neun Hengsten' zu fassen ist (Eine Blutopferinschrift aus dem südschwedischen Blekinge. In: Frühmittelalterliche Studien 27 [1993], 241–252: 247 ff.), ist dieser in älteren Grammatiken oft zitierte Beleg hinfällig.

b. Der Genetiv Sg. wird auf *-s* oder *-ar* gebildet.

c. Im Dativ Sg. kann ein Ausgang *-i* auftreten, z.B. *fundi* (zu *fundr* 'Fund').

d. Bei einigen wenigen Wörtern zeigen sich im Nominativ und Akkusativ Pl. auch Ausgänge der maskulinen *a*-Stämme, z.B. *lýðar* bzw. *lýða* neben *lýðir* bzw. *lýði* (zu *lýðr* 'Volk, Leute').

e. Durch Vermischung mit den maskulinen *ja*-Stämmen erscheint nach umgelauteter leichter Wurzelsilbe (*beðr* 'Bett') oder schwerer Wurzelsilbe auf Tektal /g/ oder /k/ (*drengr* 'Kerl, Mann') suffigales /j/ vor /a/ oder /u/ des Ausgangs (vgl. § 12.1), d.h. im Genetiv und Dativ Pl.

Beispiel: Sg. Nom. *bekkr*, Gen. *bekks/bekkjar*, Dat. Akk. *bekk*; Pl. Nom. *bekkir*, Gen. *bekkja*, Dat. *bekkjum*, Akk. *bekki*.

§ **16.3.** Maskuline *u*-Stämme

a. Die meisten Wörter auf °*ǫttr* bzw. °*áttr* sind maskuline *u*-Stämme.

b. Wie *fǫgnuðr* flektieren alle zweisilbigen Maskulina auf °*uðr* (vornehmlich Abstrakta; °*uðr* < *°*o*° < *°*ɔ*° < urn. *°*aþuʀ* oder *°*aduʀ* [§ 9.1]). Dabei treten auch – durch intraparadigmatischen Ausgleich entstandene – Formen wie (Nominativ Sg.) *fagnaðr* 'Freude' (: *fǫgnuðr*), *Níðaðr* (*Vǫlundarkviða*, Str. 41,1) Personenname (: *Níðuðr*) etc. auf.

In Formen wie *fǫgnuðr* Nom. Sg. 'Freude' (< spät-urn. **fagnaþuʀ/°duʀ* < früh-urn. **faginōþuz/°duz*) ist 'doppelter' *u*-Umlaut (§ 9.1) – sowohl in der Haupt- als auch in der Nebentonsilbe – eingetreten.

c. Die Wurzelvokale /e/ bzw. /i/ im Dativ Sg. und Nominativ Pl. sind durch altnordischen *i*-Umlaut /a/ > /e/ (§ 8.1) bzw. gemeingermanischen *i*-Umlaut /e/ > /i/ entstanden (Ausgänge Dat. Sg. urn. °*iu*, Nom. Pl. *°*iuʀ*).

Wegen der Schwachtonigkeit des Binnenvokals ist dagegen bei Zweisilblern auf °*uðr* im Dativ Sg. und Nominativ Pl. kein *i*-Umlaut eingetreten, also: *fagn<u>a</u>ði* Dat. Sg. zu *fǫgnuðr* 'Freude' (s. oben), *Níð<u>a</u>ði* Dat. Sg. zu *Níðuðr* etc.

d. Bisweilen tritt im Genetiv Sg. der Ausgang *-s* auf, z.B. *vǫrðs* neben *varðar* (zu *vǫrðr* 'Wache, Wacht').

e. Im Dativ Sg. kann auch ein Nullmorph auftreten, z.B. *vǫnd* (also ohne altnordischen *i*-Umlaut!) neben *vendi* (zu *vǫndr* 'Rute').

f. Der Akkusativ Pl. kann, besonders in späterer Zeit, auf *-i* ausgehen (*vendi* neben *vǫndu*).

g. Das ehemalige Wurzelnomen *fótr* 'Fuß' (Dativ Sg. *fœti*) bildet den Nominativ und Akkusativ Pl. *fœtr* (< urn. *-*iʀ*; vgl. § 15.1); Gen. Pl. *fóta*, Dat. Pl. *fótum*.

h. Bei *sonr/sunr* 'Sohn' kann im Nominativ Sg. auslautendes *-r* fehlen. (Dativ Sg. *søni/syni* etc.)

i. Der einzige neutrale *u*-Stamm, *fé* 'Vieh', zeigt folgende Singular-Formen: Nom. *fé*, Gen. *fjár*, Dat. Akk. *fé*.

§ **16.4.** Feminine *ō*-Stämme (*jō*-, *wō*-Stämme) – § **16.5.** Feminine *i*-Stämme

Paradigmata: *gjǫf* f.*ō* 'Gabe', *á* f.*ō* 'Fluß'; *ben* f.*jō* 'Wunde', *heiðr* 'Heide' f.*jō*; *ǫr* f.*wō* 'Pfeil' (§ 16.4) – *ǫxl* f.*i* 'Achsel' (§ 16.5).

		f.*ō*	f.*ō*	f.*jō*	f.*jō*	f.*wō*	f.*i*
Sg.	Nom.	*gjǫf*	*á*	*ben*	*heiðr*	*ǫr*	*ǫxl*
	Gen.	*gjafar*	*ár*	*benjar*	*heiðar*	*ǫrvar*	*axlar*
	Dat.	*gjǫf*	*á*	*ben*	*heiði*	*ǫr*	*ǫxl*
	Akk.	*gjǫf*	*á*	*ben*	*heiði*	*ǫr*	*ǫxl*
Pl.	Nom.	*gjafar*	*ár*	*benjar*	*heiðar*	*ǫrvar*	*axlir*
	Gen.	*gjafa*	*á*	*benja*	*heiða*	*ǫrva*	*axla*
	Dat.	*gjǫfum*	*ám*	*benjum*	*heiðum*	*ǫrum*	*ǫxlum*
	Akk.	*gjafar*	*á*	*benjar*	*heiðar*	*ǫrvar*	*axlir*

§ **16.4.** Feminine *ō*-Stämme (*jō*-, *wō*-Stämme)

a. Einige Wörter – z.B. *hǫll* f.*ō* 'Halle', *ey* f.*jō* 'Insel', ferner Bildungen auf *-ing* oder *-ung* (wie *kerling* f.*ō* '[alte] Frau') sowie eine Reihe von Personennamen (z.B. *Ingibjǫrg* f.*ō*) – bilden den Dativ Sg. auf *-u*, also: *hǫllu*, *eyju*, *kerlingu*, *Ingibjǫrgu* etc.

b. Bei Personennamen kann nicht nur der Dativ Sg., sondern auch der Akkusativ Sg. auf *-u* ausgehen.

c. Eine ganze Reihe von Wörtern bildet (durch Einfluß der femininen *i*-Klasse [§ 16.5]) den Nominativ und Akkusativ Pl. auch auf *-ir*, z.B. *gjafir* neben *gjafar* (zu *gjǫf* 'Gabe', s. oben).

d. Wie *á* flektieren beinahe alle Feminina auf °*á*, z.B. *brá* 'Wimper', *rá* 'Rahe', *skrá* 'Schriftstück', *spá* 'Weissagung', *þrá* 'Sehnsucht' etc. – Der Dativ Pl. *ám* ist durch Kontraktion (**ā-om*) entstanden.

e. Die leichtsilbigen *jō*-Stämme (Typ *ben*, oben) sowie die schwersilbigen *jō*-Stämme mit wurzelschließendem Tektal /g/ oder /k/ (z.B. *ylgr* 'Wölfin') bewahren gemäß § 12.1 das ursprüngliche /j/ des Suffixes vor /a/ und /u/, d.h. im Genetiv Sg. sowie im gesamten Plural.

Als leichtsilbig gelten auch die Typen $C_0\bar{V}\#$ (*þý* 'Magd'), $C_0VV\#$ (*ey* 'Insel') und $C_0Vgg\#$ (*egg* 'Kante'); vgl. § 6. – *Mær* 'Mädchen' (Nebenform *mey*) flektiert wie folgt: Sg. Gen. *meyjar*, Dat. *meyju*, Akk. *mey*; Pl. wie *ben* (s. oben), also *meyjar* etc.

Bei den übrigen schwersilbigen *jō*-Stämmen (Typ *heið-r*, oben) ist das /j/ des Suffixes in dieser Position lautgesetzlich geschwunden (§ 12.1).

Das bei allen schwersilbigen *jō*-Stämmen im Dativ bzw. Akkusativ Sg. auftretende *-i* (Ausnahme: *eng* 'Wiese' flektiert wie *ben* [s. oben]) geht auf die Suffixvariante urn. **-i̯V/V̄* zurück (vgl. § 12.2).

f. Bei den (seltenen) f.*wō*-Stämmen zeigt sich durchgehender *w*-Umlaut des Wurzelvokals; vor /a/ des Ausgangs erscheint /v/ des Suffixes (§ 13.2.b). – Ein Ausgang *-u* im Dativ Sg. ist selten.

g. Eine nicht unbeträchtliche Anzahl von Feminina – darunter u.a.: *bók* 'Buch', *gás* 'Gans', *hǫnd* 'Hand', *lús* 'Laus', *mǫrk* 'Mark (als Gewichts-, Münzeinheit)', *mús* 'Maus', *nótt* (woneben *nátt*) 'Nacht', *tá* 'Zehe', *tǫnn* 'Zahn' etc. – bilden einen besonderen, 'konsonantischen' Nominativ und Akkusativ Pl. auf *-r* < urn. **-iʀ* (vgl. § 15.1); ggf. tritt also *i(ʀ)*-Umlaut (§ 8) des Wurzelvokals auf, z.B. *bœ̱kr*, *gæss*, *he̱ndr*, *lý̱ss*, *me̱rkr*, *mý̱ss*, *næ̱t(t)r*, *tæ̱r*, *te̱nn/te̱ðr/te̱nnr* etc.

Zur Erklärung: Nom. Sg. aisl. *mǫrk* 'Mark' < urn. **mark-u* : Nom. Pl. *merkr* < **mark-iʀ*. – Nom. Sg. aisl. *nótt* 'Nacht' < urn. **naht-u* (durch 'verstärkten' *u*-Umlaut; § 9.3) : Nom. Pl. *nætr* < **naht-iʀ*. – Nom. Sg. aisl. *tǫnn* 'Zahn' < urn. **tanþ-u* : Nom. Pl. *tenn* < **tanþ-iʀ* (woneben die analogisch gebildeten Formen *teðr* bzw. *tennr*; vgl. § 11.1).

Bisweilen – z.B. bei *bók* 'Buch', *mǫrk* 'Mark' oder *nótt* 'Nacht' – geht auch der Genetiv Sg. auf *-r* (< **-iʀ*) aus, wobei der Wurzelvokal ggf. umgelautet ist: *bœ̱kr* (woneben *bókar*), *me̱rkr*, *næ̱tr* (woneben *náttar*).

Hǫnd 'Hand' bildet einen besonderen Dativ Sg. *hendi*.

Zu beachten sind ferner die (zum Teil durch Kontraktion entstandenen) Formen von *kýr* 'Kuh': Sg. Nom./Gen. *kýr*, Dat. Akk. *kú*; Pl. Nom./Akk. *kýr*, Gen. *kúa*,

Dat. *kúm*. – *Sýr* 'Sau' flektiert ganz wie *kýr*. – *Ær* 'Mutterschaf' flektiert wie folgt: Sg. Nom. *ær/á*, Gen. *ær*, Dat./Akk. *á*; Pl. Nom. *ær* etc.

§ 16.5. Feminine *i*-Stämme

a. Die femininen *i*-Stämme sind im Singular fast durchwegs in die feminine *ō*-Deklination übergetreten; dadurch erklären sich sprachgeschichtlich die *u*-umgelauteten Formen (Typ *ǫxl*, s. oben).

b. Bei wenigen Wörtern – darunter *brúðr* 'Braut' und *vættr* '(übernatürliches) Wesen' – zeigt sich im Nominativ Sg. der alte Ausgang *-r*.

c. Der Dativ Sg. kann auch auf *-u* ausgehen (*strǫndu* 'dem Strand').

d. Ein seltener Dativ und Akkusativ Sg. auf *-i* zeigt sich z.B. in *brúði* (zu *brúðr*), *dísi* (zu *dís* 'Schicksalsfrau') und *vætti* (zu *vættr*).

e. Bei etlichen hierhergehörenden Wörtern kann auch ein 'konsonantischer' Nominativ und Akkusativ Pl. auf *-r* auftreten (< urn. *-iʀ*; vgl. § 15.1). Ggf. zeigt sich also *i(ʀ)*-Umlaut (§ 8) des Wurzelvokals: *me̲rkr* (neben 'regulärem' *markir*) zu *mǫrk* 'Wald' (≠ *mǫrk* 'Mark'!), *spe̲ngr* (neben *spangir*) zu *spǫng* 'Stück (aus Metall oder Eis)', *stre̲ndr* (neben *strandir*) zu *strǫnd* 'Strand', *te̲ngr* (neben *tangir*) zu *tǫng* 'Zange', *e̲lptir* (neben *alptir*) zu *ǫlpt* 'Schwan' etc.

§ 16.6. Neutrale *a*-Stämme (*ja*-, *wa*-Stämme)

Paradigmata: *barn* n.*a* 'Kind', *sumar* n.*a* 'Sommer', *kné* n.*a* 'Knie'; *ber* n.*ja* 'Beere', *kvæði* n.*ja* 'Gedicht'; *hǫgg* n.*wa* 'Hieb'.

		n.*a*	n.*a*	n.*a*	n.*ja*	n.*ja*	n.*wa*
Sg.	Nom.	*barn*	*sumar*	*kné*	*ber*	*kvæði*	*hǫgg*
	Gen.	*barns*	*sumars*	*knés*	*bers*	*kvæðis*	*hǫggs*
	Dat.	*barni*	*sumri*	*kné*	*beri*	*kvæði*	*hǫggvi*
	Akk.	*barn*	*sumar*	*kné*	*ber*	*kvæði*	*hǫgg*
Pl.	Nom.	*bǫrn*	*sumur*	*kné*	*ber*	*kvæði*	*hǫgg*
	Gen.	*barna*	*sumra*	*knjá*	*berja*	*kvæða*	*hǫggva*
	Dat.	*bǫrnum*	*sumrum*	*knjóm*	*berjum*	*kvæðum*	*hǫggum*
	Akk.	*bǫrn*	*sumur*	*kné*	*ber*	*kvæði*	*hǫgg*

a. Im Nominativ und Akkusativ Pl. (auf $-Ø^{u}$) tritt ggf. *u*-Umlaut des Wurzelvokals auf.

b. Wie *sumar* 'Sommer' (zweisilbig) flektieren nur wenige Wörter.

c. Auch wie *kné* ‘Knie’ gehen nur wenige Wörter. Formen wie Dativ Sg. *kné* (< **knē-e*) sind durch Kontraktion entstanden.

Neben Dativ Pl. *knjóm* tritt auch *knjám* auf. – *Bú* ‘Haushalt, Hof’ bildet den Dativ Pl. *búm* (< **bū-om*) etc.

d. In den übrigen Fällen geht der Dativ Sg. durchwegs auf *-i* aus.

e. Die leichtsilbigen neutralen *ja*-Stämme (Typ *ber*, oben) sowie die schwersilbigen neutralen *ja*-Stämme mit wurzelschließendem Tektal /g/ oder /k/ (z.B. *ríki* ‘Reich’) bewahren gemäß § 12.1 das ursprüngliche /j/ des Suffixes vor /a/ und /u/, d.h. im Genetiv und Dativ Pl.

Als leichtsilbig gelten auch die Typen $C_0\bar{V}\#$ (*ský* ‘Wolke’), $C_0VV\#$ (*grey* ‘Hündin’) und $C_0Vgg\#$ (*skegg* ‘Bart’); vgl. § 6.

Bei den übrigen (mehr- und) schwersilbigen neutralen *ja*-Stämmen (Typ *kvæði*, oben; *heimili* ‘Heimstätte’) ist das /j/ des Suffixes in dieser Position durchgängig geschwunden.

Das bei allen mehr- und schwersilbigen neutralen *ja*-Stämmen in der Mehrzahl der Kasus auftretende *-i(s)* geht auf die Suffixvariante urn. **-i̯V(s)* zurück (vgl. § 12.2).

Einige neutrale *ja*-Stämme zeigen auch einen Genetiv Pl. auf *-na*, z.B. *fylkna* (neben *fylkja*) zu *fylki* ‘Schar’.

f. *Vatn* ‘Gewässer’ bildet (durch Ausfall des mittleren von drei Konsonanten) einen Genetiv Sg. *vats* (woneben auch analogisches *vatns*).

Weiteres zu den neutralen *a*- bzw. *wa*-Stämmen s. § 16.1 (maskuline *a*-Stämme). – Zu *fé* n.*u* ‘Vieh’ s. § 16.3.i (maskuline *u*-Stämme).

§ 17. Flexionstyp II: schwach (*n*-Stämme)

§ 17.0. Übersicht

		m.	f.	n.
Sg.	Nom.	$-i^{\times}$	*-a*, $-i^{\times}$	*-a*
	Gen. Dat. Akk.	*-a*	*-u*, $-i^{\times}$	*-a*
Pl.	Nom.	*-ar*, $-r^{i}$	*-ur*	*-u*
	Gen.	*-a*	*-(n)a*	*-na*
	Dat.	*-um*	*-um*	*-um*
	Akk.	*-a*, $-r^{i}$	*-ur*	*-u*

Hinweis: Hochgestelltes *i* (-*r*^{i}) indiziert, daß es ggf. zu einer durch *i*-Umlaut (§ 8.1) entstandenen Vokalalternation innerhalb des Paradigmas kommt. Hochgestelltes × (-*i*$^{\times}$) indiziert hingegen, daß es zu k e i n e r durch *i*-Umlaut entstandenen Alternation des Wurzelvokalismus innerhalb des Paradigmas kommt.

§ 17.1. Maskuline *n*-Stämme (*jan*-, *wan*-Stämme)

Paradigmata: *hani* m.*n* 'Hahn', *pái* m.*n* 'Pfau'; *skyti* m.*jan* 'Schütze'; *vǫðvi* m.*wan* 'Muskel'.

		m.*n*	m.*n*	m.*jan*	m.*wan*
Sg.	Nom.	*hani*	*pái*	*skyti*	*vǫðvi*
	Gen. Dat. Akk.	*hana*	*pá*	*skytja*	*vǫðva*
Pl.	Nom.	*hanar*	*pár*	*skytjar*	*vǫðvar*
	Gen.	*hana*	*pá*	*skytja*	*vǫðva*
	Dat.	*hǫnum*	*pám*	*skytjum*	*vǫðum*
	Akk.	*hana*	*pá*	*skytja*	*vǫðva*

a. Die Pluralausgänge der maskulinen *n*-Stämme entsprechen in der Regel denen der maskulinen *a*-Stämme (§ 16.1).

b. Bei einigen wenigen Lehnwörtern (*herra* 'Herr') sowie fremden Personennamen (*Viðga*) geht auch der Nominativ Sg. auf -*a* aus.

c. Besondere Pluralformen zeigt *oxi/uxi* 'Ochse' (m.*n*): Nom. *øxn/yxn*, Gen. *øxna/yxna*, Dat. *øxnum/yxnum*, Akk. *øxn/yxn*.

Sprachgeschichtlich betrachtet, handelt es sich um ein altertümliches schwundstufiges *n*-Suffix (Genetiv Pl. urgerm. **uhs-n-ō*^{n}, Akkusativ Pl. *-*n-unz*), das durch intraparadigmatischen Ausgleich auf den Nominativ Pl. und den Dativ Pl. übertragen wurde.

d. Bei einigen poetischen Ausdrücken für 'Mann' können Pluralformen mit infigiertem /n/ auftreten, z.B. bei *gumi* (Nom. Pl. *gumnar*, Gen. *gumna* etc.), *skati* (Nom. Pl. *skatnar*, Gen. *skatna* etc.).

e. Substantivierte Partizipia I ('Partizipia Präsentis'; mit *nd*-Suffix gebildet), die vor allem in poetischen Texten auftreten, zeigen einen besonderen, 'konsonantischen' Nominativ und Akkusativ Pl. auf -*r* < urn. *-*iʀ* (vgl. § 15.1); gegebenenfalls tritt hier also *i(ʀ)*-Umlaut (§ 8.1 mit Anm. 6,2) des nebentonigen Vokals auf.

Beispiel: *gefandi* 'Geber': Sg. wie *hani* (oben); Nom./Akk. Pl. *gefendr*, Gen. *gefanda*, Dat. *gefǫndum*. – Auch *bóndi* 'Bauer' (ältere Form: *búandi*, zu *búa* 'wohnen') gehört hierher: Nom./Akk. Pl. *bœndr*, Gen. *bónda*, Dat. *bóndum* (ältere Formen: Nom./Akk. Pl. *búendr*, Gen. *búanda*, Dat. *búǫndum*).

Anm. 20: Im Altisländischen sind (kurze) Mittelsilbenvokale in der Position vor Nasal + Konsonant bewahrt, und zwar auch in Formen mit vokalisch anlautendem Ausgang (i.e. Typ °*CVNCV#*, z.B. *gefandi*; dagegen jedoch Typ °*CØCV#*, z.B. *katli* < **katile*; dazu oben, § 16.1.d).

f. Die maskulinen *jan*-Stämme (Typ *skyti*, s. oben) bewahren außer im Nominativ Sg. (*-i* < urn. **-(i)jǣn* < urgerm. **-(i)jǣ*$^{(n)}$) durchgängig das ursprüngliche /j/ des Suffixes (§ 12.1).

Die (ehemaligen) schwersilbigen *jan*-Stämme, deren Wurzel nicht auf Tektal /g/ oder /k/ schließt (z.B. *vermi* 'Wärme'), flektieren gemäß § 12.1 ganz wie die 'reinen' *n*-Stämme (Typ *hani*, oben) und sind sonach lediglich aus diachronischem Blickwinkel, und zwar am *j*-Umlaut des Wurzelvokals (*v<u>e</u>rmi* : *varmr* 'warm'), zu erkennen.

g. Bei den ziemlich seltenen maskulinen *wan*-Stämmen (Typ *vǫðvi*, oben) zeigt sich außer im Dativ Pl. (wo *-um* < **-wum* gemäß § 13.1) durchgängig /v/ des Suffixes (§ 13.2.b).

§ 17.2. Feminine *ōn*-Stämme (*jōn*-, *wōn*-Stämme)

Paradigmata: *saga* f.*ōn* 'Erzählung', *smiðja* f.*jōn* 'Schmiede', *vǫlva* f.*wōn* 'Weissagerin'.

		f.*ōn*	f.*jōn*	f.*wōn*
Sg.	Nom.	*saga*	*smiðja*	*vǫlva*
	Gen. Dat. Akk.	*sǫgu*	*smiðju*	*vǫlu*
Pl.	Nom.	*sǫgur*	*smiðjur*	*vǫlur*
	Gen.	*sagna*	*smiðja*	——
	Dat.	*sǫgum*	*smiðjum*	*vǫlum*
	Akk.	*sǫgur*	*smiðjur*	*vǫlur*

a. *Kona* 'Frau' hat den Genetiv Pl. *kvinna* (dies ist die ältere Form) oder *kvenna* (so meist in der Sagaprosa).

b. Die (seltenen) *jōn*-Stämme bewahren durchgängig das ursprüngliche /j/ des Suffixes. Schwersilbige Wörter mit wurzelschließendem Tektal /g/ oder /k/ bilden den Genetiv Pl. auf *-na* wie die 'reinen' *ōn*-Stämme, z.B. *bylgna* (zu *bylgja* 'Welle'), *kirkna* (zu *kirkja* 'Kirche').

Die (ehemaligen) schwersilbigen *jōn*-Stämme, deren Wurzel nicht auf Tektal /g/ oder /k/ schließt (z.B. *kelda* 'Quelle, Sumpf'), flektieren gemäß § 12.1 ganz wie die 'reinen' *ōn*-Stämme (Typ *saga*, oben) und sind sonach lediglich aus diachronischem Blickwinkel, und zwar am *j*-Umlaut des Wurzelvokals (*ke̱lda* : *kaldr* 'kalt'), zu erkennen.

c. Die ganz seltenen *wōn*-Stämme zeigen ggf. durchgehenden *w*-Umlaut des Wurzelvokals. Nur vor Nominativ Sg. *-a* zeigt sich /v/ des Suffixes (§ 13.2.b); in den anderen Kasus ist ursprüngliches /w/ gemäß § 13.1 geschwunden.

Ein Genetiv Pl. der f.*wōn*-Stämme (**vǫlva* [?]) scheint nicht belegt zu sein.

§ 17.3. Feminine *īn*-Stämme

a. Eine Gruppe von femininen *īn*-Stämmen, in der Regel Adjektivabstrakta des Typs *gleði* 'Fröhlichkeit' (: *glaðr* 'fröhlich'), bildet einen 'Einheits-Singular' auf *-i*.

Bisweilen treten im Genetiv Sg. auch Formen auf *-ar* oder *-is* auf, z.B. *gørsimar* (zu *gørsimi* 'Kostbarkeit'), *reiðis* (zu *reiði* 'Zorn').

b. Bei einigen Lexemen mit (sekundärer) konkreter Bedeutung, z.B. *gørsimi* 'Kostbarkeit' → 'Schmuckstück', sind auch Pluralformen, und zwar nach der femininen *ō*-Klasse (§ 16.4; der Nominativ Pl. also *gørsimar* etc.), belegt.

§ 17.4. Neutrale *n*-Stämme

Paradigma: *hjarta* n.*n* 'Herz'.

		n.*n*
Sg.	Nom. Gen. Dat. Akk.	*hjarta*
Pl.	Nom. Akk.	*hjǫrtu*
	Gen.	*hjartna*
	Dat.	*hjǫrtum*

Die neutralen *n*-Stämme sind wenig zahlreich; in der Hauptsache handelt es sich um Bezeichnungen für Körperteile.

Hierher gehören etwa *auga* 'Auge', *eista* 'Hode', *eyra* 'Ohr', *flagbrjóska* 'Brustknorpel', *nýra* 'Niere', *ǫk(k)la* 'Fußknöchel, Enkel' etc.

§ 18. Flexionstyp III: Verwandtschaftsbezeichnungen

Paradigmata: *faðir* m. 'Vater', *bróðir* m. 'Bruder', *móðir* f. 'Mutter', *systir* f. 'Schwester', *dóttir* f. 'Tochter'.

		m.	m.	f.	f.	f.
Sg.	Nom.	*faðir*	*bróðir*	*móðir*	*systir*	*dóttir*
	Gen.	*fǫður*	*bróður*	*móður*	*systur*	*dóttur*
	Dat.	*fǫður*	*bróður*	*móður*	*systur*	*dóttur*
	Akk.	*fǫður*	*bróður*	*móður*	*systur*	*dóttur*
Pl.	Nom.	*feðr*	*brœðr*	*mœðr*	*systr*	*dœtr*
	Gen.	*feðra*	*brœðra*	*mœðra*	*systra*	*dœtra*
	Dat.	*feðrum*	*brœðrum*	*mœðrum*	*systrum*	*dœtrum*
	Akk.	*feðr*	*brœðr*	*mœðr*	*systr*	*dœtr*

a. Dem Flexionstyp III gehören nur die angeführten fünf Wörter an.

Sprachhistorisch gesehen, handelt es sich um konsonantische Stämme auf *r* (vgl. lat. *pa-ter* < **pa-tēr*, Gen. *pa-tr-is* etc.).

b. Im Plural zeigt sich in allen Kasus ggf. (durch *i*-Umlaut; § 8.1) umgelauteter Wurzelvokal, ferner alternativ im Dativ Sg. *feðr* (neben *fǫður*) 'dem Vater', ganz selten (poetisch) auch im Dativ Sg. *mœðr* (neben *móður*) 'der Mutter' und *dœtr* (neben *dóttur*) 'der Tochter'.

Selten ist auch ein Genetiv Sg. *fǫðurs* (neben regulärem *fǫður*) 'des Vaters' belegt.

c. In der Dichtung tritt im Hinterglied von Komposita statt *-faðir* bisweilen die Form *-fǫðr* (Nom./Dat./Akk. Sg.; Gen. Sg. *-fǫðrs*) entgegen, z.B. in *Valfǫðr* (Name Odins).

III.2. Adjektiva

§ 19. Allgemeines

§ 19.0. Paradigmatische Kategorien der Adjektivflexion (Deklination bzw. Komparation) im Altisländischen sind Kasus (Positionen: Nominativ, Genetiv, Dativ, Akkusativ), Numerus (Positionen: Singular, Plural) und Genus (Positionen: Maskulinum, Femininum, Neutrum) bzw. Gradus (Positionen: Positiv, Komparativ, Superlativ).

§ 19.1. Wie in allen altgermanischen Sprachen haben die altisländischen Adjektiva mit wenigen Ausnahmen (s. sofort) ein doppeltes Paradigma: in der Regel stehen

(1) bei Unbestimmtheit starke Formen (‘indeterminierend’), z.B. (attributiv) *spakr̲ maðr* ‘(ein) kluger Mann’ bzw. (prädikativ) *maðr er spakr̲* ‘ein Mann ist klug’ (Flexionstyp I; § 20);

(2) bei Bestimmtheit schwache Formen (‘determinierend’), z.B. *inn spaki̲ maðr* ‘der kluge Mann’ (Flexionstyp II; § 21).

Weiteres s. Abschnitt IV (Zur Syntax), § 49.3.

Nur starke Formen haben die Adjektiva *allr* ‘ganz, all’, *annarr* ‘anderer, zweiter’ (vgl. § 35.b), *miðr* ‘mittlerer’, *sjálfr* ‘selbst’, *sumr* ‘einen Teil umfassend, manch; (Pl.:) einige’ (vgl. § 32.1.c).

§ 19.2. Maskulina und Neutra schließen sich in der Flexion den substantivischen *a*-Stämmen (*ja*-, *wa*-Stämmen; §§ 16.1–3, 16.6) bzw. *n*-Stämmen (*jan*-, *wan*-Stämmen; § 17.1) an, Feminina dagegen den substantivischen *ō*-Stämmen (*jō*-, *wō*-Stämmen; § 16.4) bzw. *ōn*-Stämmen (*jōn*-, *wōn*-Stämmen) und *īn*-Stämmen (§ 17.2–3).

Im Altisländischen gibt es keine *i*- oder *u*-Adjektiva.

Anm. 21 (Allgemeines zu den Ausgängen; vgl. § 15.2, Anm. 17): 1. Der Dativ Pl. geht in allen adjektivischen (und substantivischen) Deklinationstypen auf *-um* aus.

2. Bei den Neutra sind in allen adjektivischen (und substantivischen) Deklinationstypen die Ausgänge von Nominativ und Akkusativ (Sg. : Pl.) identisch.

§ 20. Flexionstyp I: stark

§ 20.0. Übersicht

		m.	f.	n.
Sg.	Nom.	*-r*	-Ø^{u}	▴ *-t*
	Gen.	*-s*	▴ *-rar*	*-s*
	Dat.	▴ *-um*	▴ *-ri*$^{×}$	▴ *-u*
	Akk.	▴ *-(a)n*	▴ *-a*	▴ *-t*
Pl.	Nom.	▴ *-ir*$^{×}$	*-ar*	-Ø^{u}
	Gen.	▴ *-ra*	▴ *-ra*	▴ *-ra*
	Dat.	*-um*	*-um*	*-um*
	Akk.	*-a*	*-ar*	-Ø^{u}

Hinweise: 1. Hochgestelltes × (z.B. -*ir*$^{\times}$) indiziert, daß es zu k e i n e r durch *i(R)*-Umlaut entstandenen Vokalalternation innerhalb des Paradigmas kommt. – Hochgestelltes *u* (-Ø^{u}) indiziert hingegen, daß es ggf. zu einer durch *u*-Brechung (§ 10.2) oder *u*-Umlaut (§ 9.1) entstandenen Vokalalternation innerhalb des Paradigmas kommt.

2. Unterschiede zwischen starker Substantivflexion (maskuline und neutrale *a*-Stämme, feminine *ō*-Stämme) und starker Adjektivflexion (‘pronominale’ Ausgänge mit Ausnahme des lautgesetzlichen nominalen Akkusativ Sg. fem. auf *-a*) sind durch vorangestelltes ▴ markiert. – Nur ganz selten treten im Nominativ/Akkusativ Sg. des Neutrums nominale ‘Nullendungen’ auf, z.B. *all* ‘alles’ (neben regulärem *allt*); adverbiell oder substantivisch ‘fossilisiert’ erscheint -Ø hingegen nicht selten, z.B. *mjǫk* Adv. ‘sehr’ (statt zu erwartendem *mjǫkt*), *djúp* Subst. ‘Tiefes, Tiefe’ (statt zu erwartendem *djúpt*).

Anm. 22: Zur Assimilation von auslautendem (spät-)urn. *R* im Nominativ Sg. mask. (z.B. *hvass* ‘scharf, spitz’, *opinn* ‘offen’, *heill* ‘heil, gesund’; dagegen aber *fullr* ‘voll’, *kunnr/kuðr* ‘bekannt’ etc.) s. § 16.0 mit Anm. 19; vgl. § 11.1.

Anm. 23: Im Nominativ und Akkusativ Sg. neutr. werden /°d-t/# und /°θ-t/# °*ð-t#* ausnahmslos, ferner in schwachtoniger Silbe /°n-t/# zu /°tt/# assimiliert, das dann allgemein nach Konsonanten oder schwachtonigem Vokal zu /°t/# vereinfacht wird, z.B. Nom. Sg. *blint* n. ‘blind’ (< **blintt* < **blindt*) : *blindr* m.; *hart* n. ‘hart’ (< **hartt* < **harðt*, aber *gótt/gott* n. ‘gut’) : *harðr* m. (*góðr* m.); *opit* n. ‘offen’ (< **opitt* < **opint*, aber *hreint* n. ‘rein’) : *opinn* m. (*hreinn* m.) etc.; vgl. § 11.2. – Auch nach wurzelschließendem Langvokal erscheint im Nominativ und Akkusativ Sg. neutr. /-tt/#, z.B. *grátt* ‘grau’ (: *grár*).

Paradigmata: *spakr* ‘klug’, *grár* ‘grau’, *gamall* ‘alt’, *heiðinn* ‘ungetauft, heidnisch’ (*a/ō*-Adjektiva); *sekr* ‘schuldig’ (*ja/jō*-Adjektiv); *fǫlr* ‘fahl’ (*wa/wō*-Adjektiv).

		m.	f.	n.	m.	f.	n.
Sg.	Nom.	*spakr*	*spǫk*	*spakt*	*grár*	*grá*	*grátt*
	Gen.	*spaks*	*spakrar*	*spaks*	*grás*	*grár(r)ar*	*grás*
	Dat.	*spǫkum*	*spakri*	*spǫku*	*grám*	*grár(r)i*	*grá*
	Akk.	*spakan*	*spaka*	*spakt*	*grán*	*grá*	*grátt*
Pl.	Nom.	*spakir*	*spakar*	*spǫk*	*gráir*	*grár*	*grá*
	Gen.	*spakra*	*spakra*	*spakra*	*grár(r)a*	*grár(r)a*	*grár(r)a*
	Dat.	*spǫkum*	*spǫkum*	*spǫkum*	*grám*	*grám*	*grám*
	Akk.	*spaka*	*spakar*	*spǫk*	*grá*	*grár*	*grá*

		m.	f.	n.	m.	f.	n.
Sg.	Nom.	*gamall*	*gǫmul*	*gamalt*	*heiðinn*	*heiðin*	*heiðit*
	Gen.	*gamals*	*gamallar*	*gamals*	*heiðins*	*heiðinnar*	*heiðins*
	Dat.	*gǫmlum*	*gamalli*	*gǫmlu*	*heiðnum*	*heiðinni*	*heiðnu*
	Akk.	*gamlan*	*gamla*	*gamalt*	*heiðinn*	*heiðna*	*heiðit*
Pl.	Nom.	*gamlir*	*gamlar*	*gǫmul*	*heiðnir*	*heiðnar*	*heiðin*
	Gen.	*gamalla*	*gamalla*	*gamalla*	*heiðinna*	*heiðinna*	*heiðinna*
	Dat.	*gǫmlum*	*gǫmlum*	*gǫmlum*	*heiðnum*	*heiðnum*	*heiðnum*
	Akk.	*gamla*	*gamlar*	*gǫmul*	*heiðna*	*heiðnar*	*heiðin*

		ja/jō-Adjektiva			*wa/wō*-Adjektiva		
		m.	f.	n.	m.	f.	n.
Sg.	Nom.	*sekr*	*sek*	*sekt*	*fǫlr*	*fǫl*	*fǫlt*
	Gen.	*seks*	*sekrar*	*seks*	*fǫls*	*fǫlrar*	*fǫls*
	Dat.	*sekjum*	*sekri*	*sekju*	*fǫlum*	*fǫlri*	*fǫlu*
	Akk.	*sekjan*	*sekja*	*sekt*	*fǫlvan*	*fǫlva*	*fǫlt*
Pl.	Nom.	*sekir*	*sekjar*	*sek*	*fǫlvir*	*fǫlvar*	*fǫl*
	Gen.	*sekra*	*sekra*	*sekra*	*fǫlra*	*fǫlra*	*fǫlra*
	Dat.	*sekjum*	*sekjum*	*sekjum*	*fǫlum*	*fǫlum*	*fǫlum*
	Akk.	*sekja*	*sekjar*	*sek*	*fǫlva*	*fǫlvar*	*fǫl*

§ 20. a. Nach Flexionstyp I gehen

(1) Adjektiva im ‘indeterminierenden’ Positiv,

(2) Adjektiva im Superlativ (§ 22).

Die Formen des Superlativs werden ganz nach dem Muster des Positivs gebildet, also Nominativ Sg. *spakastr* m. ‘klügster’ – *spǫkust* f. (mit doppeltem *u*-Umlaut nach § 9.1) – *spakast* n., Genetiv Sg. *spakasts* m. – *spakastrar* f. – *spakasts* n., Dativ Sg. *spǫkustum* m. – *spakastri* f. – *spǫkustu* n. etc. analog *spakr* m. ‘klug’ – *spǫk* f. – *spakt* n. etc. (oben).

Hinweis: Das Suffix *-ast-* setzt langvokalisches urn. **-ōst-* fort (§ 22.1.a), sodaß es zu keiner Synkope des Mittelsilbenvokals gekommen ist.

b. Die meisten *a/ō*-Adjektiva gehen wie *spakr*.

c. Nicht wenige Adjektiva mit wurzelschließendem Langvokal flektieren wie *grár*, z.B. *blár* ‘blau’, *her-skár* ‘kriegerisch’, *auð-sær* ‘leicht zu sehen’, *trúr* ‘treu, gläubig’ etc.

Formen wie Dativ Sg./Pl. mask. *grám* (< **grā-om*), Akkusativ Pl. mask. *grá* (< **grā-a*) etc. sind durch Kontraktion entstanden.

d. Wie *gamall* gehen Adjektiva sowie Partizipia II auf *-all*, *-ill*, *-ull*, *-agr*, *-igr*, *-ugr*, *-iðr* und *-inn*, z.B. *lítill* 'klein', *gjǫfull* 'freigebig', *heilagr* 'heilig', *auðigr* 'reich', *blóðugr* 'blutig', *valiðr* 'gewählt', *bundinn* 'gebunden' etc.

Wie bei den Substantiva wird vor (im Späturnordischen) vokalisch anlautendem Ausgang der schwächer betonte (kurze) Vokal von 'zweisilbigen Stämmen' (d.h. der ursprüngliche Mittelsilbenvokal) an sich synkopiert (vgl. § 16.1.d), z.B. Akkusativ Pl. mask. **gamala* > aisl. *gamla* etc. – Bewahrt bleibt der 'Binnenvokal' hingegen bei Partizipia II auf *-aðr* (< *-*ō*°). Dreisilbige Formen finden sich (alternativ) auch bei Adjektiva auf °*ll* (z.B. Nominativ Pl. mask. *vesalir* zu *vesall* 'erbärmlich') sowie, etwas später, bei Adjektiva auf °*gr* (z.B. Nominativ Pl. mask. spät-aisl. *auðigir* zu *auðigr* 'reich').

Daneben stehen regulär synkopierte Formen wie Nominativ Pl. mask. *veslir*, *auðgir* etc. – Das Adjektiv *heilagr* m. 'heilig' (– *heilǫg* f. – *heilagt*/°*kt* n.) hat in den 'Synkopeformen' Wurzelvokal /e/ statt /ei/, also z.B. Akkusativ Sg. mask. *he̱lgan* (neben dreisilbigem *heilagan*), fem. *he̱lga* (neben *heilaga*), Nominativ Pl. mask. *he̱lgir* (neben *heilagir*) etc.

Bei den Adjektiva und Partizipia II auf *-inn* (Typ *heiðinn*, oben) zeigt sich statt *-*in-an* ein 'kürzerer' Akkusativ Sg. mask. auf *-inn* (wie im Nominativ Sg. mask.), z.B. *opinn* 'offenen'. – Zu beachten sind ferner Akkusativ Sg. mask. *lítinn* und Nominativ/Akkusativ Sg. neutr. *lítit* zu *lítill* 'klein' sowie *mikinn* und *mikit* zu *mikill* 'groß'.

e. Eine kleine Gruppe von *ja-/jō*-Adjektiva – *sekr* 'schuldig' (oben), *miðr* 'mittlerer', *nýr* 'neu' und einige schwersilbige Adjektiva mit wurzelschließendem Tektal /g/ oder /k/ (vgl. § 12.1), z.B. *ríkr* 'mächtig' – zeigt vor /a/ oder /u/ des Ausgangs suffigales /j/, z.B. Akkusativ Sg. mask. *sekj̱an*, *ríkj̱an* zu *sekr* 'schuldig', *ríkr* 'mächtig'.

Bei den meisten hierhergehörenden Adjektiva treten auch nach dem Muster der *a/ō*-Adjektiva gebildete Formen (scil. ohne /j/) auf, also Akkusativ Sg. mask. *sekan* etc. – Die (ehemaligen) schwersilbigen *ja/jō*-Stämme, deren Wurzel nicht auf Tektal /g/ oder /k/ schließt, sind mit den 'reinen' *a/ō*-Stämmen zusammengefallen.

f. Die (ebenso wenig zahlreichen) *wa-/wō*-Adjektiva (Typ *fǫlr*, oben) bewahren /v/ des Suffixes vor /a/ oder /i/ des Ausgangs (vgl. § 13.2.b).

Das Adjektiv *hár* 'hoch' (mit Akk. Sg. m. *hávan*, Nom. Pl. m. *hávir* etc.) zeigt – besonders in späterer Zeit – auch Formen ohne suffigales /v/ (und geht dann wie *grár*, s. oben).

§ 21. Flexionstyp II: schwach

§ 21.1. Flexionstyp IIa

Übersicht

		m.	f.	n.
Sg.	Nom.	$-i^{\times}$	*-a*	*-a*
	Gen. Dat. Akk.	*-a*	*-u*	*-a*
Pl.	Nom. Gen. Akk.	▴ *-u*	▴ *-u*	▴ *-u*
	Dat.	*-um*	*-um*	*-um*

Hinweise: 1. Hochgestelltes × ($-i^{\times}$) indiziert, daß es zu keiner durch *i*-Umlaut entstandenen Vokalalternation innerhalb des Paradigmas kommt.

2. Unterschiede zwischen schwacher Substantivflexion (maskuline und neutrale *n*-Stämme, [hier:] feminine *ōn*-Stämme) und schwacher Adjektivflexion sind durch vorangestelltes ▴ markiert (dies betrifft *-u* im Nominativ/Genetiv/Akkusativ Pl. mask./fem. bzw. Genetiv Pl. neutr.).

Paradigmata: *spakr* 'klug', *grár* 'grau', *gamall* 'alt'.

		m.	f.	n.	m.	f.	n.
Sg.	Nom.	*spaki*	*spaka*	*spaka*	*grái*	*grá*	*grá*
	Gen. Dat. Akk.	*spaka*	*spǫku*	*spaka*	*grá*	*grá*	*grá*
Pl.	Nom. Gen. Akk.	*spǫku*	*spǫku*	*spǫku*	*grá*	*grá*	*grá*
	Dat.	*spǫkum*	*spǫkum*	*spǫkum*	*grám*	*grám*	*grám*

		m.	f.	n.
Sg.	Nom.	*gamli*	*gamla*	*gamla*
	Gen. Dat. Akk.	*gamla*	*gǫmlu*	*gamla*
Pl.	Nom. Gen. Akk.	*gǫmlu*	*gǫmlu*	*gǫmlu*
	Dat.	*gǫmlum*	*gǫmlum*	*gǫmlum*

a. Nach Flexionstyp IIa gehen

(1) Adjektiva im 'determinierenden' Positiv,

(2) Adjektiva im Superlativ (§ 22).

Die Formen des Superlativs werden ganz nach dem Muster des Positivs gebildet, also Nominativ Sg. *spakasti* m. '(der) klügste' – *spakasta* f./n. etc. analog *spaki* m. '(der) kluge' – *spaka* f./n. etc. (oben) zu *spakr* 'klug'.

Hinweis: Das Suffix *-ast-* setzt wiederum langvokalisches urn. **-ōst-* fort (§ 22.1.a), sodaß es auch hier zu keiner Synkope des Mittelsilbenvokals gekommen ist.

b. Einige komponierte Adjektiva (z.B. *eið-rofa* 'eidbrüchig', *ein-vala* 'auserwählt' etc.) sind indeklinabel (mit Ausgang *-a*).

c. Wie bei den Substantiva wird vor (im Späturnordischen) vokalisch anlautendem Ausgang der schwächer betonte (kurze) Vokal von 'zweisilbigen Stämmen' (d.h. der Mittelsilbenvokal) synkopiert (vgl. § 16.1.d): dies betrifft sämtliche Formen schwacher Adjektiva des Typs *gamli* '(der) alte' (zu *gamall* 'alt').

d. Weiteres, insbesondere zu Adjektiva mit suffigalem /j/ (Typ *seki* m. '[der] schuldige' – *sekja* f./n. zu *sekr* 'schuldig') bzw. suffigalem /v/ (Typ *fǫlvi* m. '[der] fahle' – *fǫlva* f./n. zu *fǫlr* 'fahl'), oben, § 20 (Flexionstyp I: stark).

§ **21.2.** Flexionstyp IIb

Übersicht

		m.	f.	n.
Sg.	Nom.	*-i*ˣ	*-i*ˣ	*-a*
	Gen. Dat. Akk.	*-a*	*-i*ˣ	*-a*
Pl.	Nom. Gen. Akk.	˄ *-i*ˣ	˄ *-i*ˣ	˄ *-i*ˣ
	Dat.	*-um*	*-um*	*-um*

Hinweise: 1. Hochgestelltes ˣ (*-i*ˣ) indiziert, daß es zu k e i n e r durch *i*-Umlaut entstandenen Vokalalternation innerhalb des Paradigmas kommt.

2. Unterschiede zwischen schwacher Substantivflexion (maskuline und neutrale *n*-Stämme, [hier:] feminine *īn*-Stämme) und schwacher Adjektivflexion sind durch vorangestelltes ˄ markiert (dies betrifft *-i* im Nominativ/Genetiv/Akkusativ Pl. aller drei Genera).

Nach Flexionstyp IIb gehen

(1) Adjektiva im Komparativ (§ 22), z.B. *spakari* m. 'klüger' – *spakari* f. – *spakara* n. (zu *spakr* 'klug');

(2) Partizipia I (§ 37.1.j), z.B. *gefandi* m. 'gebend' – *gefandi* f. – *gefanda* n. (zu *gefa* 'geben').

Paradigma: *spakr* ‘klug’.

		m.	f.	n.
Sg.	Nom.	*spakari*	*spakari*	*spakara*
	Gen. Dat. Akk.	*spakara*	*spakari*	*spakara*
Pl.	Nom. Gen. Akk.	*spakari*	*spakari*	*spakari*
	Dat.	*spǫkurum*	*spǫkurum*	*spǫkurum*

§ 22. Komparation

§ 22.1. Bei der überwiegenden Anzahl der altisländischen Adjektiva erfolgt die Bildung von Formen des Komparativs (als Ausdrucksmittel für Eigenschaft in erhöhtem bzw. höherem Grad) und des Superlativs (als Ausdrucksmittel für Eigenschaft in sehr hohem bzw. höchstem Grad) durch reguläre Suffigierung.

Partizipia I von Verba werden nie, Partizipia II nur sehr selten gesteigert.

a. Typ I: Der größere Teil der Adjektiva bildet den Komparativ mit Suffix *-ar-* (< urn. **-ōʀ-*), den Superlativ mit Suffix *-ast-* (< urn. **-ōst-*), z.B.

(1) *spakr* ‘klug’ – *spakari* – *spakastr*;

(2) *knár* ‘tüchtig’ – *knár(r)i* – *knástr*;

(3) *gǫfugr* ‘vornehm’ – *gǫfgari* – *gǫfgastr*;

(4) *ǫrr* m. (wa/wō-Adj.) ‘freigebig’ – *ǫrvari* – *ǫrvastr* etc.

b. Typ II: Der kleinere Teil der Adjektiva bildet den Komparativ mit Suffix *-r-* (< urn. **-iʀ-*), den Superlativ mit Suffix *-st-* (< urn. **-ist-*), wobei ggf. *i(ʀ)*-Umlaut des Wurzelvokals (§ 8) auftritt, z.B.

(1) *langr* ‘lang’ – *lengri* – *lengstr*;

(2) *fár* ‘wenig’ – *fær(r)i* – *fæstr*;

(3) *hreinn* ‘rein’ – *hreinni* – *hreinstr*;

(4) *ungr* ‘jung’ – *yngri* – *yngstr* etc.

Keinen Positiv (und damit ein defektives Paradigma) haben folgende hierhergehörende Adjektiva: *fyrri* ‘früher, vorderer’ – *fyrstr*; *heldri* ‘besser’ – *helztr*; *nær(r)i* ‘näher’ – *næstr*; *œðri* ‘besser, vornehmer’ – *œztr*.

Formen beider Komparationstypen finden sich etwa bei

(1) *djúpr* ‘tief’ – *djúpari/dýpri* – *djúpastr/dýpstr*;

(2) *framr* ‘hervorragend’ – *framari/fremri* – *framastr/fremstr*;

(3) *ríkr* ‘mächtig’ – *ríkari/ríkri* – *ríkastr/ríkstr*;

(4) *þungr* 'schwer' – *þungari/þyngri* – *þungastr/þyngstr*;

(5) *þunnr(/þuðr)* 'dünn' – *þunnari/þynnri* – *þunnastr/þynnstr*.

In den Komparativ- und Superlativ-Formen beider Komparationstypen schwindet suffigales /j/ der *ja/jō*-Adjektiva (s. § 20.e) durchwegs (wie etwa bei *ríkr* 'mächtig', s. vorhin). – Suffigales /v/ der *wa/wō*-Adjektiva (s. § 20.f) schwindet in den meisten Fällen; zu den Ausnahmen zählt z.B. *ǫrr* 'freigebig' – *ǫrvari* – *ǫrvastr* (vgl. oben, sub a). Bisweilen finden sich auch Doppelformen wie etwa im Falle von *rǫskr* 'rasch' – *rǫsk(v)ari* – *rǫsk(v)astr*, *þrǫngr* 'eng' – *þrøngri* – *þrøngstr/þrǫngvastr* etc.

c. Eine Sondergruppe umfaßt Defektiva mit fehlendem (adjektivischen) Positiv: es handelt sich um (meist nach Typ I) zu Raum- oder Zeitadverbien gebildete Komparative, zu denen nach Typ I oder II gebildete Superlative treten, z.B.

(1) [*af* 'ab, am Ende' ~] *efri* 'späterer' – *efstr* 'letzter';

(2) [*aptr* 'nach hinten, zurück', *aptan* 'von hinten' ~] *eptri/aptari* 'hinterer' – *aptastr* (selten *epztr*);

(3) [*austr* 'nach Osten', *austan* 'von Osten, im Osten' ~] *eystri* 'östlicher' – *austastr*;

(4) [*inn* 'hinein', *innan* 'von innen', *inni* 'drinnen' ~] *innri/iðri* 'innerer' – *inztr/innstr*;

(5) [*of* 'über' ~] *øfri/efri* 'oberer' – *øfstr/efstr*;

(6) [*síð* 'spät', *síðan* 'dann' ~] *siðar(r)i/síðri* 'späterer, hinterer' – *síða(r)str* etc.

§ 22.2. Suppletion (Zusammenschluß von etymologisch verschiedenen Teilparadigmen zu éinem Flexionsparadigma) zeigt sich bei folgenden sechs Adjektiva:

(1) *gamall* 'alt' – *ellri* – *elztr*;

(2) *góðr* 'gut' – *betri* 'besser' – *beztr* (alt auch *baztr*);

(3) *illr* 'schlecht' und *vándr* dass. – *verri* – *verstr*;

(4) *lítill* 'klein' – *minni* – *min(n)str/minztr*;

(5) *margr* 'manch, viel' (*mǫrg* f., *mar[g]t* n.) – *fleiri* 'mehr' – *flestr*;

(6) *mikill* 'groß, viel' – *meiri* 'mehr' – *mestr*.

Hinweis: Wie bereits erwähnt, flektieren Komparative schwach (nach Typ IIb; § 21.2), Superlative sowohl stark (Typ I; § 20) als auch schwach (nach Typ IIa; § 21.1).

III.3. Adjektivadverbia

§ 23. Bildung

§ 23.1. Wie in anderen germanischen Sprachen werden im Altisländischen Adjektiva – genauer gesagt: einzelne Formen des Adjektiv-Flexionsparadigmas – zum Ausdruck adverbialer Bestimmungen verwendet, und zwar vor allem

(1.1) *-t* (Nominativ/Akkusativ Sg. neutr.), z.B. *allt* 'alles' (: *allr*), *seint* 'spät' (: *seinn*), *brátt* 'schnell, plötzlich' (: *bráðr*) etc.

Nur sehr vereinzelt erscheinen:

(1.2) *-s* (Genetiv Sg. neutr.), z.B. *alls* 'gänzlich, insgesamt, völlig' (: *allr*) etc.;

(1.3) *-u* (Dativ Sg. neutr.), z.B. *lǫngu* 'lange' (: *langr*) etc.;

(1.4) *-i* (Dativ Sg. mask.), z.B. *lengi* 'lange' (: *langr*) etc.;

(1.5) *-an* (Akkusativ Sg. mask.), z.B. *drjúgan* 'sehr, stark' (: *drjúgr* 'reichlich, stark, groß') etc.;

(1.6) *-um* (Dativ Pl.), z.B. *stórum* 'viel, sehr' (: *stórr* 'groß, stark, kräftig') etc.

Mitunter erscheinen auch mehrere Bildungsweisen nebeneinander wie etwa im Falle von *langt* 'lange [lokal], weit (entfernt)' ~ *lǫngu* 'lange [temporal]' ~ *lengi* 'lange [temporal]' ~ *lǫngum* dass. 'lange [temporal], oft' (: *langr* 'lange [lokal/temporal]') oder *brátt* 'schnell, plötzlich, bald' ~ *bráðum* dass. ~ *bráðan* 'schnell' (: *bráðr*).

§ 23.2. Daneben stehen suffigal gebildete Adverbia, die bezüglich der Kategorien Numerus und Genus indifferent sind:

(2.1) *-a* (< urn. **-ō*), z.B. *illa* 'schlecht, übel' (: *illr*), *víða* 'weit und breit, weitgehend' (: *víðr*), *grimmliga* 'grimmig, wild, grausam' (: *grimmligr*) etc.;

(2.2) *-lig-a* (durch Reinterpretation von Formen wie etwa *grimmliga* : *grimmr* entstanden), z.B. *gløggliga* 'genau, sorgfältig' (: *gløggr* 'scharfsichtig, klar, genau') etc.;

(2.3) *-la* (ursprünglich kontrahierte Nebenform von *-liga*), z.B. *bráðla* 'schnell, bald' (: *bráðr*), *harðla* 'sehr' (: *harðr* 'hart, stark, heftig') etc.

Mitunter finden sich diese drei Bildungsweisen nebeneinander, z.B. *harða* ~ *harðliga* ~ *harðla* 'sehr' (: *harðr* 'hart, stark, fest' bzw. *harðligr* 'hart, streng, streitbar'). – Ganz für sich stehen besondere Bildungen wie *líttat* 'ein wenig' (< *lítt þat*).

Hinweis: An sich gehören diese Ausführungen nicht in eine Formenlehre, sondern in eine Wortbildungslehre: aus Gründen der Übersichtlichkeit nehme ich diese Inkonsequenz in Kauf.

§ 24. Komparation

§ 24.1. Bei der überwiegenden Anzahl der Adjektivadverbia werden die Formen des Komparativs und des Superlativs mit den bei der Adjektivkomparation verwendeten Suffixen gebildet:

a. Typ I (vgl. § 22.1.a): Komparativ auf *-ar(r)* bzw. *-ara*, Superlativ auf *-ast*; Beispiele:

(1) *harðliga* 'hart' – *harðligar(r)* – *harðligast*;

(2) *síð* 'spät' – *síðar(r)* – *síða(r)st*;

(3) *sjaldan* 'selten' – *sjaldnar* – *sjaldnast*;

(4) *spakt* 'klug' – *spakara* – *spakast* etc.

Anm. 24: Adjektivadverbia auf *-t* bilden den Komparativ auf *-ar-a* (*-a* ist Ausgang des Nominativ/Akkusativ Sg. n. von Adjektiva Typ IIb [§ 21.2]).

b. Typ II (vgl. § 22.1.b): Komparativ auf *-r* bzw. *-(a)ra*, Superlativ auf Suffix *-st*, ggf. mit *i(ʀ)*-Umlaut des Wurzelvokals (§ 8); Beispiele:

(1) *langt* 'lange [lokal]' – *lengra* – *lengst*;

(2) *lengi* 'lange [temporal]' – *lengr* – *lengst* etc.

Keinen Positiv (und damit ein defektives Paradigma) haben *fyrr* 'früher' – *fyrst* sowie *síðr* 'weniger' – *sízt*.

§ 24.2. Suppletion (Zusammenschluß von etymologisch verschiedenen Teilparadigmen zu éinem Flexionsparadigma; vgl. § 22.2) zeigt sich bei folgenden fünf Adverbia:

(1) *gjarna* 'gern' – *heldr* 'eher, lieber' – *helzt*;

(2) *illa* 'schlecht' – *verr* – *verst*;

(3) *lít(t)* 'wenig' – *minnr/miðr* – *minnst/minzt*;

(4) *mjǫk* 'sehr' – *meir(r)* – *mest*;

(5) *vel* 'wohl, gut' – *betr* – *bezt*.

III.4. Pronomina

§ 25. Allgemeines

Paradigmatische Kategorien der Pronominalflexion im Altisländischen sind Kasus (Positionen: Nominativ, Genetiv, Dativ, Akkusativ), Numerus (Positionen: Singular, Plural, bei den Personalpronomina und Possessivpronomina der 1. und 2. Person [§§ 26, 28.2] auch Dual) und Genus (Positionen: Maskulinum, Femininum, Neutrum).

Spezialliteratur zum Thema pronominaler Dual: Helgi Guðmundsson, The Pronominal Dual in Icelandic (University of Iceland, Publications in Linguistics 2; Reykjavík 1972).

Beim Reflexivum (§ 27) fehlen die Kategorien Numerus und Genus, bei den Personalpronomina der ('ungeschlechtigen') 1. und 2. Person (§ 26) fehlt die Kategorie Genus.

In dieser Darstellung wird die traditionelle Unterteilung der Pronomina unter syntaktisch-semantischem Aspekt beibehalten und mit folgenden Subklassen operiert: Personalia (§ 26), Reflexiva (§ 27), Possessiva (§ 28), Demonstrativa (§ 29), Interrogativa (§ 30) und Indefinita (§ 32). – Der bestimmte Artikel ist aus systematischen Gründen im Paragraphen über Demonstrativa behandelt (§ 29.4), auf die (unflektierbaren!) Relativpartikel wird in einem Exkurs eingegangen (§ 31).

§ 26. Personalpronomina

		1. P.	2. P.	3. P. m.	3. P. f.	3. P. n.
Sg.	Nom.	*ek*	*þú*	*hann*	*hon*	*˙þat*
	Gen.	*mín*	*þín*	*hans*	*hennar*	*˙þess*
	Dat.	*mér*	*þér*	*honum*	*henni*	*˙því*
	Akk.	*mik*	*þik*	*hann*	*hana*	*˙þat*
Du.	Nom.	*vit*	*(þ)it*			
	Gen.	*okkar*	*ykkar*			
	Dat.	*ok(k)r*	*yk(k)r*			
	Akk.	*ok(k)r*	*yk(k)r*			
Pl.	Nom.	*vér*	*(þ)ér*	*˙þeir*	*˙þær*	*˙þau*
	Gen.	*vár*	*yð(v)ar*	*˙þeir(r)a*	*˙þeir(r)a*	*˙þeir(r)a*
	Dat.	*oss*	*yðr*	*˙þeim*	*˙þeim*	*˙þeim*
	Akk.	*oss*	*yðr*	*˙þá*	*˙þær*	*˙þau*

Hinweis: Aisl. *it*, *yk(k)r* 2. Pers. Du. vergleichen sich nhd./dial. (bair.) *eʒ*, *enk*.

a. Von den Formen der geschlechtigen, nicht deiktischen 3. Person werden der Singular neutr. und der Plural aller drei Genera vom einfachen Demonstrativpronomen (§ 29.1) übernommen (und sind hier durch ▪ gekennzeichnet).

b. Ältere Nebenformen: 3. Pers. mask. Dat. Sg. *hánum*; fem. Nom. Sg. *hón*, Akk. Sg. *hána*.

Jüngere Nebenformen: 1. Pers. Nom. Du. *við*; Nom. Pl. *vær*, Dat. Akk. Pl. *øss*; 2. Pers. Nom. Du. *ið*; 3. Pers. fem. Nom. Sg. *hun*.

c. Insbesondere in poetischen Texten kann es zu Enklise (‘Anlehnung’) der Pronomina, und zwar an Verbalformen, kommen (vgl. nhd. *machst du* → *machste*).

Beispiele: 1. Pers. Sg. *em ek* → *emk* ‘bin ich’, *hafða ek* → *hafðak* ‘hatte ich’, *hygg ek* → *hykk* ‘denke ich’, Akk. *ráku mik* → *rákumk* ‘[sie] trieben mich’; 2. Pers. Sg. *heyr þú* → *heyrðu* (mit gekürztem auslautenden *u*) ‘höre du’, *vill þú* → *viltu/vil(l)du* ‘willst du’ etc. – Wenn dann die enklitische Negation *-a*, *-at* an das Amalgat tritt, kann das *-k* der 1. Person stimmhaft werden: *þori ek* + *-a* → *þoriga* ‘wage ich nicht’.

§ 27. Reflexivpronomina

a. Bei Beziehung auf ein Subjekt der 1. oder 2. Person dienen (wie in vielen anderen germanischen Sprachen) die obliquen Kasus des Personalpronomens (§ 26) als Reflexiva.

b. Reflexivpronomen der 3. Person:

Sg. Du. Pl.	Gen.	*sín*
	Dat.	*sér*
	Akk.	*sik*

Auch hier kommt es zu Enklise, z.B. *finna sik* → *finnask* ‘finden sich’ etc.

Aus der Verbindung von (aktiver) Verbalform und enklitischem Reflexivpronomen *-m(i)k* bzw. *-s(i)k* ist das sog. Mediopassiv (Paradigmata: § 38, § 42; s. ferner § 47.3) entstanden.

§ 28. Possessivpronomina

§ 28.1. Die Possessiva *minn* ‘mein’, *þinn* ‘dein’, *sinn* ‘sein, ihr’ flektieren – abgesehen von Akkusativ Sg. mask. auf *-n* (gegenüber *-an*; vgl. § 20.d) – ganz wie reguläre starke *a/ō*-Adjektiva:

		m.	f.	n.
Sg.	Nom.	*minn*	*mín*	*mitt*
	Gen.	*míns*	*minnar*	*míns*
	Dat.	*mínum*	*minni*	*mínu*
	Akk.	*minn*	*mína*	*mitt*
Pl.	Nom.	*mínir*	*mínar*	*mín*
	Gen.	*minna*	*minna*	*minna*
	Dat.	*mínum*	*mínum*	*mínum*
	Akk.	*mína*	*mínar*	*mín*

Die Alternation des Wurzelvokals (*minn* : *míns* etc.) beruht auf Kürzung des ursprünglichen Langvokals vor *nn* bzw. vor *tt* (<*-*nt*, s. § 11.2).

Das Altisländische hat ein zweites Possessivum der 3. Person: *hans* m. – *hennar* f. – *þess* n., Pl. *þeira* m./f./n., formal ident mit dem Genetiv des Personalpronomens (§ 26) und lat. *eius* entsprechend (scil. [–reflexiv]); s. § 49.1.

§ 28.2. Wie reguläre starke *a/ō*-Adjektiva (§ 20) flektieren ferner:

(1) *várr* m. 'unser' – *vár* f. – *várt* n.;

(2) *yð(v)arr* m. 'euer' – *yður* f. – *yð(v)art* n. (mit Akk. Sg. m. *yð(v)arn*, Nom. Pl. m. *yðrir*; Dat. Sg. m. *yðrum* durch Schwund des ehemaligen Mittelsilbenvokals [vgl. § 16.1.d] etc.);

(3) *okkarr* m. 'unser beider' – *okkur* f. – *okka(r)t* n.;

(4) *ykkarr* m. 'euer beider' – *ykkur* f. – *ykka(r)t* n.

Bei *várr* m. 'unser' – *vár* f. – *várt* (Nr. 1) begegnen in älteren Texten auch Formen ohne anlautendes /v/ (vgl. § 13.1):

		m.	f.	n.
Sg.	Nom.	*várr*	*vár/ór*	*várt*
	Gen.	*várs*	*várrar*	*várs*
	Dat.	*várum/órum*	*várri*	*váru/óru*
	Akk.	*várn*	*vára/óra*	*várt*
Pl.	Nom.	*várir/órir*	*várar/órar*	*vár/ór*
	Gen.	*várra*	*várra*	*várra*
	Dat.	*várum/órum*	*várum/órum*	*várum/órum*
	Akk.	*vára/óra*	*várar/órar*	*vár/ór*

Alt und nur selten treten vor vokalisch anlautendem Ausgang auch Nebenformen mit Stamm *oss-* auf, z.B. Nom. Pl. m. *ossir*, f. *ossar* etc.

§ 29. Demonstrativpronomina und bestimmter Artikel

§ 29.1. Einfaches Demonstrativum *sá* m. 'der, dieser' – *sú* f. – *þat* n.:

		m.	f.	n.
Sg.	Nom.	*sá*	*sú*	*þat*
	Gen.	*þess*	*þeir(r)ar*	*þess*
	Dat.	*þeim*	*þeir(r)i*	*því*
	Akk.	*þann*	*þá*	*þat*
Pl.	Nom.	*þeir*	*þær*	*þau*
	Gen.	*þeir(r)a*	*þeir(r)a*	*þeir(r)a*
	Dat.	*þeim*	*þeim*	*þeim*
	Akk.	*þá*	*þær*	*þau*

§ 29.2. Deiktisch verstärktes Demonstrativum *sjá/þessi* 'dieser' – *sjá/þessi* f. – *þetta* n.:

		m.	f.	n.
Sg.	Nom.	*sjá/þessi*	*sjá/þessi*	*þetta*
	Gen.	*þessa*	*þessar/þessar(r)ar*	*þessa*
	Dat.	*þessum*	*þessi/þessar(r)i*	*þessu/þvísa*
	Akk.	*þenna*	*þessa*	*þetta*
Pl.	Nom.	*þessir*	*þessar*	*þessi*
	Gen.	*þessa/þessar(r)a*	*þessa/þessar(r)a*	*þessa/þessar(r)a*
	Dat.	*þessum*	*þessum*	*þessum*
	Akk.	*þessa*	*þessar*	*þessi*

Seltene Nebenformen: mask. Nom. Sg. *þessurr/þessir*, Dat. Sg./Pl. *þeima*; fem. Nom. Sg. *þessur*, Dat. Pl. *þeima*; neutr. Nom./Akk. Pl. *þessur*, Dat. Pl. *þeima*.

§ 29.3. a. Das Demonstrativpronomen *hinn* m. 'jener, der andere' – *hin* f. – *hitt* n. flektiert wie *minn* (§ 28.1), zeigt jedoch durchgängig Kurzvokal /i/ in der Wurzelsilbe.

b. Im Laufe des 13. Jahrhunderts tritt *hinn* auch als bestimmter Artikel entgegen (in dieser Verwendung mit Nominativ/Akkusativ Sg. neutr. *hit*).

§ 29.4. Der bestimmte Artikel *inn* (älter: *enn*) m. 'der' – *in* f. – *it* n. flektiert ganz wie *hinn* (s. vorhin, § 29.3.b; vgl. § 28.1).

Der bestimmte Artikel steht 'frei' vor einem – schwach flektierten (§ 21) – attributiven Adjektiv (Typ *inn spaki maðr* bzw. *hinn spaki maðr* 'der kluge Mann'; dazu vgl. § 49.3.a).

An ein Substantiv ohne Adjektivattribut wird *inn* m. – *in* f. – *it* n. 'angehängt' (enklitischer Artikel), wobei beide Konstituenten flektiert werden (mask. *maðr-inn* 'der Mann', *manns-ins* 'des Mannes' etc.). Dabei gilt:

(1) Nach vokalischem Ausgang schwindet das *-i°* des enklitischen Artikels (z.B. *saga-Øn* Nominativ Sg. fem.), ferner in Pluralformen auch nach /r/ (z.B. *sǫg-ur-Ønar* Nominativ Pl. fem.).

(2) Im Dativ Pl. aller Genera tritt (aus **-um-inum*) vereinfachtes *-unum* (: aschwed. *-umin/-enom*; § 59 sub [1]) entgegen.

Paradigmata: *armr* m.*a* 'Arm', *maðr* m.*a*/k. 'Mann, Mensch', *fjǫrðr* m.*u* 'Fjord', *gjǫf* f.*ō* 'Gabe', *mǫrk* f.*ō*/k. 'Mark (Gewichts-, Münzeinheit)', *barn* n.*a* 'Kind', *hani* m.*n* 'Hahn', *saga* f.*ōn* 'Erzählung'.

		m.*a*	m.*a*/k.	m.*u*	f.*ō*
Sg.	Nom.	*armr-inn*	*maðr-inn*	*fjǫrðr-inn*	*gjǫf-in*
	Gen.	*arms-ins*	*manns-ins*	*fjarðar-ins*	*gjafar-innar*
	Dat.	*armi-num*	*manni-num*	*firði-num*	*gjǫf-inni*
	Akk.	*arm-inn*	*mann-inn*	*fjǫrð-inn*	*gjǫf-ina*
Pl.	Nom.	*armar-nir*	*menn-inir*	*firðir-nir*	*gjafar-nar*
	Gen.	*arma-nna*	*manna-nna*	*fjarða-nna*	*gjafa-nna*
	Dat.	*ǫrmu-num*	*mǫnnu-num*	*fjǫrðu-num*	*gjǫfu-num*
	Akk.	*arma-na*	*menn-ina*	*fjǫrðu-na*	*gjafar-nar*

		f.*ō*/k.	n.*a*	m.*n*	f.*ōn*
Sg.	Nom.	*mǫrk-in*	*barn-it*	*hani-nn*	*saga-n*
	Gen.	*merkr-innar*	*barns-ins*	*hana-ns*	*sǫgu-nnar*
	Dat.	*mǫrk-inni*	*barni-nu*	*hana-num*	*sǫgu-nni*
	Akk.	*mǫrk-ina*	*barn-it*	*hana-nn*	*sǫgu-na*
Pl.	Nom.	*merkr-nar*	*bǫrn-in*	*hanar-nir*	*sǫgur-nar*
	Gen.	*marka-nna*	*barna-nna*	*hana-nna*	*sagna-nna*
	Dat.	*mǫrku-num*	*bǫrnu-num*	*hǫnu-num*	*sǫgu-num*
	Akk.	*merkr-nar*	*bǫrn-in*	*hana-na*	*sǫgur-nar*

Nebenformen: mask. Dat. Sg. *arm-num* m.*a* (also auch *ulf-num* 'dem Wolf'); fem. Akk. Sg. *gjǫf-na* f.*ō* (also auch *sól-na* 'die Sonne' etc.).

Statt *menn-inir* Nom. Pl. 'die Männer' treten auch *menn-ir* und *mennir-nir* entgegen.

§ 30. Interrogativpronomina

§ 30.1. Das eigentliche Interrogativum ('wer, was für ein') ist defektiv; folgende Formen sind belegt:

		m.	n.
Sg.	Nom.	——	*hvat*
	Gen.	*hvess*	*hvess*
	Dat.	*hveim*	*hví*
	Akk.	——	*hvat*

§ 30.2. Sonst wird verwendet: *hverr* m. 'welcher, wer (von mehreren)' – *hver* f. – *hvert* n., das als starkes *ja-/jō*-Adjektiv (s. § 20.e) flektiert, also gemäß § 12.1 vor /a/ oder /u/ des Ausgangs suffigales /j/ hat:

		m.	f.	n.
Sg.	Nom.	*hverr*	*hver*	*hvert*
	Gen.	*hvers*	*hverrar*	*hvers*
	Dat.	*hverjum*	*hverri*	*hverju*
	Akk.	*hver(ja)n*	*hverja*	*hvert*
Pl.	Nom.	*hverir*	*hverjar*	*hver*
	Gen.	*hverra*	*hverra*	*hverra*
	Dat.	*hverjum*	*hverjum*	*hverjum*
	Akk.	*hverja*	*hverjar*	*hver*

§ 30.3. Wie ein reguläres starkes *a/ō*-Adjektiv (§ 20) flektiert *hvárr* m. (Akk. *hvárn*; vgl. § 20.d) 'welcher von zweien' – *hvár* f. – *hvárt* n.

Wie ein reguläres starkes *a/ō*-Adjektiv flektiert auch *hvílíkr* 'wie (beschaffen), was für ein'.

§ 31. Exkurs: Relativa

Als Relativum dient im klassischen Altisländischen die unflektierbare Partikel *er* (ältere Form *es*), die allmählich von *sem* abgelöst wird; weniger häufig tritt auch *at* entgegen, nur selten finden sich *ok* und *en* als Relativa.

Das Relativum früh-aisl. *es* findet vor allem in enklitischer Stellung Verwendung; in Verbindung mit Personalia z.B. in Ver *sá es* → *sás* 'derjenige, der' (m.; *sú es* → *sús* 'diejenige, die' f., *þat es* → *þaz* 'dasjenige, das' n.), *þann es* → *þanns* 'denjenigen, der'; in Verbindung mit Orts- und Zeitadverbia z.B. in *þar es* → *þars* 'dort(hin), wo', *þá es* → *þás* 'damals, als', *þegar es* → *þegars* 'so bald als' etc.

§ 32. Indefinitpronomina

§ 32.1. 'ein(e/er)'

a. *einn* m. '(irgend)einer, ein gewisser, ein einziger' – *ein* f. – *eitt* n.: s. § 34.a (Kardinalia).

Wie *einn* geht auch *neinn* m. 'irgendeiner [nach Verneinung]' etc.

b. *einnhverr* m. '(irgend)einer, jeder (einzelne)' – *einhver* f. – *eitthvert* n. flektiert in den übrigen Kasus als gewöhnliches Kompositum mit (unverändertem) Vorderglied *ein-*, wobei das Hinterglied *-hverr* wie oben, § 30.2 (Interrogativpronomen) geht.

c. *sumr* m. '(irgend)einer, mancher; (Pl.:) einige' – *sum* f. – *sumt* n. flektiert wie ein reguläres starkes *a/ō*-Adjektiv (§ 20).

d. Bei *nǫkkurr* m. '(irgend)einer, ein gewisser; (Pl.:) einige' – *nǫkkurr* f. – *nǫkku(r)t* n. hat sich im klassischen Altisländischen folgendes Paradigma herausgebildet:

		m.	f.	n.
Sg.	Nom.	*nǫkkurr*	*nǫkkur*	*nǫkku(r)t*
	Gen.	*nǫkkurs*	*nǫkkurrar*	*nǫkkurs*
	Dat.	*nǫkkurum*	*nǫkkurri*	*nǫkkuru*
	Akk.	*nǫkku(r)n*	*nǫkkura*	*nǫkku(r)t*
Pl.	Nom.	*nǫkkurir*	*nǫkkurar*	*nǫkkur*
	Gen.	*nǫkkurra*	*nǫkkurra*	*nǫkkurra*
	Dat.	*nǫkkurum*	*nǫkkurum*	*nǫkkurum*
	Akk.	*nǫkkura*	*nǫkkurar*	*nǫkkur*

Die Formenvielfalt (im Wurzelvokalismus *ǫ*, *a*, *ø*, auch *u*; in der Silbensenke *kk*, *kkv*) ist bunt. So etwa begegnen in der *Lieder-Edda* ein Nominativ/Akkusativ Sg. n. *nakkvat* und Dativ Sg. n. *nekkvi*.

In der älteren Sprache treten in den meisten Kasus Formen mit Stamm *nakkvar-* auf: Nominativ Sg. *nakkvarr* m. – *nǫkkur* f. – *nakkva(r)t* n., Genetiv Sg. *nakkvars* m./n., *nakkvarrar* f. etc.

Hinweis: Die Normalform *nǫkkurr* ist eine Kreuzung *nekkverr* × *nǫkkvarr/nakkvarr*; ursprünglich handelt es sich um kontrahiertes **net-k-hverr, -hvárr* ← **ni veit ek hverr, hvárr* 'nicht weiß ich, welcher' (zu *hverr* und *hvárr* s. oben, § 30.2 und § 30.3).

§ 32.2. 'jede(r/s)'

a. Zur Flexion von *hverr* m. 'jeder (mögliche), welcher' – *hver* f. – *hvert* n. und *hvárr* m. 'jeder von zweien, welcher von zweien' – *hvár* f. – *hvárt* n. s. oben, § 30.2 und § 30.3 (Interrogativpronomen).

Auch die pleonastische Form *hvárr-tveggi* m. 'jeder von zweien' – *hvár-tveggja* f. – *hvárt-tveggja* n. tritt auf, wobei beide Konstituenten 'für sich' flektiert werden: *hvárr* s. oben, § 30.3; *-tveggi* geht wie ein schwaches Adjektiv nach Typ IIa (§ 21.1; suffigales /j/ ist also in allen Kasus außer Nom. Sg. m. gemäß § 12.1 vor /a/ und /u/ des Ausgangs erhalten). Der Genetiv Sg. mask. lautet also *hvárs-tveggja*, Dativ *hvárum-tveggja*, Akkusativ *hvárn-tveggja*; Nominativ. Pl. *hvárir-tveggju* etc. Zu beachten sind die Nebenformen *-tveggi* im Nominativ. Sg. fem. bzw. Nominativ/Akkusativ Pl. neutr.

b. Nur singularische Formen haben *hvatki* 'alles, was auch immer' sowie *hvatvetna/hvatvitna* dass.:

Sg.	Nom. Akk.	*hvatki*	*hvatvetna/hvatvitna*
	Gen.	*hvesskis*	*hversvetna/hversvitna*
	Dat.	*hvígi*	*hvívetna/hvívitna*

c. *hver(r)gi* m. 'jeder, wer auch immer' – *hvergi* f. – *hver(t)ki* n.:

		m.	f.	n.
Sg.	Nom.	*hver(r)gi*	*hvergi*	*hver(t)ki*
	Gen.	*hver(s)kis*	*hverigrar*	*hver(s)kis*
	Dat.	*hverjungi/°rigum*	*hver(i)gri/hverrigi*	*hverigu*
	Akk.	*hverngi/°rn(i)gan*	*hveriga*	*hver(t)ki*
Pl.	Nom.	*hverigir*	*hverigar/hverigi*	*hver(i)gi*
	Gen.	*hverigra*	*hverigra*	*hverigra*
	Dat.	*hverjungi/°rigum*	*hverjungi/°rigum*	*hverjungi/°rigum*
	Akk.	*hveriga*	*hverigar/hverigi*	*hver(i)gi*

Hinweis: Vor ° ist hier jeweils *hve* zu ergänzen.

Literatur: Eugen Hill, Proportionale Analogie, paradigmatischer Ausgleich und Formerweiterung. Ein Beitrag zur Typologie des morphologischen Wandels. In: Diachronica 24 (2007), 81–118: 99 ff.

§ **32.3.** ‘kein(e/er)’

a. Bunte Formen zeigt *engi* m. ‘niemand’ – *engi* f. – *ekki* n. ‘nichts’:

		m.	f.	n.
Sg.	Nom.	*engi*	*engi*	*ekki*
	Gen.	*enskis/enkis/engis*	*engrar/øngrar*	*enskis/enkis/engis*
	Dat.	*engum/øngum*	*engri/øngri*	*engu/øngu*
	Akk.	*engi/engan/øng(v)an*	*enga/øng(v)a*	*ekki*
Pl.	Nom.	*engir/øng(v)ir*	*engar/øng(v)ar*	*engi*
	Gen.	*engra/øngra*	*engra/øngra*	*engra/øngra*
	Dat.	*engum/øngum*	*engum/øngum*	*engum/øngum*
	Akk.	*enga/øng(v)a*	*engar/øng(v)ar*	*engi*

Hinweis: *Engi* m. f. ist durch Kontraktion aus **(ne) einn-gi* ‘(nicht) einer-nicht’ entstanden, *ekki* n. aus **(ne) eitt-gi*. – Die Negativpartikel *-gi* (bzw. assimilatorisch *-ki* nach stimmlosem Konsonanten) begegnet ferner auch in *hvatki* (§ 32.2.b), *hver(r)gi* (§ 32.2.c), *man(n)gi*, *væt(t)ki* (s. sofort, § 32.3.b) sowie in *hvár(r)gi* (§ 32.3.c).

b. Nur singularische Formen haben *man(n)gi* ‘niemand’ (selten und poetisch) sowie *væt(t)ki* ‘nichts’:

Nom. Akk.	*man(n)gi*	*væt(t)ki*
Gen.	*man(n)zkis*	*vættergis/vættugis*
Dat.	*mannigi*	*vættugi*

Hinweis: *Væt(t)ki* ← **vætt-gi* ‘kein „Wicht“, keine Sache’.

c. *hvár(r)gi* m. ‘keiner von beiden’ – *hvárgi* f. – *hvár(t)ki* n. flektiert wie folgt:

		m.	f.	n.
Sg.	Nom.	*hvár(r)gi*	*hvárgi*	*hvár(t)ki*
	Gen.	*hvár(s)kis*	*hvár(r)igrar*	*hvár(s)kis*
	Dat.	*hvárungi/°r(i)gum*	*hvárigri*	*hvárugi/°r(i)gu*
	Akk.	*hvárngi/°rn(i)gan*	*hvár(i)ga*	*hvár(t)ki*
Pl.	Nom.	*hvár(i)gir*	*hvár(i)gar*	*hvárgi*
	Gen.	*hvárigra*	*hvárigra*	*hvárigra*
	Dat.	*hvárungi/°r(i)gum*	*hvárungi/°r(i)gum*	*hvárungi/°r(i)gum*
	Akk.	*hvár(i)ga*	*hvár(i)gar*	*hvárgi*

Hinweis: Vor ° ist hier jeweils *hvá* zu ergänzen.

III.5. Numeralia

§ 33. Allgemeines

Die bestimmten Numeralia, in traditionellen Grammatiken als eigene Wortart geführt, verhalten sich in morphologischer (und syntaktischer) Hinsicht durchaus nicht einheitlich, bilden jedoch semantisch eine homogene Gruppe.

Hinweis: Weitere Wortarten traditioneller Prägung – Präpositionen, Konjunktionen, Interjektionen – sind, da unflektierbar, naturgemäß nicht Gegenstand einer Formenlehre.

Im folgenden werden Kardinalia (Quantitiva; § 34) sowie Ordinalia (Ordnungszahlen; § 35) behandelt.

Auf die übrigen Untergruppen – Iterativa (Typ *tveim sinnom* 'zweimal'), Multiplikativa (Typ *þré-faldr/þrí-faldr*, *þrennr* 'dreifach'), Bruchzahlen (Typ *fimtungr* 'Fünftel') etc. – wird hier nicht eingegangen.

Paradigmatische Kategorien sind Kasus (Positionen: Nominativ, Genetiv, Dativ, Akkusativ) und Genus (Positionen: Maskulinum, Femininum, Neutrum), bei den Ordinalia (§ 35) zusätzlich noch Numerus (Positionen: Singular, Plural). – Eine Reihe von Kardinalia (§ 34.e) bleibt unflektiert.

§ 34. Kardinalia (Quantitiva)

a. '1': *einn* m. – *ein* f. – *eitt* n. geht ganz wie *minn* (§ 28.1).

In der Bedeutung 'irgendeiner; ein ... allein, einzig' kommen auch Pluralformen von *einn* vor. – In der Bedeutung 'ein ... allein, einzig' begegnen auch schwache Formen (nach Typ IIa; § 21.1), also Nominativ Sg. *eini* m. (*eina* f./n.) etc.

b. '2': 'beide':

	m.	f.	n.	m.	f.	n.
Nom.	*tveir*	*tvær*	*tvau*	*báðir*	*báðar*	*bæði*
Gen.	*tveggja*	*tveggja*	*tveggja*	*beggja*	*beggja*	*beggja*
Dat.	*tveim(r)*	*tveim(r)*	*tveim(r)*	*báðum*	*báðum*	*báðum*
Akk.	*tvá*	*tvær*	*tvau*	*báða*	*báðar*	*bæði*

Anm. 25: *báðir – báðar – bæði* 'beide' ist zwar keine Grundzahl (Kardinalzahl im engeren Sinn), kann jedoch als Quantitivum (Kardinalzahl im weiteren Sinn) gelten.

c. '3': '4':

	m.	f.	n.	m.	f.	n.
Nom.	*þrír*	*þrjár*	*þrjú*	*fjórir*	*fjórar*	*fjǫgur*
Gen.	*þriggja*	*þriggja*	*þriggja*	*fjǫgurra*	*fjǫgurra*	*fjǫgurra*
Dat.	*þrim(r)*	*þrim(r)*	*þrim(r)*	*fjórum*	*fjórum*	*fjórum*
Akk.	*þrjá*	*þrjár*	*þrjú*	*fjóra*	*fjórar*	*fjǫgur*

e. Die Zahlen von '5' bis '20' sind indeklinabel.

Dies sind: *fim(m)* '5', *sex* '6', *sjau* '7', *átta* '8', *níu* '9', *tíu* '10', *ellifu* '11', *tolf/ tólf* '12', *þrettán* '13', *fjǫg(u)rtán/fjórtán* '14', *fimtán* '15', *sextán* '16', *sjaut(j)án* '17', *át(t)ján* '18', *nítján* '19', *tuttugu/tvítján* '20'. – Weiter wird gezählt: *tuttugu ok einn* (oder *einn ok tuttugu*) '21', ..., *tuttugu ok níu* (oder *níu ok tuttugu*) '29'.

f. Als starke Substantiva werden gebraucht:

(1) *tigr* (mit den Nebenformen *tegr/togr/tugr/tøgr*) 'Vielfaches von 10' (vgl. nhd. *-zig*) flektiert als maskuliner *u*-Stamm (§ 16.3), z.B. *þrír tigir* '30', *fjórir tigir* '40', *fim(m) tigir* '50', ..., *tíu tigir* '100', *ellifu tigir* '110'.

Später erscheinen für '30' bis '110' auch indeklinable Formen auf *-tigi*, z.B. *þrjátigi* '30', *fjórutigi* '40' etc.

(2) *hundrað* '120 („Großhundert")' (zunächst selten, erst später häufiger '100') flektiert als neutraler *a*-Stamm (§ 16.6), z.B. *tvau hundruð* '240', *þrjú hundruð* '360' etc.

(3) *þúsund* '1200 („Großtausend")' (auch '1000') flektiert als femininer *i*-Stamm (§ 16.5), z.B. *tvær þúsundir* '2400', *þrjár þúsundir* '3600' etc. – Die Nebenform *þúshundrað* geht wie das Simplex *hundrað* (neutraler *a*-Stamm).

Bei zusammengesetzten Numeralia wird meist nur vor dem letzten Element *ok* 'und' insertiert, z.B. *sjau hundruð (ok) þrjá tigir ok þrír* '735'.

Für '25' wird (statt *tuttugu ok fim*) nicht selten *fim ins þriða tigar* (wörtlich: 'fünf der dritten Dekade') oder *hálfr þriði tigr* (wörtlich: 'zur Hälfte die dritte Dekade') gebraucht etc. – Für '29' kann (statt *tuttugu ok níu*) stehen *einum fátt* (: *fár* 'wenig') *í þrjá tigu* (Akk. Pl.; wörtlich: 'um einen weniger an 30') etc.

§ 35. Ordinalia

a. '1.': *fyrstr* bzw. *fyrsti* gehen nach der starken (§ 20) bzw. schwachen (Typ IIa; § 21.1) Adjektivflexion.

b. '2.': *annarr* flektiert (nur) als reguläres starkes Adjektiv (§ 20), also:

		m.	f.	n.
Sg.	Nom.	*annarr*	*ǫnnur*	*annat*
	Gen.	*annars*	*annarrar*	*annars*
	Dat.	*ǫðrum*	*annarri*	*ǫðru*
	Akk.	*annan*	*aðra*	*annat*
Pl.	Nom.	*aðrir*	*aðrar*	*ǫnnur*
	Gen.	*annarra*	*annarra*	*annarra*
	Dat.	*ǫðrum*	*ǫðrum*	*ǫðrum*
	Akk.	*aðra*	*aðrar*	*ǫnnur*

c. Die übrigen Ordinalia flektieren (nur) als schwache Adjektiva des Typs IIa (§ 21.1).

Es handelt sich um: *þriði* '3.' (das als *jan/jōn*-Stamm flektiert; suffigales /j/ ist also gemäß § 12.1 vor /a/ oder /u/ des Ausgangs erhalten: daher Nominativ Sg. fem. *þriðja* etc.), weiter *fjórði* '4.', *fimti* '5.', *sétti* '6.', *sj(a)undi* '7.', *átti/áttandi/áttundi* '8.', *níundi* '9.', *tíundi* '10.', *ellifti/ellipti* '11.', *tolfti/tólfti* '12.', *þrettándi* '13.', *fjǫg(u)rtándi/fjórtándi* '14.', *fimtándi* '15.', *sextándi* '16.', *sjaut(j)ándi* '17.', *át(t)jándi* '18.', *nítjándi* '19.', *tuttugundi/tvítjándi* '20.', *tuttugundi ok fyrsti* (oder *einn*) bzw. *fyrsti (einn) ok tuttugundi* '21.', ..., *þrítugundi* '30.', weiter *fertugundi* '40.', *fimtugundi* '50.' etc.

Die Wendung *með tólfta mann* (wörtlich: 'mit dem zwölften Mann') bedeutet 'selbzwölft (i.e. X mit elf Begleitern)' etc. – *Hálft fjǫg(u)rtándi/fjórtándi fet* (wörtlich: 'der 14. Schritt [Fuß als Längenmaß] halb') meint '13½ Fuß' etc.

III.6. Verba

§ 36. Allgemeines

§ 36.0. Paradigmatische Kategorien der Verbalflexion (Konjugation) im engeren Sinn sind Person (Positionen: 1., 2., 3. Person), Numerus (Positionen: Singular, Plural), Tempus (Positionen: Präsens, Präteritum), Modus (Positionen: Indikativ, Konjunktiv, Imperativ) und Diathese (Verbalgenus; Positionen: Aktiv, Mediopassiv).

Analytisch gebildet werden die Tempora Perfekt, Plusquamperfekt, Futur I und Futur II sowie die Diathese Passiv (§ 45): es handelt sich um paradigmatische Positionen im weiteren Sinn.

Die infiniten (unkonjugierten) Verbalformen – Infinitiv (auch Mediopassiv), Partizip I ('Partizip Präsentis'), Partizip II ('Partizip Präteriti') – sind in bezug auf die meisten dieser Kategorien unbestimmt und haben an sich nominalen Charakter.

Vgl. § 37.2, Anm. 28 (Infinitiv Prät.); §§ 21.2., 37.1.j (Partizip I); §§ 20.d, 37.2.d, 41.2.d (Partizip II).

§ 36.1. Bei den altisländischen Verba sind folgende drei Flexionstypen zu unterscheiden:

— I ('stark'; §§ 37–40),

— II ('schwach'; § 41–43),

— III (Präteritopräsentia; § 44).

Im folgenden werden die in den einschlägigen Grammatiken üblichen, sprachgeschichtlich motivierten Bezeichnungen der einzelnen Flexionsklassen verwendet: 'stark' (Klassen I–VII), 'schwach' (Klassen I–III = *(i)jan-*, *ōn-*, *ēn*-Verba).

Anm. 26 (Allgemeines zu den Ausgängen): 1. Die Ausgänge des Konjunktivs I ('Präsens') entsprechen in allen Flexionsklassen denen des Konjunktivs II ('Präteritum').

2. Die Ausgänge der 1. und 2. Person Pl. Imperativ sind in der Regel formengleich mit denen des Indikativ (Präsens; Ausnahme: Präteritopräsentia, § 44).

3. In der 1. Person Pl. aller drei Modi (Indikativ, Konjunktiv, Imperativ) kann auslautendes /m/ vor einem folgenden Personalpronomen *vit* 'wir beide' oder *vér* 'wir' fehlen, z.B. *bindu vit* 'wir beide binden' (: *bindu*<u>*m*</u> 1. Pers. Du. Präs. Ind., zu *binda* Inf. st. Vb. IIIa,1 'binden'), *fǫllu vér* (: *fǫllu*<u>*m*</u> 1. Pers. Pl. Präs. Ind. zu *falla* Inf. st. Vb. VII,4 'fallen') etc.

4. In der Regel fehlt in der 2. Person Pl. aller drei Modi auslautendes /θ/ *ð* vor einem folgenden Personalpronomen *þit* 'ihr beide' oder *þér* 'ihr', z.B. *sátu þit* 'ihr beide saßt' (: *sátuð* 2. Pers. Pl. Prät. Ind., zu *sitja* Inf. st. Vb. V,2 'sitzen'); *tóku þér* 'ihr nahmt' (: *tóku*<u>*ð*</u> 2. Pers. Pl. Prät. Ind., zu *taka* Inf. st. Vb. VI,2 'nehmen') etc.

5. Die 2. Person Pl. aller drei Modi geht – früh selten, später immer häufiger – statt auf *-ið* bzw. *-uð* (im Präteritum Ind.) auf *-it* bzw. *-ut* (im Präteritum Ind.) aus.

§ 37. Flexionstyp I: stark – Ausgänge des Aktivs

§ 37.0. Übersicht: s. folgende Seite.

		Präsens Ind.	Präsens Konj.	Präsens Imp.	Präteritum Ind.	Präteritum Konj.
Sg.	1. P.	*-Ø*^{i}	*-a*		*-Ø*	*-a*^{i}
	2. P.	*-r*^{i}	*-ir*$^{\times}$	*-Ø*	*-(s)t*	*-ir*
	3. P.	*-r*^{i}	*-i*$^{\times}$		*-Ø*	*-i*
Pl.	1. P.	*-um*	*-im*$^{\times}$	*-um*	*-um*	*-im*
	2. P.	*-ið*$^{\times}$, *-it*$^{\times}$	*-ið*$^{\times}$, *-it*$^{\times}$	*-ið*$^{\times}$, *-it*$^{\times}$	*-uð*, *-ut*	*-ið*, *-it*
	3. P.	*-a*	*-i*$^{\times}$		*-u*	*-i*

Hinweis I: Hochgestelltes *i* (z.B. *-r*^{i}) indiziert, daß es ggf. zu einer durch *i*(R)-Umlaut (§ 8.1, § 8.2) bzw. durch Analogiewirkung entstandenen Vokalalternation innerhalb des Paradigmas kommt. Hochgestelltes × (z.B. *-ir*$^{\times}$) dagegen indiziert, daß es zu keiner durch *i*(R)-Umlaut verursachten Vokalalternation innerhalb des Paradigmas kommt.

Anm. 27 (Assimilationen; s. § 11.1, vgl. § 41.0, Anm. 30): 1. Auslautendes spät-urn. /R/ in der 2. und 3. Person Sg. Präs. Ind. ist an sich an vorangehendes /s/ immer, an vorangehendes /l/ oder /n/ hingegen nur nach schwerer Silbe assimiliert, z.B. *frýss* 'frier(s)t' (zu *frjósa* Inf. II,1), *skínn* 'glänz(s)t' (zu *skína* Inf. I) etc. Bisweilen finden sich jedoch analogisch gebildete Nebenformen mit vereinfachtem Doppelkonsonanten, z.B. *frýs*, *skín* etc. – Neben *gelr*, *stelr* etc. (mit lautgesetzlichem °*V̆lr#*) treten teils auch Formen des Typs °*V̆ll#* auf: *gell* 'ruf(s)t, sing(s)t', *stell* 'stiehl(s)t' (zu *gala* Inf. VI,1, *stela* Inf. IV) etc.

2. In postkonsonantischer Stellung zeigt sich indessen im Auslaut einfacher Konsonant: *vex* /°ks/ 'wächst' (< **vex-s* /°ks-s/, zu *vaxa* Inf. VI,1) etc.

3. Nach Doppelkonsonanten /nn/ ist auslautendes spät-urn. /R/ an sich geschwunden; vielfach findet sich aber analogisch restituiertes /-r/, sodaß mitunter Doppel- oder sogar Tripelformen existieren, z.B. 2./3. Pers. Sg. Präs. Ind. *brenn* (alt) neben *breðr* (mit /°θr/ < /°nnr/) neben der 'Normalform' *brennr* 'brenn(s)t' (zu *brenna* Inf. IIIa,1) etc.

Hinweis II: Je nach der Wurzelstruktur pflegt man bei den starken Verba sieben Klassen (I–VII) zu unterscheiden, die sich zum Teil wiederum in Unterklassen einteilen lassen. Weiteres s. unten, § 39.0.

§ 37.1. Präsens Aktiv

Paradigmata (Infinitiv): *brjóta* II,1 'brechen', *bjarga* IIIb,1 'bergen', *taka* VI,2 'nehmen', *vera* (älter: *vesa*) V,1 'sein': s. folgende Seite.

		Ind.	Konj.	Imp.	Ind.	Konj.	Imp.
Sg.	1. P.	*brýt*	*brjóta*		*berg*	*bjarga*	
	2. P.	*brýtr*	*brjótir*	*brjót*	*bergr*	*bjargir*	*bjarg*
	3. P.	*brýtr*	*brjóti*		*bergr*	*bjargi*	
Pl.	1. P.	*brjótum*	*brjótim*	*brjótum*	*bjǫrgum*	*bjargim*	*bjǫrgum*
	2. P.	*brjótið*	*brjótið*	*brjótið*	*bjargið*	*bjargið*	*bjargið*
	3. P.	*brjóta*	*brjóti*		*bjarga*	*bjargi*	

Partizip I: *brjótandi* m., *bjargandi* m.

		Ind.	Konj.	Imp.	Ind.	Konj.	Imp.
Sg.	1. P.	*tek*	*taka*		*em*	*sjá/sé*	
	2. P.	*tekr*	*takir*	*tak*	*ert* (*est*)	*sér*	*ver* (*ves*)
	3. P.	*tekr*	*taki*		*er* (*es*)	*sé*	
Pl.	1. P.	*tǫkum*	*takim*	*tǫkum*	*erum*	*sém*	*verum* (*vesom*)
	2. P.	*takið*	*takið*	*takið*	*eruð*	*séð*	*verið* (*veseþ*)
	3. P.	*taka*	*taki*		*eru*	*sé/séu*	

Partizip I: *takandi* m., *verandi* (*vesande*) m.

Indikativ:

a. Im flektierten Singular herrscht einheitlicher Wurzelvokal; dabei findet sich ggf. nicht nur lautgesetzlich in der 2. (bzw. 3.) Person, sondern (durch intraparadigmatischen Ausgleich) auch in der 1. Person umgelauteter Wurzelvokal (*i*(*R*)-Umlaut: § 8.1, § 8.2), z.B. *brýt(r)* : *brjóta* Inf. II,1 (s. oben; urn. **breut-*), *tek(r)* : *taka* Inf. VI,2 (s. oben).

Weitere Beispiele aus anderen (Unter-)Klassen starker Verba: *sýp(r)* : *súpa* Inf. II,3 'saufen' (§ 7); *kǿm(r)* : *koma* Inf. IV 'kommen' (zur Nebenform *kem(r)* s. § 4, Anm. 2); *fell(r)* : *falla* Inf. VII,4 'fallen', *hleyp(r)* : *hlaupa* Inf. VII,3 'laufen', *bý(r)* : *búa* Inf. VII,3 'wohnen', *hǿgg(r)* : *hǫggva* Inf. VII,3 'hauen' (mit *ǿ* durch 'kombinierten' Umlaut: § 9.3, Anm. 11).

Hinweis: Auch Verba mit leichter Wurzelsilbe zeigen umgelauteten Vokal.

Im flektierten Singular ist ferner ursprünglicher Wurzelvokal /e/ nicht gebrochen, z.B. *berg(r)* : *bjarga* Inf. IIIb,1 (s. oben).

b. Die indikativischen Pluralformen (sowie die 1. und 2. Person Pl. Imperativ und das Partizip I) hingegen zeigen den Wurzelvokalismus des Infinitivs, wobei ggf. in der 1. Person Pl. (Indikativ und Imperativ) *u*-Umlaut (§ 9.1) bzw. *u*-Brechung (§ 10.2) auftritt, z.B. *tǫkum* : *taka* Inf. (s. oben), *bjǫrgum* : *bjarga* Inf. (s. oben) etc.

c. Bei Verba wie *hǫggva* VII,3 ‘hauen’ bleibt das suffigale /v/ gemäß § 13.2.b vor /a/ und /i/ erhalten, also *hǫggum* 1. Pers. Pl. : *hǫggva* Inf. etc.

d. Der Ausgang der 2./3. Person Sg. (*-r*) wird bisweilen analogisch auf die 1. Person Sg. übertragen.

e. Bei *vera* (ältere Form: *vesa*) V,1 ‘sein’ (Paradigma oben) kommt es zu Suppletion (i.e. Zusammenschluß von etymologisch verschiedenen Teilparadigmen zu éinem Flexionsparadigma).

Die Formen des Präsens Indikativ und Konjunktiv werden von der Wurzel uridg. **$h_1$es-*, **h_1s-* ‘sein’ (> urgerm. **es-*, **s-*; vgl. ahd. *is-t* ‘ist’, ahd. *s-int* ‘sind’ etc.) gebildet, die übrigen Formen (auch die des Präteritums; s. unten, § 37.2) hingegen stammen aus dem Paradigma eines starken Verbs urgerm. **wesa-* ‘sein, bleiben’.

In dem oben angeführten Paradigma in Klammern gesetzt sind die älteren, lautgesetzlichen Formen mit wurzelschließendem /s/, die bis gegen 1200 von den auf analogischem Weg eingeführten Formen mit /r/ abgelöst werden.

f. Ferner zu beachten sind die kontrahierten Formen von Verba des Typs *sjá* V,1 ‘sehen’.

Indikativ: Sg. 1. Pers. *sé*, 2./3. Pers. *sér*; Pl. 1. Pers. *sjám/sjóm*, 2. Pers. *séð*, 3. Pers. *sjá*. – Konjunktiv: wie *vera* ‘sein’ (s. oben), also: Sg. 1. Pers. *sja/sé*, 2./3. Pers. *sér*; Pl. 1. Pers. *sém*, 2. Pers. *séð*, 3. Pers. *sé/séu*. – Imperativ: Sg. 2. Pers. *sé*; Pl. wie Indikativ, also: 1. Pers. *sjám/sjóm*, 2. Pers. *séð*. (– Partizip I: *sjándi*.)

g. Besondere Ausgänge im Singular (nach dem Muster der schwachen Verba, Klasse III; s. unten, § 41.1) zeigt *heita* VII,2 in der Bedeutung ‘genannt werden, heißen’: 1. Pers. *heiti*, 2./3. Pers. *heitir*.

In der Bedeutung ‘anrufen, beten, verheißen’ flektiert *heita* hingegen als reguläres starkes Verb, also Sg. 1. Pers. *heit*, 2./3. Pers. *heitr*.

Konjunktiv I:

h. Der Wurzelvokal ist nicht umgelautet, da die Ausgänge erst in späterer (d.h. altnordischer) Zeit entstandenes *i* (< **e* < urn. **ē* < **ai*) enthalten (vgl. § 8.1.b1). – Bei den Verba der Klasse IIIb,1 ist der Wurzelvokal durchgängig gebrochen, z.B. *bjargi* 2. Pers. Sg. (zu *bjarga* Inf., s. oben) etc.

Im Plural treten bisweilen auch – insbesondere in späterer Zeit – die Ausgänge des Indikativs entgegen.

Imperativ:

i. Die 'endungslose' 2. Person Sg. Imperativ zeigt den Vokalismus des Infinitivs, also *tak* : *tekr* (zu *taka* Inf., s. oben), *bjarg* : *bergr* (zu *bjarga* Inf., s. oben) etc.

Zu beachten sind indessen Fälle, in denen Auslautverhärtung (s. § 11.3, Anm. 15) auftritt, z.B. *gjalt* : *gjalda* Inf. IIIb,1 'entgelten, vergelten' etc.

Formen wie *bitt* : *binda* Inf. IIIa,1 'binden' bzw. *sprikk* : *springa* Inf. IIIa,1 'springen' sind durch Auslautverhärtung /°d/# > /°t/# bzw. /°g/# > /°k/# (§ 11.3, Anm. 15) und nachfolgender Assimilation /°nt/# > /°tt/# bzw. /°nk/# > /°kk/# (§ 11.2) zu erklären.

Partizip I ('Partizip Präsentis'):

j. Das Partizip I flektiert nach Typ Ib der schwachen Adjektivflexion (s. § 21.2), z.B. *gefandi* m. 'gebend' – *gefandi* f. – *gefanda* n. (zu *gefa* Inf. 'geben'), *takandi* m. 'nehmend' – *takandi* f. – *takanda* n. (zu *taka* Inf., s. oben) etc.

Wie bereits erwähnt (§ 17.1.e), zeigen substantivierte Partizipia I einen besonderen, 'konsonantischen' (vgl. § 15.1) Nominativ und Akkusativ Pl. auf *-r* (ggf. mit *i*-Umlaut des Nebentonvokals), z.B. *gefendr* zu *gefandi* 'Geber' etc.

§ 37.2. Präteritum Aktiv

Paradigmata: *brjóta* II,1 'brechen', *bjarga* IIIb,1 'bergen', *taka* VI,2 'nehmen'.

		Ind.	Konj.	Ind.	Konj.	Ind.	Konj.
Sg.	1. P.	*braut*	*bryta*	*barg*	*byrga*	*tók*	*tœka*
	2. P.	*brauzt*	*brytir*	*bargt*	*byrgir*	*tókt*	*tœkir*
	3. P.	*braut*	*bryti*	*barg*	*byrgi*	*tók*	*tœki*
Pl.	1. P.	*brutum*	*brytim*	*burgum*	*byrgim*	*tókum*	*tœkim*
	2. P.	*brutuð*	*brytið*	*burguð*	*byrgið*	*tókuð*	*tœkið*
	3. P.	*brutu*	*bryti*	*burgu*	*byrgi*	*tóku*	*tœki*

Infinitiv Prät.: s. unten, S. 92 (Anm. 28).

Partizip II: *brotinn* m., *borginn* m., *tekinn* m.

Hinweis: Zur Tempusbildung der starken Verba mittels geregelter Alternation des Wurzelvokals (in den angeführten Beispielen *brjóta* : *braut* : *brutum* : *brotinn* II,1, *bjarga* : *barg* : *burgum* : *borginn* IIIb,1 und *taka* : *tók* : *tókum* : *tekinn* VI,2) s. unten, § 39.

Indikativ:

a. Die 1. und 3. Person Sg. sind ‘endungslos’. – Zu beachten sind wiederum Formen, in denen Auslautverhärtung (§ 11.3, Anm. 15) auftritt, z.B. *galt* : *gjalda* Inf. IIIb,1 ‘entgelten, vergelten’) etc.

Formen wie *batt* : *binda* Inf. IIIa,1 ‘binden’ bzw. *sprakk* : *springa* Inf. IIIa,1 ‘springen’ sind durch Auslautverhärtung /°d/# > /°t/# bzw. /°g/# > /°k/# (§ 11.3, Anm. 15) und nachfolgender Assimilation /°nt/# > /°tt/# bzw. /°nk/# > /°kk/# (§ 11.2) zu erklären.

b. Der reguläre Ausgang der 2. Person Sg. ist /-t/, z.B. *tókt* (zu *taka* Inf., s. oben). – Folgende Besonderheiten sind zu beachten:

(1) Nach wurzelschließendem /d/ oder /t/ zeigt sich in der Mehrzahl der Fälle ein Ausgang /-st/, z.B. *galzt* /°d-st/ (zu *gjalda* Inf. IIIb,1 ‘entgelten, vergelten’, *galt* 1./3. Pers. Sg. Prät. Ind.), *brauzt* /°t-st/ (zu *brjóta* Inf., *braut* 1./3. Pers. Sg. Prät. Ind., s. oben) etc.

Neben den regulären Formen auf °*zt* finden sich hier auch Nebenformen auf °*tt*, z.B. (seltenes) *létt* neben regulärem *lézt* (zu *láta* Inf. VII,5 ‘lassen’, 1./3. Pers. Sg. Prät. Ind. *lét*) etc.

Bei wurzelschließendem /st/ tritt ein Nullmorph auf (die 2. Person Sg. ist sonach formengleich mit der 1. und 3. Person Sg.), z.B. *laust* zu *ljósta* Inf. II,1 ‘schlagen’ etc.

(2) Wurzelschließendes /θ/ *ð* hingegen wird an /t/ des Ausgangs assimiliert (§ 11.2), und zwar zu /°tt/# (z.B. *batt* : *biðja* Inf. V,2 ‘bitten’, *bað* 1./3. Pers. Sg. Prät. Ind.), das ggf. postkonsonantisch vereinfacht wird (z.B. *vart* < **vart-t* : *verða* Inf. IIIb,2 ‘werden’, *varð* 1./3. Pers. Sg. Prät. Ind.).

Neben den regulären Formen auf °*tt* finden sich hier (später häufig auftretende) Nebenformen auf °*zt*, z.B. *bazt* neben *batt* (zu *biðja* ‘bitten’, *bað*, s. vorhin) etc.

(3) Nach wurzelschließendem Langvokal erscheint meist /-tt/#, z.B. *slótt* (zu *slá* Inf. VI,2 ‘schlagen’), *bjótt* (zu *búa* Inf. VII,3 ‘wohnen’) etc.

(4) Der reguläre Ausgang /-t/ kann vor folgendem Personalpronomen *þú* ‘du’ fehlen, z.B. *gekk þú* ‘du gingst’ (: *gekkt*, zu *ganga* Inf. VII,4) etc.

Konjunktiv II:

c. Wo möglich, ist im (Teilparadigma des) Konjunktiv II durchgehend *i*-Umlaut (§ 8.1) des Wurzelvokals durchgeführt (in der Folgesilbe *i* < urn. **ī*), und zwar von Averbostufe 3 (i.e. Präteritum Pl.; dazu unten, § 39.0).

3. P. Sg. also *bryti* 'bräche' (urn. **brutī*) zu *brjóta* Inf. (**breutan*), aber *gripi* 'griffe' (urn. **gripī* mit haupttonigem /ĭ/, da Averbostufe 3) zu *grípa* Inf. (**grīpan*).

Partizip II ('Partizip Präteriti'):

d. Das Partizip II (Typ *tekinn* Nom. Sg. m. – *tekin* f. – *tekit* n. zu *taka* Inf., s. oben) flektiert wie ein starkes Adjektiv (§ 20.d).

Nominativ/Akkusativ Sg. n. *tekiṯ* (< **tekint*) ist zu erklären durch Assimilation /°nt/# > /°tt/#, das anschließend (in nicht haupttoniger Silbe) zu /°t/# vereinfacht wird (vgl. § 11.2).

Anm. 28 (ad Infinitiv Präteriti): Nur von einigen Verba – in der überwiegenden Mehrzahl starke Verba bzw. Präteritopräsentia (§ 44) – ist auch ein Infinitiv Prät. (sog. Infinitiv II) belegt, der formal mit der 3. Person Pl. Prät. Ind. ident ist (also etwa *váru* zu *vera* Inf. V,1 'sein', s. oben). Derartige Formen treten in der Regel nur in der Konstruktion *accusativus cum infinitivo* (§ 50) auf, und zwar vorwiegend in poetischen Texten.

§ 38. Flexionstyp I: stark – Ausgänge des Mediopassivs

§ 38.0. Übersicht – § 38.0.1. Präsens

		Indikativ	Konjunktiv	Imperativ
Sg.	1. P.	*-umk*; *-umz*	*-umk*; *-umz*	
	2. P.	*-sk*[i]; *-z(k)*[i]	*-isk*[×]; *-iz(k)*[×]	*-sk*; *-z(k)*
	3. P.	*-sk*[i]; *-z(k)*[i]	*-isk*[×]; *-iz(k)*[×]	
Pl.	1. P.	*-um(s)k*; *-umz*	*-im(s)k*[×]; *-imz*[×]	*-um(s)k*; *-umz*
	2. P.	*-izk*[×]; *-iz*[×]	*-izk*[×]; *-iz*[×]	*-izk*[×]; *-iz*[×]
	3. P.	*-ask*; *-az(k)*	*-isk*[×]; *-iz(k)*[×]	

§ 38.0.1. Präteritum

		Indikativ	Konjunktiv
Sg.	1. P.	*-umk*; *-umz*	*-umk*[i]; *-umz*[i]
	2. P.	*-zk*; *-z*	*-isk*; *-iz(k)*
	3. P.	*-sk*; *-z(k)*	*-isk*; *-iz(k)*
Pl.	1. P.	*-um(s)k*; *-umz*	*-im(s)k*; *-imz*
	2. P.	*-uzk*; *-uz*	*-izk*; *-iz*
	3. P.	*-usk*; *-uz(k)*	*-isk*; *-iz(k)*

Hinweise: 1. Hochgestelltes *i* (z.B. *-sk*[i]) indiziert, daß es ggf. zu einer durch *i*-Umlaut (§ 8.1) bzw. durch Analogiewirkung entstandenen Vokalalternation innerhalb des Paradigmas kommt. Hochgestelltes × (z.B. *-isk*[×]) dagegen indiziert, daß es zu k e i n e r durch *i*-Umlaut entstandenen Vokalalternation innerhalb des Paradigmas kommt.

2. Im wesentlichen sind die Formen des Mediopassivs durch Antritt von *-mk* < *-mik* (Akkusativ Sg. des Personalpronomens; 1. Person Sg.) bzw. von *-sk* < *-sik* (Akkusativ Sg. des Reflexivpronomens; 2./3. Person Sg./Pl.) an aktive Verbalformen zu erklären (vgl. auch Abschnitt IV: Syntax, § 47.3). – Die Formenvielfalt ist bunt; vor dem Semikolon stehen die 'regulären' klassisch-altisländischen Formen (die in den Paradigmata unten angegeben werden), nach dem Semikolon die bis hin gegen 1300 auftretenden Formen. – Im Laufe des 14. Jahrhunderts schließlich beginnen sich Formen auf (*-zt* bzw.) *-st* (wie im Neuisländischen) auszubreiten.

Literatur: Kjartan G. Ottósson, The Icelandic middle voice. The morphological and phonological development (Diss. Lund 1992).

§ 38.1. Präsens Mediopassiv

Paradigmata: *brjóta* II,1 'brechen'; *fara* VI,1 'fahren' (nur Indikativ).

		Indikativ	Konjunktiv	Imperativ	Indikativ
Sg.	1. P.	*brjótumk*	*brjótumk*		*fǫrumk*
	2. P.	*brýzk*	*brjótisk*	*brjózk*	*fersk*
	3. P.	*brýzk*	*brjótisk*		*fersk*
Pl.	1. P.	*brjótum(s)k*	*brjótim(s)k*	*brjótum(s)k*	*fǫrum(s)k*
	2. P.	*brjótizk*	*brjótizk*	*brjótizk*	*farizk*
	3. P.	*brjótask*	*brjótisk*		*farask*

Infinitiv: *brjótask*; *-z(k)* 'sich drängen', *farask*; *-z(k)* 'vorankommen'.

[Partizip I (kaum gebräuchlich): *brjótandisk*; *-iz(k)* m. etc.]

a. Formen wie *brýzk* 2./3. Pers. Sg. Ind. (zu *brjóta* Inf., s. oben) sind orthographische Realisation von /°t-sk/.

Regulär ist klass.-aisl. *-sk* (Typ *fersk* 2./3. Pers. Sg. Ind. zu *fara* Inf., s. oben).

b. Im übrigen sind die obigen Ausführungen zum Aktiv (§ 37.1) zu vergleichen.

In der 2./3. Person Sg. Ind. tritt ggf. *i*-Umlaut (§ 8.1) des Wurzelvokals auf; im Konjunktiv I ist der Wurzelvokal nicht umgelautet etc.

§ **38.2.** Präteritum Mediopassiv

Paradigmata: *brjóta* II,1 'brechen', *fara* VI,1 'fahren'.

		Indikativ	Konjunktiv	Indikativ	Konjunktiv
Sg.	1. P.	*brutumk*	*brytumk*	*fórumk*	*fœrumk*
	2. P.	*brauzk*	*brytisk*	*fórzk*	*fœrisk*
	3. P.	*brauzk*	*brytisk*	*fórsk*	*fœrisk*
Pl.	1. P.	*brutum(s)k*	*brytim(s)k*	*fórum(s)k*	*fœrim(s)k*
	2. P.	*brutuzk*	*brytizk*	*fóruzk*	*fœrizk*
	3. P.	*brutusk*	*brytisk*	*fórusk*	*fœrisk*

Partizip II: *brotizk*; *brotiz* n., *farizk*; *fariz* n.

Hinweis: Zur Tempusbildung der starken Verba mittels geregelter Alternation des Wurzelvokals (in den angeführten Beispielen *brjótask* : *brauzk* : *brutum(s)k* : *brotizk* II,1 und *farask* : *fórzk* : *fórum(s)k* : *farizk* VI,1) s. unten, § 39.

a. Zu beachten ist, daß die 1. Person Sg. Indikativ den Wurzelvokalismus des Plurals (i.e. Averbostufe 3; s. sofort, § 39.0) zeigt.

Also: *brutumk* : *brauzk* 2./3. Pers. Sg. (zu *brjóta* Inf. II,1, s. oben); *fundumk* 1. Pers. Sg. : *fanzk* 2./3. Pers. Sg. (zu *finna* Inf. IIIa,1 'finden'); *kómumk* : *komsk* 2./3. Pers. Sg. (zu *koma* Inf. IV 'kommen') etc.

b. Im übrigen sind die obigen Ausführungen zum Aktiv (§ 37.2) zu vergleichen.

3. Pers. Sg. Ind. *brauzk* = /°t-sk/, im (Teilparadigma des) Konjunktiv II tritt ggf. durchgehend *i*-Umlaut (§ 8.1) des Wurzelvokals auf etc.

§ 39. Flexionstyp I: stark – Tempusbildung

§ **39.0.** Die germanischen 'starken' Verba sind durch Ablaut gekennzeichnet, einen in allen indogermanischen Sprachen auftretenden regelmäßigen Vokalwechsel bei etymologisch (bzw. morphologisch) zusammengehörenden Wortformen, vgl. etwa die Sippe nhd. *binden* – *band* – *gebunden*, *Band*, *Bande*, *Binde*, *Bund* etc. Im Unterschied zu anderen indogermanischen Sprachen finden sich Alternationen des Wurzelvokals im Germanischen systematisch zur Tempusbildung eingesetzt (mit anderen Worten: der Wurzelablaut ist 'morphologisiert'): je nach Wurzelstruktur lassen sich sechs Klassen (sowie eine Sondergruppe), sog. Ablautreihen, erkennen; Anordnung und Numerierung (I–VII) sind durch Konvention festgelegt.

Es handelt sich um eine morphophonemische Erscheinung, deren Grundlagen und Ursachen voreinzelsprachlich und sonach in diesem Zusammenhang nicht weiter von Belang sind.

Im folgenden sind an charakteristischen Leit- bzw. Stammformen starker Verba (= Averbostufen) angeführt:

— Averbostufe 1: Infinitiv (Präs.);

— Averbostufe 2: 1. Person Sg. Prät. Ind. Akt.;

— Averbostufe 3: 1. Person Pl. Prät. Ind. Akt.;

— Averbostufe 4: Partizip II (‘Partizip Präteriti’) mask.

Anm. 29: Ein durch ursprünglich verschiedenen Akzentsitz bedingter Wechsel der wurzelschließenden Konsonanten (sog. grammatischer Wechsel), und zwar von urgermanischen stimmlosen und stimmhaften Frikativen im Präsens und Präteritum Sg. (Averbostufen 1 und 2) einerseits bzw. Präteritum Pl. und Partizip II (Averbostufen 3 und 4) anderseits – vgl. nhd. *leiden* : *gelitten* etc. – zeigt sich im Altisländischen, da meist auf analogischem Wege beseitigt, nur in wenigen Fällen:

(1) aisl. /s/ : /r/ < urgerm. */s/ : */z/, s. § 39.2.a (*kjósa* : *kørinn* etc.), § 39.5.a (*vesa* : *várum/órum*);

(2) aisl. Ø : /g/ < urgerm. */h/ : */g/, s. § 39.2.b (*flýja* : *flugum*), § 39.4.b (*fela* : *fólginn*), § 39.6.e (*slá* : *slógum* etc.), § 39.6.f (*hlæja* : *hleginn*), ferner § 44.1.b (*á* : *eigum*, *má* : *megum* im Präs. Sg. : Pl. von Präteritopräsentia);

(3) aisl). /(n)n/ : /(n)d/ < urgerm. */(n)þ/ : */(n)d/, realisiert als [(n)ð], s. § 39.3.b (*finna* : *fundum*).

§ 39.1. Klasse I: aisl. *í – ei – i – i*

Konstitutiv ist Wurzelvokal urn. aisl. /ī/ (< urgerm. /ei/) in Averbostufe 1.

I: *ríða* ‘reiten’ – *reið* – *riðum* – *riðinn*

a. Im Präteritum Sg. Ind. von Verba des Typs C_1*íga* Inf. tritt bisweilen eine 1./3. Person des Typs C_1*é* auf, also *sté* (neben analogisch gebildetem *steig*) zu *stíga* Inf. ‘steigen’ etc.

Formen des Typs C_1*é* sind zum einen durch die Entwicklung von auslautendem urn. /g/ (realisiert als [ɣ]) > /h/ > aisl. Ø, zum anderen durch kontextsensitives /ei/ > /ē/ zu erklären.

b. Im Partizip II zeigt nur *bíða* ‘warten’ den lautgesetzlich (durch germanischen *a*-Umlaut) zu erwartenden Wurzelvokal /e/ (*beðinn*).

c. Einige Verba haben ein (ursprünglich) präsensbildendes *j*-Suffix, z.B. *svíkja* ‘betrügen’ (*sveik – svikum – svikinn*), *víkja* ‘wenden, bewegen’ etc.

Der Präsens Sg. Ind. lautet *svík(r)* bzw. *vík(r)*. – Als Nebenformen treten auf: *svíkva* (mit Partizip II *svikvinn*), *sýkva* (Part. II *sykvinn*; sclten) bzw. *víkva*, *ýkva* (Part. II *ykvinn*; selten).

§ 39.2. Klasse II: aisl. *jó/jú/ú – au – u – o*

Konstitutiv ist Wurzelvokal urgerm. urn. /eu/ in Averbostufe 1. – Im Altisländischen zeigen Verba mit wurzelschließendem /g/, /k/, /f/ oder /p/ lautgesetzlich (gemäß § 14) im Infinitiv (biphonematisches) /jū/ (Klasse II,2), die übrigen aber (biphonematisches) /jō/ (Klasse II,1). Eine Sonderstellung haben die Verba mit Wurzelvokal urgerm. urn. aisl. /ū/ (Klasse II,3). Im übrigen weist der Präsens Sg. im Altisländischen einheitlich Wurzelvokal /ȳ/ auf (vgl. § 14, § 37.1.a).

II,1: *brjóta* ‘brechen’ – *braut – brutum – brotinn*
II,2: *krjúpa* ‘kriechen’ – *kraup – krupum – kropinn*
II,3: *súpa* ‘trinken’ – *saup – supum – sopinn*

II,1:

a. Bunte Formen (bedingt durch grammatischen Wechsel [s. § 39.0, Anm. 29] bzw. intraparadigmatischen Ausgleich) zeigen sich bei folgenden beiden Verba:

(1) *kjósa* ‘wählen’ – *kaus/køra/kera – kørum/kerum/kusum – kørinn/kerinn/kosinn*;

(2) *frjósa* ‘frieren’ – *fraus/frøra/frera – frørum/frerum/frusum – frørinn/frerinn/frosinn*.

Die Sequenz C_1*ør-* (< urn. *C_1*oʀ-*) im Partizip II (Averbostufe 4) ist durch ʀ-Palatalisierung (§ 8.2.b) zu erklären. – Die Präterita Sg. (Averbostufe 2) *køra/kera* bzw. *frøra/frera* (mit den Ausgängen der schwachen Verba [vgl. § 41.0]) sind in Analogie zu Verba der Klasse VII,1 wie *róa* ‘rudern’ (§ 39.7.a) gebildet.

b. Abweichenden Wurzelvokalismus im Infinitiv (Averbostufe 1) sowie im flektierten Präteritum (Averbostufen 2 und 3) zeigt das Verb *spýja* ‘speien’ – *spjó – spjóm*.

Es handelt sich um ein Verb mit (ursprünglich) präsensbildendem *j*-Suffix.

Besondere Formen (jedoch nur alt bzw. poetisch) zeigt auch *flýja* ‘fliehen’ – *fló – flugum* (mit grammatischem Wechsel Ø < */h/ : /g/; s. § 39.0, Anm. 29); in der Regel flektiert *flýja* aber schwach (nach Klasse Ib, also *flýða* etc.; s. § 43.1.c).

II,2:

c. Im Präteritum Sg. Ind. von Verba des Typs *C_1júga* Inf. tritt bisweilen eine 1./3. Person des Typs *C_1ó* auf, also *fló*, *ló* (neben den analogischen Bildungen *flaug*, *laug*) zu *fljúga* Inf. 'fliegen', *ljúga* Inf. 'lügen' etc.

Formen des Typs *C_1ó* sind zum einen durch die Entwicklung von auslautendem urn. /g/ (realisiert als [ɣ]) > /h/ > aisl. Ø, zum anderen durch kontextsensitives /au/ > /ō/ zu erklären.

II,3:

d. Nur wenige Verba haben Wurzelvokal /ū/ im Infinitiv (Averbostufe 1):

(1) *lúka* '(ver)schließen' – *lauk – lukum – lokinn*;

(2) *lúta* 'sich bücken' – *laut* etc.;

(3) *súga* 'saugen' – *saug/só* (vgl. vorhin, § 39.2.c) etc.;

(4) *súpa* 'trinken' (s. oben).

§ 39.3. Klasse III

Konstitutiv ist die wurzelschließende Sequenz *RC* (wobei *R* [+konsonantisch]); je nach Art des Sonorkonsonanten ergeben sich zwei Unterklassen: zum einen *C_1V<u>N</u>C* (= IIIa), zum anderen *C_1V<u>L</u>C* (= IIIb).

Klasse IIIa: aisl. *i/e – a – u – u* bzw. *y/ø – ǫ – u – u/o*

IIIa,1: *spinna* 'spinnen' – *spann – spunnum – spunninn*
IIIa,2: *syngva* 'singen' – *sǫng – sungum – sunginn*

IIIa,1:

a. Bei den beiden Verba *vinna* 'arbeiten' und *vinda* 'winden' ist im Präteritum Pl. und im Partizip II (Averbostufen 3 und 4) gemäß § 13.1 anlautendes /w/ vor velarem Vokal /u/ geschwunden: *unnum – unninn* bzw. *undum – undinn*.

b. Durch grammatischen Wechsel (s. § 39.0, Anm. 29) bedingten Konsonantenwechsel zeigt *finna* 'finden' – *fann – fundum – fundinn*.

c. Hierher gehören auch Verba, bei denen es zur Assimilation des Nasals /nk/ > /kk/ sowie in Averbostufe 1 zur Senkung des Wurzelvokals /i/ > /e/ gekommen ist (§ 11.3), z.B. *dr<u>ekk</u>a* 'trinken', weiter: *drakk – drukkum – drukkinn*.

Formen wie *drakk* (zu *drekka* 'trinken') bzw. *batt* (zu *binda* 'binden') sind durch Auslautverhärtung /°g/# > /°k/# bzw. /°d/# > /°t/# (§ 11.3, Anm. 15) und nachfolgender Assimilation /°nk/# > /°kk/# bzw. /°nt/# > /°tt/# (§ 11.2) zu erklären; vgl. § 37.2.a.

Wurzelvokal /e/ in Averbostufe 1 zeigen ferner *renna* 'rennen, rinnen' und *brenna* 'brennen, verbrennen'.

Die an sich lautgesetzlich zu erwartenden Formen *rinna* und *brinna* (mit Wurzelvokal /i/) finden sich noch in frühen Skaldenversen; /e/ ist analogisch übernommen von den schwachen Verba I (Kausativa; vgl. § 43.1) *renna* 'zum Laufen bringen, rinnen lassen', *brenna* '(zum Brennen bringen,) verbrennen'.

IIIa,2:

d. Einige Verba mit ursprünglichem Suffix /w/ im Präsens zeigen *w*-Umlaut des Wurzelvokals (/i/ > /y/; s. § 9.2) in Averbostufe 1: (urn. **singwan* >) aisl. *syngva* 'singen' (oben; Nebenform *syngja*). – So gehen auch:

(1) *slyngva/slyngja* 'schleudern, schlingen' – *slǫng* – *slungum* – *slunginn*;

(2) *tyggva/tyggja* 'kauen' – *tǫgg* etc.;

(3) *þryngva/þryngja* 'drücken, pressen' – *þrǫng* etc.

Von *tyggja* sind (v.a. aus jüngerer Zeit) auch schwache Präteritalformen, und zwar nach Klasse Ia (§ 43.1.a), bezeugt: *tugða* etc.

e. Zusätzlich zu *w*-Umlaut ist es bei einigen weiteren Verba dieser Gruppe auch zur Assimilation des Nasals /nk/ > /kk/ sowie in Averbostufe 1 zur Senkung des Wurzelvokals /i/ > /e/ gekommen (s. § 11.3): (urn. **sinkwan* > **sekkw°* >) aisl. *søkkva* 'sinken', weiter: *sǫkk* – *sukkum* – *sokkinn*. – So gehen auch:

(1) *hrøkkva* '(zurück)weichen' – *hrǫkk* – *hrukkum* – *hrokinn*;

(2) *kløkkva* 'schluchzen' – *klǫkk* etc.;

(3) *støkkva* 'springen' – *stǫkk* etc.; ferner

(4) *hnøggva* 'stoßen, schlagen' – *hnǫgg* – *hnuggum* – *hnugginn* (mit abweichendem Wurzelvokalismus /u/ im Partizip II).

Klasse IIIb: aisl. *ja/já/e* – *a* – *u* – *o*

IIIb,1: *bjarga* 'bergen' – *barg* – *burgum* – *borginn*

IIIb,2: *hverfa* 'verschwinden' – *hvarf* – *hurfu* – *horfinn*

IIIb,1:

f. Ab etwa 1200 werden (neutrale bzw.) velare Kurzvokale in der Position vor /l/ plus Labial (oder Tektal) gedehnt, daher Infinitiv (Averbostufe 1) *hjálpa* 'helfen', *skjálfa* 'zittern' etc.

Das Verb *hjálpa* bildet ein Präteritum Sg. (Averbostufe 2) *halp* oder *hjálp*. Daneben sind im übrigen auch schwache Präteritalformen, und zwar nach Klasse II (§ 43.2), bezeugt; die 1. Pers. Sg. Prät. Ind. also *hjálpaða* etc.

g. Ein besonderes Präteritum Sg. (Averbostufe 2) bildet auch *gjalda* 'gelten' – *galt*.

Die Form *galt* ist zu erklären durch Auslautverhärtung /°d/# > /°t/# (§ 11.3, Anm. 15); vgl. § 37.2.a.

IIIb,2:

h. Der Wurzelvokal /e/ ist in der Position nach aisl. /v/, /l/ oder /r/ nicht gebrochen (§ 10.3.a).

Nicht-lautgesetzlich bewahrten Wurzelvokal /e/ zeigen etwa: *bella* 'treffen', *detta* 'niederfallen', *serða* 'koitieren', *snerta* 'berühren' etc.

Bei Verba wie *hverfa* ist im Präteritum Pl. und Partizip II (Averbostufen 3 und 4) /w/ vor velarem Vokal /o/ bzw. /u/ gemäß § 13.1 geschwunden (*hurfum* – *horfinn*).

i. Bei *verða* 'werden', *velta* 'sich wälzen' und *verpa* 'werfen' ist im Präteritum Pl. und Partizip II (Averbostufen 3 und 4) anlautendes /w/ vor velarem Vokal /o/ bzw. /u/ gemäß § 13.1 geschwunden (*urðum* – *orðinn* etc.).

In späterer Zeit sind Formen wie etwa *vurðum* bzw. *vorðinn* etc. analogisch gebildet worden.

j. Ferner gehören etliche Verba mit Metathese */°er°/ → /°re°/ in der Wurzelsilbe hierher, z.B.

(1) *bresta* 'bersten' – *brast* – *brustum* – *brostinn*;

(2) *bregða* (s. sofort, sub k);

(3) *skreppa* 'gleiten' – *skrapp* etc.;

(4) *spretta* 'springen' – *spratt* etc.

k. Unregelmäßige Formen bildet das Verb *bregða* 'schwingen' – *brá* – *brugðum* – *brugðinn*.

Die Entstehung von *brá* ist nicht ganz klar. – Selten begegnet auch die schwach (und zwar nach Klasse Ib; § 43.1) flektierte Nebenform *brigða*.

§ 39.4. Klasse IV: aisl. *e/o – a – á – o*

Konstitutiv ist einfacher wurzelschließender Sonorkonsonant *L* oder *N* bei ursprünglichem Wurzelvokal /e/ im Infinitiv (Averbostufe 1). Den Verba dieser Klasse haben sich ferner *sofa* 'schlafen' (vgl. unten, sub e) und *vefa* 'weben' (vgl. unten, sub a) angeschlossen, die ursprünglich Ablautreihe V angehört haben.

IV: *bera* 'tragen' – *bar* – *bárum* – *borinn*

a. Bei *vefa* 'weben' ist im Partizip II (Averbostufe 4) *ofinn* anlautendes /w/ vor velarem Vokal /o/ lautgesetzlich geschwunden (§ 13.1).

Daneben kommt auch analogisch gebildetes *vofinn* vor. – An sich wären auch im Präteritum Pl. (Averbostufe 3) Formen ohne anlautendes aisl. /v/ zu erwarten, hier haben sich aber analogisch gebildete Formen fast völlig durchgesetzt (*váfum* etc.).

b. Von *fela* 'verbergen' lautet das Partizip II (Averbostufe 4) *fólginn*.

Es liegt grammatischer Wechsel (s. § 39.0, Anm. 29) **felh-* : **folg-* vor; Wurzelvokal /ō/ im Partizip II (Averbostufe 4) ist durch Vokaldehnung vor /l/ plus Tektal (s. oben, § 39.3.f) zu erklären.

c. *Svima* 'schwimmen' (: *svimma* dass. – *svamm* – *summum* – *somminn* nach Klasse IIIa,1!) hat besonderen Wurzelvokal /i/ im Infinitiv (Averbostufe 1) sowie /u/ im Partizip II (Averbostufe 4) *suminn*.

d. Besonderen Wurzelvokal /o/ im Infinitiv (Averbostufe 1) zeigen die drei Verba *troða* 'treten' sowie *koma* und *sofa* (s. sofort).

e. Abweichende Formen bilden folgende drei Verba:

(1) *koma* 'kommen' – *kom* – *kómum/kvámum/kvómum* – *kominn*;

(2) *sofa* 'schlafen' – *svaf* – *sófum/sváfum* – *sofinn*;

(3) *nema* 'nehmen' – *nam* – *nómum/námum* – *numinn*.

Der Wurzelvokal /ō/ im Präteritum Pl. (Averbostufe 3) ist durch 'verstärkten *u*-Umlaut' (§ 9.3) zu erklären.

Irregulär ist der Wurzelvokal von Partizip II (Averbostufe 4) *numinn*.

§ 39.5. Klasse V: aisl. *e/i – a – á – e*

Konstitutiv ist wurzelschließender Obstruent bei ursprünglichem Wurzelvokal /e/ im Infinitiv (Averbostufe 1).

V,1: *gefa* 'geben' – *gaf* – *gáfum* – *gefinn*
V,2: *biðja* 'bitten' – *bað* – *báðum* – *beðinn*

V,1:

a. Hierher gehört auch *vera* 'sein' (ältere Form: *vesa* mit wurzelschließendem Obstruenten, vgl. § 37.1.e) – *var* (ältere Form: *vas*) – *várum/(v)órum* – *verit* n.

Ursprünglich hat also grammatischer Wechsel (s. § 39.0, Anm. 29) /s/ (Averbostufe 1 und 2) : /r/ < /z/ (Averbostufe 3 und 4) bestanden. – Im (selten auftretenden) Präteritum Pl. (Averbostufe 3) *órum* etc. ist anlautendes /w/ vor velarem Vokal /ō/ an sich lautgesetzlich geschwunden (§ 13.1), die analogisch gebildeten Formen (*várum* etc.) haben sich indessen durchgesetzt. – Die Formen des Konjunktivs II lauten: Sg. 1. Pers. *væra*, 2. Pers. *værir*, 3. Pers. *væri*; Pl. 1. Pers. *værim*, 2. Pers. *værið*, 3. Pers. *væri*.

b. Besonderen Wurzelvokal /ɔ̄/ ‹á› im Präteritum Sg. (Averbostufe 2) zeigen

(1) *fregna* 'fragen' (mit [ursprünglich] präsensbildendem *n*-Suffix) – *frá* (weiter regulär: *frágum* – *freginn*),

(2) *vega* 'bewegen; kämpfen' – *vá* etc.;

(3) *eta* 'essen' – *át* etc.; ferner

(4) *sjá* 'sehen' (Präsens-Paradigma s. § 37.1.f) – *sá* – *sám* – *sénn*.

Die beiden Formen des Präteritums Sg. (Averbostufe 2) *frá* (zu *fregna*, Nr. 1) und *vá* (zu *vega*, Nr. 2) sind wohl durch Entwicklung von auslautendem urn. /g/ (realisiert als [ɣ]) > /h/ > aisl. Ø (und nicht durch grammatischen Wechsel) zu erklären. – Die Formen von *sjá* 'sehen' (Nr. 4) sind durch Kontraktionen entstanden (zugrunde liegt urgerm. **sehwa-*).

c. Bei *kveða* 'sprechen' tritt im Präteritum Pl. (Averbostufe 3) meist analogisch gebildetes *kváðum* statt lautgesetzlich zu erwartendem *kóðum* (mit verstärktem *u*-Umlaut [§ 9.3] und *w*-Schwund vor gerundetem Velarvokal [§ 13.1]) auf.

d. Für sich steht *røk(k)va* (mit Partizip II *røkkvat*, *røkkvit* n.).

V,2:

d. Vier Verba mit (ursprünglich) präsensbildendem *j*-Suffix zeigen Wurzelvokal /i/ im Infinitiv (Averbostufe 1):

(1/2) *biðja* 'bitten' und *sitja* 'sitzen';

(3/4) *liggja* 'liegen' – *lá* (weiter regulär: *lágum* – *leginn*) und *þiggja* 'erhalten' – *þá* etc.

Der Wurzelvokal des Infinitivs (Averbostufe 1) ist durch gemeingermanischen *i*-Umlaut /e/ > /i/ entstanden. – Die Entstehung der Formen *lá* (zu *liggja*, Nr. 3) und *þá* (zu *þiggja*, Nr. 4) ist durch Lautwandel urn. *γ#* > *h#* > aisl. *Ø#* zu erklären.

§ 39.6. Klasse VI: aisl. *a/e – ó – ó – a* bzw. *a/á – ó – ó – e*

Konstitutiv ist ursprünglicher Wurzelvokal urgerm. urn. /a/ im Infinitiv (Averbostufe 1).

VI,1: *grafa* 'graben' – *gróf – grófum – grafinn*
VI,2: *taka* 'nehmen' – *tók – tókum – tekinn*
VI,3: *hefja* 'heben' – *hóf – hófum – hafinn*

VI,1:

a. Bei den beiden Verba *vaða* 'waten' und *vaxa* 'wachsen' ist im flektierten Präteritum (Averbostufen 2 und 3) gemäß § 13.1 anlautendes /w/ vor velarem Vokal /ō/ geschwunden (*óð – óðum, óx – óxum*).

b. Hierher gehört auch – mit (ursprünglich) präsensbildendem *n*-Infix – das Verb *standa* 'stehen', weiter: *stóð – stóðum – staðinn.*

VI,2:

c. Verba mit einem wurzelschließenden Tektal – Typ *taka* 'nehmen' (oben) – zeigen im Partizip II (Averbostufe 4) lautgesetzlich Wurzelvokal /e/ (§ 8.1.b1; *g/k*-Palatalisierung).

d. Das Verb *draga* 'ziehen' bildet einen besonderen Präteritum Sg. (Averbostufe 2) *dró.*

Zur Entstehung dieser Form vgl. vorhin, § 39.5.d (urn. *γ#* > *h#* > aisl. *Ø#*).

e. Die Formen von Verba wie *slá* 'schlagen' – *sló – slógum – sleginn* (< urn. **slaginaz** auf dem Runenstein von Möjbro, um 450) sind durch grammatischen Wechsel Ø < */h/ : /g/ (s. § 39.0, Anm. 29) zu erklären.

Ganz wie *slá* gehen auch *flá* 'häuten', *klá* 'kratzen' sowie *þvá* 'waschen' (mit den Nebenformen *þó* bzw. *þógum* im flektierten Präteritum [Averbostufen 2 und 3]). – Wurzelschließender Vokal /ɔ̄/ ‹á› im Infinitiv (Averbostufe 1) ist zu erklären durch die Entwicklung urn. */°ahan/ > */ān/ > /ā/ > /ɔ̄/.

Von *slá* finden sich auch Präteritalformen nach Klasse VII,1 (Sg. *slera/sløra* – Pl. *slerum/slørum*; s. unten, § 39.7.b).

VI,3:

f. Eine Gruppe von Verba mit (ursprünglich) präsensbildendem *j*-Suffix zeigt umgelauteten Wurzelvokal im Infinitiv (Averbostufe 1):

(1) *hefja* 'heben' – *hóf* etc. (s. oben);

(2) *skepja* 'schaffen' – *skóp* etc.;

(3) *sverja* 'schwören' – *s(v)ór* etc.; ferner

(4) *deyja* 'sterben' – *dó* – *dóm* – *dáinn*;

(5) *geyja* 'bellen' – *gó* etc.; schließlich

(6) *hlæja* 'lachen' – *hló* – *hlógum* – *hleginn*.

Der Wurzelvokal des Infinitivs (Averbostufe 1) ist durch altnordischen *j*-Umlaut (§ 8.1) /a/ > /e/ (Nr. 1–3), /au/ > /ey/ (Nr. 4–5) bzw. /ā/ > /ǣ/ (Nr. 6) zu erklären.

Was *hlæja* betrifft, so ist grammatischer Wechsel Ø < */h/ : /g/ (s. § 39.0, Anm. 29) eingetreten; der Wurzelvokal /e/ im Partizip II (Averbostufe 4) ist durch *g/k*-Palatalisierung (§ 8.1.b1; vgl. vorhin, sub c) zu erklären.

§ 39.7. Klasse VII

Es handelt sich ursprünglich um Verba, die ihre Präteritalformen mittels Reduplikation (Verdoppelung des wurzelanlautenden Konsonanten plus 'Reduplikationsvokal') gebildet haben, vgl. lat. *c̱anere* 'singen' – *c̱ec̱inī* 'ich habe gesungen'. – Im Altisländischen lassen sich nur recht spärliche Reste dieser alten Bildungsweise ausmachen, z.B. *sá* 'säen' – *sera* '[ich] säte' (Gruppe 1) = got. *saian* – *saiso* (urgerm. **sǣan-* – **se-zō̃* < vor-urgerm. **s̱e-s̱ṓ-a*). Die meisten Verba der Klasse VII bilden indessen ihre Präteritalformen ohne Reduplikation und mit 'sekundärem' Ablaut (Gruppen 2–5). Der im Averbo durchwegs 'symmetrisch' verteilte Wurzelvokalismus (Muster V_1 – V_2 – V_2 – V_1) ist bunt, sodaß man synchron gesehen von einer Art Sammel- bzw. Restklasse starker Verba sprechen kann.

Etliche der hierhergehörenden Verba flektieren übrigens auch schwach (mit unterschiedlicher Gebrauchshäufigkeit), und zwar in der Regel nach Klasse II (§ 43.2), z.B. *auka* 'vermehren' – *aukaða*, *blanda* '(ver)mischen' – *blandaða*, *blóta* 'opfern' – *blótaða*, *falda* 'ein Kopftuch umbinden' – *faldaða* etc.

Klasse VII,1

Sämtliche Verba dieser Gruppe haben wurzelschließenden Langvokal (es handelt sich um sog. *verba pura*).

VII,1: Typ *róa* 'rudern' – *rera* – *rerum* – *róinn*

a. Im flektierten Präteritum (Averbostufe 2 und 3) zeigt sich neben Wurzelvokal /e/ auch /ø/; die Ausgänge des Singulars sind von den schwachen Verba (§ 41.0) übernommen: Sg. 1. Pers. *rera/røra*, 2. Pers. *rerir/rørir*, 3. Pers. *reri/røri*; Pl. 1. Pers. *rerum/rørum* etc.

b. Wie *róa* gehen auch:

(1) *gnúa* 'reiben' – *gnera/gnøra – gnerum/gnørum – gnúinn*;

(2) *gróa* 'wachsen, heilen' – *grera/grøra – grerum/grørum – gróinn*;

(3) *sá* 'säen' – *sera/søra – serum/sørum – sáinn*;

(4) *snúa* 'drehen, wenden' – *snera/snøra – snerum/snørum – snúinn.*

Entsprechende Formen des flektierten Präteritums zeigt (alternativ) ferner auch *slá* 'schlagen', das an sich Klasse VI,2 angehört (vgl. oben, § 39.6.e).

Klasse VII,2: aisl. *ei – é – é – ei*

VII,2: *heita* 'heißen' – *hét – hétum – heitinn*

c. Wie *heita* geht auch *leika* 'spielen' – *lék – lékum – leikinn*. Abweichenden Vokalismus zeigt *sveipa* 'schwingen, einhüllen' – *sveip – svipum – sveipinn*.

Die starken Formen sind aber selten: gewöhnlich flektiert *sveipa* schwach, und zwar nach Klasse Ib (§ 43.1.c; die 1. Pers. Sg. Prät. Ind. also *sveipta*) oder II (§ 43.2; *sveipaða* etc.).

Klasse VII,3: aisl. *au – jó – jó – au*

VII,3: *hlaupa* 'laufen' – *hljóp – hljópum/hlupum – hlaupinn*

d. Wie *hlaupa* gehen auch:

(1) *auka* 'vermehren' – *jók – jókum/jukum – aukinn*;

(2) *ausa* 'schöpfen' – *jós* etc.

e. Hierher gehören ferner mit abweichendem Wurzelvokalismus in Infinitiv (Averbostufe 1) bzw. Partizip II (Averbostufe 4):

(1) *hǫggva* 'hauen, schlagen' – *hjó – hjoggum/hjuggum/hjǫggum – hǫgg(v)inn*;

(2) *búa* 'wohnen' – *bjó – bjoggum/bjuggum/bjǫggum – búinn.*

Klasse VII,4: aisl. *a – e – e – a/e*

VII,4: *falla* 'fallen' – *fell – fellum – fallinn*

f. Wie *falla* gehen auch:

(1) *blanda* '(ver)mischen' – *blett – blendum – blandinn*;

(2) *falda* 'ein Kopftuch umbinden' – *felt* etc.;

(3) *halda* 'halten' – *helt* etc.

Die Formen *felt* und *helt* sind durch Auslautverhärtung /°d/# > /°t/# (§ 11.3, Anm. 15), *blett* durch Auslautverhärtung /°d/# > /°t/# und nachfolgender Assimilation /°nt/# > /°tt/# (§ 11.2) zu erklären; vgl. § 37.2.a.

Blanda flektiert nicht selten schwach, und zwar nach Klasse II (§ 43.2); die 1. Pers. Sg. Prät. Ind. also *blandaða* etc.

g. Besondere Formen zeigen:

(1) *ganga* 'gehen' – *gekk* – *gengum* – *genginn*;

(2) *hanga* 'hängen' – *hekk* – *hengum* – *hanginn*;

(3) *fá* 'fangen' – *fekk* – *fengum* – *fenginn/fanginn*.

Die Formen *gekk*, *hekk* und *fekk* sind durch Auslautverhärtung /°g/# > /°k/# (§ 11.3, Anm. 15) und nachfolgender Assimilation /°nk/# > /°kk/# zu erklären; vgl. § 37.2.a. – Die Partizipia II *g̱enginn* und *f̱enginn* sind durch *g/k*-Palatalisierung (§ 8.1.b1) von Wurzelvokal /a/ > /e/ zu erklären (vgl. aber *ha̱nginn*!).

Bei *fá* (**fāhan* < urgerm. **fanh°*) ist grammatischer Wechsel Ø < /h/ : /g/ (s. 39.0, Anm. 29) eingetreten; der Konsonantismus des Präteritums Sg. (Averbostufe 2; 1./3. P. *fekk* < **feng*) ist aus dem Präteritum Pl. (Averbostufe 3) analogisch übernommen.

Bisweilen treten Nebenformen mit *i*-Vokalismus in den Averbostufen 3 und 4 auf, z.B. *gingu*, *fingu* 3. Pers. Pl. Prät. Ind. (: *gengu*, *fengu*), *ginginn*, *finginn* Part. II (: *genginn*, *fenginn/fanginn*).

Hinweis: *Hanga* flektiert im Präsens Ind. immer als schwaches Verb III (§ 43.3); die 1. Pers. Sg. also *hangi*, 2./3. Pers. *hangir* etc.

Klasse VII,5: aisl. *á* – *é* – *é* – *á*

VII,5: *láta* 'lassen' – *lét* – *létum* – *látinn*

h. Wie *láta* gehen auch:

(1) *blása* 'blasen' – *blés* – *blésum* – *blásinn*;

(2) *gráta* 'weinen' – *grét* etc.;

(3) *ráða* 'raten' – *réð* etc.

Im Infinitiv begegnet neben *láta* bisweilen auch *lata* (mit kurzem Wurzelvokalismus).

Das Verb *fá* 'fangen, bekommen' (urgerm. **fanha-*) gehört in Klasse VII,4 (s. vorhin, sub g, Nr. 3).

i. Hierher gehört ferner auch mit abweichendem Wurzelvokal /ō/ in Infinitiv (Averbostufe 1) bzw. Partizip II (Averbostufe 4): *blóta* 'opfern' – *blét* – *blétum* – *blótinn*.

§ 40. Tabellen zur Ermittlung des Infinitivs aus den Stammformen starker Verba

§ 40.0. In den folgenden Tabellen I–III sind Vokalalternationen zwischen [Tabelle I:] Präteritum Sg. Ind. (Averbostufe 2), [Tabelle II:] Präteritum Pl. Ind. (Averbostufe 3) bzw. [Tabelle III:] Partizip II ('Partizip Präteriti'; Averbostufe 4) einerseits und Infinitiv (Präs.; Averbostufe 1) anderseits verbucht.

Durch sog. grammatischen Wechsel bedingte Konsonantenalternationen werden naturgemäß nicht berücksichtigt (s. die Bemerkungen zu den einzelnen Ablautreihen).

Zwei Besonderheiten: 1. Der (sprachgeschichtlichen) Systematik zuliebe sind hier die an sich biphonematischen Sequenzen ('steigende Diphthonge', s. § 5.1) *ja, já, jó, ju, jú* als Einheiten behandelt (und registriert).

2. Langvokale stehen nach den korrespondierenden Kurzvokalen.

§ 40.1. Tabelle I: 1. Person Sg. Prät. Ind. Akt. ↠ Infinitiv

a ↠ e .... IIIb,2 (z.B. *hvarf* ↠ *hverfa*)
a ↠ e .... IV (z.B. *bar* ↠ *bera*)
a ↠ e .... V,1 (z.B. *gaf* ↠ *gefa*)
a ↠ e .... *brann* ↠ *brenna* IIIa,1, *rann* ↠ *renna* IIIa,1
a ↠ i .... IIIa,1 (z.B. *spann* ↠ *spinna*)
a ↠ i .... *bað* ↠ *biðja* V,2, *sat* ↠ *sitja* V,2, *svam* ↠ *svima* IV
a ↠ ja .... IIIb,1 (z.B. *barg* ↠ *bjarga*)
a ↠ já .... *halp* ↠ *hjálpa* IIIb,1, *skalf* ↠ *skjálfa* IIIb,1
a ↠ o .... *svaf* ↠ *sofa* IV, *trað* ↠ *troða* IV
#á ↠ #e ...... *át* ↠ *eta* V,1
á# ↠ e .... *brá* ↠ *bregða* IIIb,2, *frá* ↠ *fregna* V,1, *vá* ↠ *vega* V,1
á# ↠ i .... *lá* ↠ *liggja* V,2, *þá* ↠ *þiggja* V,2
á# ↠ já# ..... *sá* ↠ *sjá* V,1
au ↠ jó .... II,1 (z.B. *braut* ↠ *brjóta*)
au ↠ jú .... II,2 (z.B. *kraup* ↠ *krjúpa*)
au ↠ ú .... II,3 (z.B. *saup* ↠ *súpa*)
e ↠ a .... VII,4 (z.B. *fell* ↠ *falla*)
e ↠ á# ...... *sera* ↠ *sá* VII,1, *fekk* ↠ *fá* VII,4
e ↠ jó .... *frera* ↠ *frjósa* II,1, *kera* ↠ *kjósa* II,1
e ↠ ó .... *grera* ↠ *gróa* VII,1, *rera* ↠ *róa* VII,1

e → ú .... *gnera* → *gnúa* VII,1, *snera* → *snúa* VII,1

é → á .... VII,5 (z.B. *lét* → *láta*)

é → ei .... *hét* → *heita* VII,2, *lék* → *leika* VII,2

é# → í .... I (z.B. *sté* → *stíga*)

é → ó .... *blét* → *blóta* VII,5

ei → ei .... *sveip* → *sveipa* VII,2

ei → í .... I (z.B. *beit* → *bíta*)

já → já .... *hjálp* → *hjálpa* IIIb,1

jó → au ...... VII,3 (z.B. *hljóp* → *hlaupa*)

jó → ú .... *bjó* → *búa* VII,3

jó → ǫ .... *hjó* → *hǫggva* VII,3

o → o .... *kom* → *koma* IV

ó → a .... VI,1/2 (z.B. *gróf* → *grafa*, *tók* → *taka*)

ó → e .... VI,3 (z.B. *hóf* → *hefja*)

#ó → #va .... *óð* → *vaða* VI,1, *óx* → *vaxa* VI,1

ó# → a .... *dró* → *draga* VI,1

ó# → á# ...... *fló* → *flá* VI,2, *kló* → *klá* VI,2, *sló* → *slá* VI,2, *þ(v)ó* → *þvá* VI,2

ó# → jú .... II,2 (z.B. *fló* → *fljúga*)

ó# → ey ...... *dó* → *deyja* VI,3, *gó* → *geyja* VI,3

ó# → ú .... *só* → *súga* II,3

ó# → æ .... *hló* → *hlæja* VI,3

ø → á# ...... *søra* → *sá* VII,1

ø → jó .... *frøra* → *frjósa* II,1, *køra* → *kjósa* II,1

ø → ó .... *grøra* → *gróa* VII,1, *røra* → *róa* VII,1

ø → ú .... *gnøra* → *gnúa* VII,1, *snøra* → *snúa* VII,1

ǫ → y .... IIIa,2 (z.B. *sǫng* → *syngva/syngja*)

ǫ → ø .... IIIa,2 (z.B. *sǫkk* → *søkkva*)

§ **40.2.** Tabelle II: 1. Person Pl. Prät. Ind. Akt. → Infinitiv

á → e .... IV (z.B. *bárum* → *bera*)

á → e .... V,1 (z.B. *gáfum* → *gefa*)

á → o .... *kvámum* → *koma* IV, *trádum* → *troða* IV

á → i .... V,2 (z.B. *bátum* → *biðja*)

á → i .... *svámum* → *svima* IV

á → já# ..... *sám* → *sjá* V,1

e → a .... VII,4 (z.B. *fellum* → *falla*)
e → á# ...... *fengum* → *fá* VII,4, *serum* → *sá* VII,1
e → jó .... *frerum* → *frjósa* II,1, *kerum* → *kjósa* II,1
e → ó .... *grerum* → *gróa* VII,1, *rerum* → *róa* VII,1
e → ú .... *gnerum* → *gnúa* VII,1, *snerum* → *snúa* VII,1
é → á .... VII,5 (z.B. *létum* → *láta*)
é → ei .... *hétum* → *heita* VII,2, *lékum* → *leika* VII,2
é → ó .... *blétum* → *blóta* VII,5
i → í .... I (z.B. *bitum* → *bíta*)
jo → ú .... *bjoggum* → *búa* VII,3
jo → ǫ .... *hjoggum* → *hǫggva* VII,3
jó → au ...... VII,3 (z.B. *hljópum* → *hlaupa*)
ju → ú .... *bjuggum* → *búa* VII,3
ju → ǫ .... *hjuggum* → *hǫggva* VII,3
ó → e .... *nómum* → *nema* IV
ó → o .... *kómum* → *koma* IV, *sófum* → *sofa* IV
ó → a .... VI,1/2 (z.B. *grófum* → *grafa*, *tókum* → *taka*)
ó → e .... VI,3 (z.B. *hófum* → *hefja*)
ó → á# ...... *flógum* → *flá* VI,2, *klógum* → *klá* VI,2, *slógum* → *slá* VI,2, *þ(v)ógum* → *þvá* VI,2
ó → ey ...... *dóm* → *deyja* VI,3, *góm* → *geyja* VI,3
ó → æ .... *hlógum* → *hlæja* VI,3
#ó → #va .... *óðum* → *vaða* VI,1, *óxum* → *vaxa* VI,1
#ó → #ve .... *órum* → *vera* V,1
u → au ...... VII,3 (z.B. *hlupum* → *hlaupa*)
u → e .... IIIb,2 (z.B. *hurfum* → *hverfa*)
u → e .... *drukkum* → *drekka* IIIa,1, *brunnum* → *brenna* IIIa,1, *runnum* → → *renna* IIIa,1
u → i .... IIIa,1 (z.B. *spunnum* → *spinna*)
u → ja .... IIIb,1 (z.B. *burgum* → *bjarga*)
u → já .... *hulpum* → *hjálpa* IIIb,1, *skulfum* → *skjálfa* IIIb,1
u → jó .... II,1 (z.B. *brutum* → *brjóta*)
u → jú .... II,2 (z.B. *krupum* → *krjúpa*)
u → ú .... II,3 (z.B. *supum* → *súpa*)
#u → #ve .... *ultum* → *velta* IIIb,2, *urðum* → *verða* IIIb,2, *urpum* → *verpa* IIIb,2

#u ↠ #vi ..... *undum* ↠ *vinda* IIIa,1, *unnum* ↠ *vinna* IIIa,1

u ↠ y .... IIIa,2 (z.B. *sungum* ↠ *syngva/syngja*)

u ↠ ø .... IIIa,2 (z.B. *sukkum* ↠ *søkkva*)

ø ↠ á# ...... *sørum* ↠ *sá* VII,1

ø ↠ jó .... *frørum* ↠ *frjósa* II,1, *kørum* ↠ *kjósa* II,1

ø ↠ ó .... *grørum* ↠ *gróa* VII,1, *rørum* ↠ *róa* VII,1

ø ↠ ú .... *gnørum* ↠ *gnúa* VII,1, *snørum* ↠ *snúa* VII,1

§ 40.3. Tabelle III: Partizip II (mask.) ↠ Infinitiv

a ↠ a .... VI,1 (z.B. *grafinn* ↠ *grafa*)

a ↠ a .... VII,4 (z.B. *fallinn* ↠ *falla*)

a ↠ e .... VI,3 (z.B. *hafinn* ↠ *hefja*)

á ↠ á .... VII,5 (z.B. *látinn* ↠ *láta*)

á ↠ á# ...... *sáinn* ↠ *sá* VII,1

á ↠ ey ...... *dáinn* ↠ *deyja* VI,3, *gáinn* ↠ *geyja* VI,3

au ↠ au ...... VII,3 (z.B. *hlaupinn* ↠ *hlaupa*)

e ↠ a .... VI,2 (z.B. *tekinn* ↠ *taka*)

e ↠ a .... *genginn* ↠ *ganga* VII,4

e ↠ á .... *fenginn* ↠ *fá* VII,4, *fleginn* ↠ *flá* VI,2, *kleginn* ↠ *klá* VI,2,
sleginn ↠ *slá* VI,2, *þveginn* ↠ *þvá* VI,2

e ↠ e .... V,1 (z.B. *gefinn* ↠ *gefa*)

e ↠ i .... V,2 (z.B. *beðinn* ↠ *biðja*)

e ↠ í .... *beðinn* ↠ *bíða* I

e ↠ jó .... *frerinn* ↠ *frjósa* II,1, *kerinn* ↠ *kjósa* II,1

e ↠ æ .... *hleginn* ↠ *hlæja* VI,3

é ↠ já# ..... *sénn* ↠ *sjá* V,1

ei ↠ ei .... VII,2 (z.B. *heitinn* ↠ *heita*)

i ↠ í .... I (z.B. *bitinn* ↠ *bíta*)

o ↠ e .... IIIb,2 (z.B. *horfinn* ↠ *hverfa*)

o ↠ e .... IV (z.B. *borinn* ↠ *bera*)

o ↠ ja .... IIIb,1 (z.B. *borginn* ↠ *bjarga*)

o ↠ já .... *holpinn* ↠ *hjálpa* IIIb,1, *skolfinn* ↠ *skjálfa* IIIb,1

o ↠ jó .... II,1 (z.B. *brotinn* ↠ *brjóta*)

o ↠ jú .... II,2 (z.B. *kropinn* ↠ *krjúpa*)

o ↠ o .... *kominn* ↠ *koma* IV, *sofinn* ↠ *sofa* IV, *troðinn* ↠ *troða* IV o ↠ ú .... II,3 (z.B. *sopinn* ↠ *súpa*)

o ↠ ø .... IIIa,2 (z.B. *sokinn* ↠ *søkkva*)

#o ↠ #ve .... *ofinn* ↠ *vefa* V,1, *oltinn* ↠ *velta* IIIb,2, *orðinn* ↠ *verða* IIIb,2, *orpinn* ↠ *verpa* IIIb,2

ǫ́ ↠ e .... *fǫ́lginn* ↠ *fela* IV

ó ↠ ó .... *blótinn* ↠ *blóta* VII,5, *gróinn* ↠ *gróa* VII,1, *róinn* ↠ *róa* VII,1

u ↠ e .... *brugðinn* ↠ *bregða* IIIb,2, *brunninn* ↠ *brenna* IIIa,1, *drukinn* ↠ ↠ *drekka* IIIa,1, *numinn* ↠ *nema* IV, *runninn* ↠ *renna* IIIa,1

u ↠ i .... IIIa,1 (z.B. *spuninn* ↠ *spinna*)

u ↠ i .... *suminn* ↠ *svima* IV

u ↠ y .... IIIa,2 (z.B. *sunginn* ↠ *syngva/syngja*)

u ↠ ø .... *hnugginn* ↠ *hnøggva* IIIa,2

#u ↠ #vi ..... *undinn* ↠ *vinda* IIIa,1, *unninn* ↠ *vinna* IIIa,1

ú ↠ ú .... *búinn* ↠ *búa* VII,3, *gnúinn* ↠ *gnúa* VII,1, *snúinn* ↠ *snúa* VII,1

ø ↠ jó .... *frørinn* ↠ *frjósa* II,1, *kørinn* ↠ *kjósa* II,1

ǫ ↠ ǫ .... *hǫggvinn* ↠ *hǫggva* VII,3

§ 41. Flexionstyp II: schwach – Ausgänge des Aktivs

§ 41.0. Übersicht

		Präsens Ind.	Konj.	Imp.	Präteritum Ind.	Konj.
Sg.	1. P.	*-Ø, -a, -i*$^{\times}$	*-a*		*-a*	*-a, -a*^{i}
	2. P.	*-r, -ar, -ir*$^{\times}$	*-ir*$^{\times}$	*-Ø, -a, -i*$^{\times}$	*-ir*$^{\times}$	*-ir*$^{\times}$, *-ir*
	3. P.	*-r, -ar, -ir*$^{\times}$	*-i*$^{\times}$		*-i*$^{\times}$	*-i*$^{\times}$, *-i*
Pl.	1. P.	*-um*	*-im*$^{\times}$	*-um*	*-um*	*-im*$^{\times}$, *-im*
	2. P.	*-ið*$^{\times}$, *-it*$^{\times}$	*-ið*$^{\times}$, *-it*$^{\times}$	*-ið*$^{\times}$, *-it*$^{\times}$	*-uð, -ut*	*-ið*$^{(\times)}$, *-it*$^{(\times)}$
	3. P.	*-a*	*-i*$^{\times}$		*-u*	*-i*$^{\times}$, *-i*

Hinweis I: Hochgestelltes *i* (z.B. *-a*^{i}) indiziert, daß es ggf. zu einer durch *i*-Umlaut (§ 8.1) bzw. durch Analogiewirkung entstandenen Vokalalternation innerhalb des Paradigmas kommt. Hochgestelltes × (z.B. *-ir*$^{\times}$) dagegen indiziert, daß es zu keiner durch *i(R)*-Umlaut verursachten Vokalalternation innerhalb des Paradigmas kommt.

Zu den Verhältnissen im Konjunktiv II (der vom Präteritalstamm gebildet wird) s. unten, § 41.2.c.

Anm. 30 (Assimilationen; s. § 11.1, vgl. § 37.0, Anm. 27): Bei den (leichtsilbigen) Verba der Klasse Ia ist auslautendes spät-urn. /ʀ/ in der 2. und 3. Person Sg. Präs. Ind. an vorangehendes /s/ assimiliert: *byss* 'ström(s)t' (zu *bysja* Inf.; weitere Beispiele scheinen zu fehlen). – Neben *skilr* etc. (mit lautgesetzlichem °*V̆lr#*) treten selten auch Formen des Typs °*V̆ll#* auf: *skill* 'trenn(s)t' etc. (zu *skilja* Inf. Ia).

Hinweis II: Je nach dem (ursprünglichen) stammbildenden Suffix pflegt man bei den schwachen Verba drei Klassen zu unterscheiden, und zwar Klasse I (urgerm. urn. *-(i)ja-*: Klasse Ia leichtsilbig, Klasse Ib schwersilbig), Klasse II (*-ō-*) und Klasse III (*-ē- < -ai-*). – Weiteres s. unten, § 43.

§ 41.1. Präsens Aktiv

Paradigmata (Infinitiv): *velja* Ia 'wählen', *dœma* Ib 'urteilen', *kalla* II 'rufen, nennen', *vaka* III 'wachen'.

		Ind.	Konj.	Imp.	Ind.	Konj.	Imp.
Sg.	1. P.	*vel*	*velja*		*dœmi*	*dœma*	
	2. P.	*velr*	*velir*	*vel*	*dœmir*	*dœmir*	*dœm*
	3. P.	*velr*	*veli*		*dœmir*	*dœmi*	
Pl.	1. P.	*veljum*	*velim*	*veljum*	*dœmum*	*dœmim*	*dœmum*
	2. P.	*velið*	*velið*	*velið*	*dœmið*	*dœmið*	*dœmið*
	3. P.	*velja*	*veli*		*dœma*	*dœmi*	

Partizip I: *veljandi* m., *dœmandi* m.

		Ind.	Konj.	Imp.	Ind.	Konj.	Imp.
Sg.	1. P.	*kalla*	*kalla*		*vaki*	*vaka*	
	2. P.	*kallar*	*kallir*	*kalla*	*vakir*	*vakir*	*vaki*
	3. P.	*kallar*	*kalli*		*vakir*	*vaki*	
Pl.	1. P.	*kǫllum*	*kallim*	*kǫllum*	*vǫkum*	*vakim*	*vǫkum*
	2. P.	*kallið*	*kallið*	*kallið*	*vakið*	*vakið*	*vakið*
	3. P.	*kalla*	*kalli*		*vaka*	*vaki*	

Partizip I: *kallandi* m., *vakandi* m.

Indikativ:

a. Die leichtsilbigen Verba I (= Klasse Ia; Typ *velja*, oben) sowie die langsilbigen Verba I mit wurzelschließendem Tektal /g/ oder /k/ (Typ *fleygja* Ib 'schleudern', *telgja* Ib 'schnitzen') bewahren gemäß § 12.1 das ursprüngliche /j/ des Suffixes vor /a/ und /u/, d.h. in der 1. Person Pl.

(Indikativ und Imperativ) und in der 3. Person Pl. (und ferner in der 1. Person Sg. Konjunktiv).

Als leichtsilbig gelten auch die Typen $C_0\bar{V}$*+ja* (*knýja* 'schlagen'), C_0VV*+ja* (*heyja* 'ausführen') und C_0Vgg*+ja* (*hyggja* 'denken', *leggja* 'legen'); vgl. § 6.

b. Wie bei den starken Verba (vgl. § 37.1.c) bleibt bei Verba wie *stǫðva* II 'aufhalten' gemäß § 13.2.b suffigales /v/ vor /a/ und /i/ erhalten, also *stǫðum* 1. Pers. Pl. : *stǫðva* Inf. etc.

Einige Verba mit wurzelschließendem /gg/ oder /k/ haben Doppelformen auf *-ja/-va*, z.B. *byggja/byggva* Ib 'besiedeln, -wohnen', *þriskja/þryskva* Ib 'dreschen', *þrøngja/þrøngva* Ib 'drücken, drängen' etc.

c. Wie bei den starken Verba (vgl. § 37.1.d) wird der Ausgang der 2./3. Pers. Sg. *-(V)r* bisweilen analogisch auf die 1. Person Sg. übertragen.

d. Doppelformen im flektierten Singular zeigen:

(1) *hafa* III 'haben': 1. Pers. *hefi/hef*, 2./3. Pers. *hefir/hefr*;

(2) *segja* III 'sagen': 1. Pers. *segi/seg*, 2./3. Pers. *segir/segr*.

Die *i*-losen einsilbigen Formen (nach dem Muster der schwachen Verba Ia) sind alt und (vor allem in der 1. Person) selten. – Zu beachten ist der nur im Singular umgelautete Wurzelvokal von *hafa* 'haben' (*hef°* : Pl. 1. P. *hǫfum*, 2. P. *hafið*, 3. P. *hafa*).

Der (reguläre) Plural von *segja* 'sagen' lautet: 1. P. *segjum*, 2. P. *segið*, 3. P. *segja*. – Wie *segja*, doch ohne einsilbige Nebenformen im Singular, flektiert auch *þegja* III 'schweigen': Sg. 1. P. *þegi*, 2./3. P. *þegir*, Pl. 1. P. *þegjum* etc.

e. Im Singular bildet *vilja* Ia 'wollen' folgende unregelmäßige Formen: 2. Pers. *vill/vilt*, 3. Pers. *vil(l)*.

f. Bei *þykkja* I 'dünken, scheinen' zeigt sich in der 3. Person Sg. neben regulärem *þykkir* auch die 'endungslose' Form *þykki*.

Konjunktiv I:

g. Wie bei den starken Verba (vgl. § 37.1.h) bleibt der Wurzelvokal unumgelautet.

Imperativ:

h. Die 2. Person Sg. geht bei den schwachen Verba II auf *-a* aus, bei den schwachen Verba I ist sie 'endungslos'.

Im Gegensatz zu den starken Verba bleiben hier /°nd/# und /°ng/# erhalten, z.B. *send* 'sende!' (zu *senda* Inf. Ib) etc.: es wird keine Auslautverhärtung bzw. Assimilation (Typ *bitt* : *binda* Inf. st. Vb. IIIa,1 'binden': § 37.1.i) durchgeführt.

Bei den meisten schwachen Verba III tritt statt des zu erwartenden, jedoch seltenen Ausgangs *-i* (Typ *vaki* ‘wache!’ zu *vaka* Inf., s. oben) häufig ein Nullmorph auf, z.B. *lif* ‘lebe!’ (zu *lifa* Inf.) etc.

Partizip I (Partizip Präsentis): s. oben, § 37.1.j.

§ 41.2. Präteritum Aktiv

Paradigmata: *velja* Ia ‘wählen’, *dœma* Ib ‘urteilen’, *kalla* II ‘rufen, nennen’, *vaka* III ‘wachen’.

		Indikativ	Konjunktiv	Indikativ	Konjunktiv
Sg.	1. P.	*valða*	*velða*	*dœmða*	*dœmða*
	2. P.	*valðir*	*velðir*	*dœmðir*	*dœmðir*
	3. P.	*valði*	*velði*	*dœmði*	*dœmði*
Pl.	1. P.	*vǫlðum*	*velðim*	*dœmðum*	*dœmðim*
	2. P.	*vǫlðuð*	*velðið*	*dœmðuð*	*dœmðið*
	3. P.	*vǫlðu*	*velði*	*dœmðu*	*dœmði*

[Infinitiv Prät. (kaum gebräuchlich): s. oben, § 37.2, Anm. 28.]

Partizip II: *val(i)ðr/valinn* m., *dœmðr* m.

		Indikativ	Konjunktiv	Indikativ	Konjunktiv
Sg.	1. P.	*kallaða*	*kallaða*	*vakta*	*vekta*
	2. P.	*kallaðir*	*kallaðir*	*vaktir*	*vektir*
	3. P.	*kallaði*	*kallaði*	*vakti*	*vekti*
Pl.	1. P.	*kǫlluðum*	*kallaðim*	*vǫktum*	*vektim*
	2. P.	*kǫlluðuð*	*kallaðið*	*vǫktuð*	*vektið*
	3. P.	*kǫlluðu*	*kallaði*	*vǫktu*	*vekti*

[Infinitiv Prät. (kaum gebräuchlich): s. oben, § 37.2, Anm. 28.]

Partizip II: *kallaðr* m., *vakat* n.

Hinweise: 1. Tempusbildung der schwachen Verba s. unten, § 43. – Zur (kontextabhängigen) Gestalt des Dentalsuffixes s. § 43.0; zu *vald°* statt *valð°* ebd., Anm. 31.

2. Zum Vokalwechsel zwischen Infinitiv und Präteritum Ind. in Klasse Ia (Typ *velja* : *va°* bzw. *vǫ°*) s. § 43.1.

a. Nur die schwachen Verba II zeigen (im Indikativ und Konjunktiv) einen Mittelsilbenvokal, z.B. 1. Pers. Sg. Ind. *kallaða* II (zu *kalla* Inf., s. oben), dagegen *valða* Ia (zu *velja* Inf., s. oben), *dœmða* Ib (zu *dœma*

Inf., s. oben), *heyrða* Ib (zu *heyra* Inf. ‘hören’), *vakta* III (zu *vaka* Inf., s. oben).

Indikativ:

b. Der Ausgang der 3. Person Sg. (-*i*) wird bisweilen analogisch auf die 1. Person Sg. übertragen.

Konjunktiv II:

c. Wo möglich, ist im (Teilparadigma des) Konjunktiv II von schwachen Verba der Klassen Ia, Ib und III durchgehend *i*-Umlaut (§ 8.1) des ursprünglichen Wurzelvokals eingetreten.

Die Verteilung von umgelauteten (unterstrichen) und nicht umgelauteten Formen gestaltet sich sonach wie folgt:

(1) Klasse Ia (Typ urn. **wal-ja-*, leichtsilbig): aisl. *ve̱lja* Inf. ‘wählen’ – *valða* 1. Pers. Sg. Prät. Ind. (zum nicht durchgeführten *i*-Umlaut unten, § 43.1.a) – *ve̱lða* 1. Pers. Sg. Konj. II – *val(i)ðr/valinn* Partizip II;

(2) Klasse Ib (Typ urn. **dōm-ija-*, schwersilbig): aisl. *dœ̱ma* Inf. ‘urteilen’ – *dœ̱mða* 1. Pers. Sg. Prät. Ind. – *dœ̱mða* 1. Pers. Sg. Konj. II – *dœ̱mðr* Partizip II;

(3) Klasse III (Typ urn. **wak-ē-* < *-*ai*-): aisl. *vaka* Inf. ‘wachen’ – *vakta* 1. Pers. Sg. Prät. Ind. – *ve̱kta* 1. Pers. Sg. Konj. II – *vakat* n. Partizip II.

Bei den schwachen Verba II hingegen bleibt der Wurzelvokal durchgängig unumgelautet.

Partizip II (Partizip Präteriti):

d. Das Partizip II wird auf -*Vðr* gebildet, wobei allerdings bei den schwachen Verba I der ursprüngliche Mittelsilbenvokal in den meisten Fällen synkopiert wird, z.B. *valðr* (neben *vali̱ðr*) m. ‘gewählt’ (zu *velja* Ia, s. oben), *dœmðr* m. ‘geurteilt’ (zu *dœma* Ib, s. oben) etc.

Der Wurzelvokal des Partizips vor -*iðr* m. ist also (wie der von starken Verba vor -*inn* m.) vom *i*-Umlaut nicht betroffen.

Die schwachen Verba II und die meisten schwachen Verba III bewahren demgegenüber im Partizip II Reflexe des ursprünglichen Themavokals (aisl. -*a̱ðr* m. < urn. *-*ō*° bzw. *-*ē*°), z.B. *kalla̱ðr* m. ‘gerufen, genannt’ (zu *kalla* II, s. oben), *vaka̱t* n. ‘gewacht’ (zu *vaka* III, s. oben) etc.

Wie erwähnt (§ 37.2.d), flektiert das Partizip II (Typ *kallaðr* Nominativ Sg. mask. – *kǫlluð* fem. – *kallat* neutr. zu *kalla* Inf., s. oben) wie ein starkes Adjektiv (§ 20.d).

Nominativ Sg. fem. (und Nominativ/Akkusativ Pl. neutr.) *kǫlluð* ist zu erklären durch ‘doppelten’ *u*-Umlaut (aisl. *kǫlluð* < **kalludu* < **kallɔdu* < spät-urn. **kalladu* < urgerm. *°*ōdō*; vgl. § 9.1). – Nominativ/Akkusativ Sg. neutr. *kallat* (< **kallaðt*) ist zu erklären durch Assimilation /°θt/# > /°tt/#, das anschließend (in nicht haupttoniger Silbe) zu /°t/# vereinfacht wird (§ 11.2).

Bei den schwachen Verba Ia können ab Anfang des 13. Jahrhunderts – in Analogie zu den starken Verba – auch Formen auf *-inn* m. auftreten, z.B. *valinn* neben *val(i)ðr* m. (zu *velja* Inf., s. oben).

§ 42. Flexionstyp II: schwach – Ausgänge des Mediopassivs

§ 42.0. Übersicht

§ 42.0.1. Präsens

		Indikativ	Konjunktiv	Imperativ
Sg.	1. P.	*-umk*; *-umz*	*-umk*; *-umz*	
	2. P.	*-sk*; *-z(k)*	*-isk*$^{\times}$; *-iz(k)*$^{\times}$	*-sk*; *-z(k)*
	3. P.	*-sk*; *-z(k)*	*-isk*$^{\times}$; *-iz(k)*$^{\times}$	
Pl.	1. P.	*-um(s)k*; *-umz*	*-im(s)k*$^{\times}$; *-imz*$^{\times}$	*-um(s)k*; *-umz*
	2. P.	*-izk*$^{\times}$; *-iz*$^{\times}$	*-izk*$^{\times}$; *-iz*$^{\times}$	*-izk*$^{\times}$; *-iz*$^{\times}$
	3. P.	*-ask*; *-az(k)*	*-isk*$^{\times}$; *-iz(k)*$^{\times}$	

§ 42.0.2. Präteritum

		Indikativ	Konjunktiv
Sg.	1. P.	*-umk*; *-umz*	*-umk*^{i}, *-umk*; *-umz*^{i}, *-umz*
	2. P.	*-isk*$^{\times}$; *-iz(k)*$^{\times}$	*-isk*, *-isk*$^{\times}$; *-iz(k)*, *-iz(k)*$^{\times}$
	3. P.	*-isk*$^{\times}$; *-iz(k)*$^{\times}$	*-isk*, *-isk*$^{\times}$; *-iz(k)*, *-iz(k)*$^{\times}$
Pl.	1. P.	*-um(s)k*; *-umz*	*-im(s)k*, *-im(s)k*$^{\times}$; *-imz*, *-imz*$^{\times}$
	2. P.	*-uzk*; *-uz*	*-izk*, *-iz(k)*$^{\times}$; *-iz*, *-iz*$^{\times}$
	3. P.	*-usk*; *-uz(k)*	*-isk*, *-isk*$^{\times}$; *-iz(k)*, *-iz(k)*$^{\times}$

Hinweise: 1. Hochgestelltes *i* (z.B. *-umk*^{i}) indiziert, daß es ggf. zu einer durch *i*-Umlaut (§ 8.1) bzw. durch Analogiewirkung entstandenen Vokalalternation innerhalb des Paradigmas kommt. Hochgestelltes × (z.B. *-isk*$^{\times}$) dagegen indiziert, daß es zu keiner durch *i*-Umlaut entstandenen Vokalalternation innerhalb des Paradigmas kommt.

2. Wie erwähnt (§ 38.0), ist die Formenvielfalt bunt; vor dem Semikolon stehen die 'regulären' klassisch-altisländischen Formen (die in den Paradigmata unten angegeben werden), nach dem Semikolon die bis hin gegen 1300 auftretenden Formen. – Im Laufe des 14. Jahrhunderts schließlich beginnen sich sodann Formen auf (*-zt* bzw.) *-st* (wie im Neuisländischen) auszubreiten.

§ 42.1. Präsens Mediopassiv

Paradigmata: *velja* Ia 'wählen', *kalla* II 'rufen, nennen'.

		Indikativ	Konj.	Imperativ
Sg.	1. P.	*veljumk*	*veljumk*	
	2. P.	*velsk*	*velisk*	*velsk*
	3. P.	*velsk*	*velisk*	
Pl.	1. P.	*veljum(s)k*	*velim(s)k*	*veljum(s)k*
	2. P.	*velizk*	*velizk*	*velizk*
	3. P.	*veljask*	*velisk*	

Infinitiv: *veljask*; *veljaz(k)* '„sich wählen", sich entschließen'.

[Partizip I (kaum gebräuchlich): *veljandisk*; *veljandiz(k)* m.]

		Indikativ	Konj.	Imperativ
Sg.	1. P.	*kǫllumk*	*kǫllumk*	
	2. P.	*kallask*	*kallisk*	*kallask*
	3. P.	*kallask*	*kallisk*	
Pl.	1. P.	*kǫllum(s)k*	*kallim(s)k*	*kǫllum(s)k*
	2. P.	*kallizk*	*kallizk*	*kallizk*
	3. P.	*kallask*	*kallisk*	

Infinitiv: *kallask*; *kallaz(k)* 'sich nennen, heißen'.

[Partizip I (kaum gebräuchlich): *kallandisk*; *kallandiz(k)* m.]

a. Wie oben erwähnt (§ 41.1.a), bewahren die leichtsilbigen Verba I (= Klasse Ia; Typ *velja*, oben) sowie die langsilbigen Verba I mit wurzelschließendem Tektal /g/ oder /k/ (Typ *fleygja* Ib 'schleudern') gemäß § 12.1 das ursprüngliche /j/ des Suffixes vor /a/ und /u/.

b. Im übrigen sind die obigen Ausführungen zum Aktiv (§ 41.1) zu vergleichen.

Im Konjunktiv I ist der Wurzelvokal nicht umgelautet etc.

§ **42.2.** Präteritum Mediopassiv

Paradigmata: *velja* Ia 'wählen', *kalla* II 'rufen, nennen'.

		Indikativ	Konjunktiv	Indikativ	Konjunktiv
Sg.	1. P.	*vǫlðumk*	*velðumk*	*kǫlluðumk*	*kǫlluðumk*
	2. P.	*valðisk*	*velðisk*	*kallaðisk*	*kallaðisk*
	3. P.	*valðisk*	*velðisk*	*kallaðisk*	*kallaðisk*
Pl.	1. P.	*vǫlðum(s)k*	*velðim(s)k*	*kǫlluðum(s)k*	*kallaðim(s)k*
	2. P.	*vǫlðuzk*	*velðizk*	*kǫlluðuzk*	*kallaðizk*
	3. P.	*vǫlðusk*	*velðisk*	*kǫlluðusk*	*kallaðisk*

Partizip II: *valzk*; *-z* n., *kallazk*; *-z* n.

Hinweise: 1. Zur Tempusbildung der schwachen Verba (mittels Dentalsuffix) s. sofort, § 43. – Zur (kontextabhängigen) Gestalt des Dentalsuffixes s. § 43.0; zu *vald°* statt *valð°* ebd., Anm. 31.

2. Zum Vokalwechsel zwischen Infinitiv und Präteritum Ind. in Klasse Ia (Typ *velja* : *va°* bzw. *vǫ°*) s. § 43.1.a.

Im übrigen sind die obigen Ausführungen zum Aktiv (§ 41.2) zu vergleichen.

Nur die schwachen Verba II zeigen Mittelsilbenvokal, z.B. 3. Pers. Sg. Ind. *kallaðisk* : *valðisk* Ia; nur bei den schwachen Verba II bleibt der ursprüngliche Wurzelvokal im Konjunktiv II unumgelautet etc.

§ 43. Flexionstyp II: schwach – Tempusbildung

§ **43.0.** Allgemeines: Die germanischen 'schwachen' Verba, zumeist sekundäre Bildungen, zeigen in ihren Präteritalformen ein Dentalsuffix bei ursprünglich unverändertem Wurzelvokal, z.B. nhd. *hören – hörte – gehört*, dän. *at høre – hørte – hørt*, ne. *to hear – heard – heard* etc.

Das stammbildende Suffix urgerm. urn. /d/ tritt im Altisländischen in dreierlei Gestalt auf:

(1) als (früh-aisl. /θ/ >) klass.-aisl. /t/ in der Position nach stimmlosen Konsonanten /p k/;

(1′) als /t/ nach stimmlosen Konsonanten /s t/.

Beispiele: früh-aisl. *gleypþa* > klass.-aisl. *gleypta* 1. Pers. Sg. Prät. Ind. (zu *gleypa* Ib 'verschlucken, verschlingen'), früh-aisl. *merkþa* > klass.-aisl. *merkta* (zu *merkja* Ib 'kennzeichnen'); *reista* (zu *reisa* Ib 'aufrichten'), *bœtta* (zu *bœta* Ib 'bessern') etc.

(2) Als /d/ in der Position nach /l n/ bei schwerer Wurzelsilbe und nach /θ/ *ð* (wobei /θd/ > /dd/).

Beispiele: *fyldi* (< **fylldi*; zu *fylla* Ib 'füllen'), *sýnda* (zu *sýna* Ib 'zeigen'); *fœdda* (zu *fœða* Ib 'ernähren, gebären') etc.

(3) Als /θ/ *ð* in den übrigen Fällen (nach Vokal; nach stimmhaften Konsonanten; nach /l n/ bei leichter Wurzelsilbe; nach wurzelschließendem /m/ unabhängig vom Gewicht der Wurzelsilbe).

Beispiele: *trúða* (zu *trúa* III 'glauben'); *fylgða* (zu *fylgja* Ib 'folgen'), *heyrða* (zu *heyra* Ib 'hören'); *talða* (zu *telja* Ia 'zählen'), *vanða* (zu *venja* Ia 'gewöhnen'); *dœmða* (zu *dœma* Ib 'urteilen') etc.

Anm. 31: Nach /l n/ bei leichter Wurzelsilbe und nach /m/ erscheint sodann im Laufe des späten 13. Jahrhunderts /d/, also spät-aisl. *talda*, *vanda*; *dœmda* etc.

Hinweis: Zu den skizzierten Verhältnissen gibt es etliche Ausnahmen, z.B. *mælta* (zu *mæla* Ib 'sprechen'), *rænta* (zu *ræna* Ib 'rauben') etc.

Je nach dem ursprünglichen stammbildenden Suffix pflegt man bei den schwachen Verba drei Klassen zu unterscheiden, und zwar Klasse I (urgerm. urn. *-(i)ja-*: Ia leichtsilbig, Ib schwersilbig), II (*-ō-*) und III (*-ē- < -ai-*).

Hinweis: Im folgenden ist im Averbo das Präteritum Pl. – da 'redundant' – nicht angeführt: der Wurzelvokalismus ist (abgesehen von eventuellem *a* : *ǫ*) ident mit dem des Präteritums Sg.

§ 43.1. Klasse I

An semantischen Typen sind bei den mit Suffix *-(i)ja-* gebildeten Verba vor allem Kausativa bzw. Faktitiva, ferner einige Intensiv-Iterativa vertreten, z.B. *vekja* Ia 'erwachen machen, wecken' (: urgerm. **wakna-* st. Vb. VI 'erwachen'), *leysa* Ib 'lose machen, lösen' (: *lauss* Adj. 'lose') etc. sowie *dreifa* Ib 'vertreiben, zerstreuen' (: *drífa* st. Vb. I 'treiben') etc. – Nach dem Silbengewicht sind zwei Gruppen zu unterscheiden, und zwar Verba mit leichter Wurzelsilbe (Ia) und Verba mit schwerer Wurzelsilbe (Ib).

Ia:	*velja* 'wählen' – *valða* – *val(i)ðr/valinn*
Ib:	*dœma* 'urteilen' – *dœmða* – *dœmðr*

Ia:

a. Die leichtsilbigen Verba zeigen im Präteritum und im Partizip II in der Regel ursprünglichen (i.e. nicht umgelauteten) Wurzelvokal: da der

Mittelsilbenvokal *-i-* früh synkopiert wurde, ist hier (im Gegensatz zum Präsens) k e i n *i*-Umlaut eingetreten (§ 8.1.b2).

Im Wurzelvokalismus treten vor allem die Alternationen /e/ : /a/ (Typ *telja* 'zählen' – *talða* – *tal(i)ðr/talinn*) und /y/ : /u/ (Typ *spyrja* 'fragen' – *spurða* – *spurðr*) auf.

Wie erwähnt (§ 41.1.a), gelten auch die Typen $C_0\bar{V}$*+ja* (*knýja* 'schlagen', *æja* 'weiden lassen' etc.), C_0VV*+ja* (*heyja* 'ausführen', *þreyja* 'sich sehnen' etc.) sowie C_0Vgg*+ja* (*hyggja* 'denken, glauben', *leggja* 'legen' etc.) als leichtsilbig (vgl. § 6; Sonderfälle von /y(:)/ : /y(:)/ s. unten, sub c).

Die Präteritalformen lauten also: *knýja – knúða – knú(i)ðr/knúinn*, *æja – áða – áit* n.; *heyja – háða* (< urn. **hawidō*) – *há(i)ðr*, *þreyja* (später auch: *þrá*) – *þráða – þrá(i)ðr*; *hyggja – hugða – hugðr/hugat* n., *leggja – lagða – lag(i)ðr/laginn* etc.

Ausnahmen bilden folgende drei Verba (mit umgelautetem Wurzelvokal auch im Präteritum und Partizip II):

(1) *sekja* 'bestrafen' – *sekta* – *sektr*;

(2) *selja* 'verkaufen' – *selda* – *seldr*;

(3) *setja* 'setzen' – *setta* – *settr*.

b. Das Verb *vilja* 'wollen' (Präsens Ind. s. § 41.1.e; 1. Pers. Prät. Ind. *vilda* etc.) bildet ein besonderes Partizip II *viljat* n.

Ib:

c. Bei den langsilbigen Verba zeigt sich auch im Präteritum und im Partizip II *i*-Umlaut des Wurzelvokals (§ 8.1.b2).

Beispiele: *dœma – dœmða – dœmdr* (oben), *brenna* 'verbrennen' – *brenda – brendr*, *fylgja* 'folgen' – *fylgða – fylgðr*, *gleypa – gleypta – gleyptr* 'verschlingen', *heyra* 'hören' – *heyrða – heyrðr*, *mæla* 'sprechen' – *mælta – mæltr*, *søkkva* 'versenken' (urn. **sankwija-*) – *søkta – søktr* etc.

Hierher gehören auch (synchron gesehen: leichtsilbige) Verba wie etwa *byggja/byggva* 'besiedeln, bewohnen' (urn. **buggwija-* < urgerm. **buww-*) – *bygða – bygðr* (so auch *hryggja/hryggva* 'betrüben') *flýja* 'fliehen' (urn. **fleuh*°; alt bzw. poetisch auch stark flektiert, vgl. § 39.2.b) – *flýða – flý(i)ðr*, *frýja* 'absprechen' (wohl urn. **frīw*°) – *frýða – frýðr* etc.

d. Besondere Formen (mit nicht umgelautetem Wurzelvokal sowie abweichendem Konsonantismus) im Präteritum und Partizip II bilden folgende drei Verba:

(1) *sœkja* ‘angreifen’ – *sótta* – *sóttr*;

(2) *yrkja* ‘wirken’ – *orta* – *ortr*;

(3) *þykkja* ‘dünken’ – *þótta* – *þóttr*.

e. Bunte Formen zeigt das Verb *gør(v)a/ger(v)a/gjǫr(v)a* ‘machen’ – Prät. *gørða/gerða/g(j)ǫrða* – Part. II *gǫrr/gørr/gerr/gjǫrr*.

Die Formen mit *-v-* im Infinitiv finden sich nur in poetischen Texten.

§ 43.2. Klasse II

Bei den mit Suffix *-ō-* gebildeten Verba sind vor allem Denominalia verschiedener Art (vielfach von Abstrakta) sowie auch (deverbale) Intensiv-Iterativa vertreten, z.B. *afla* ‘beschaffen, verschaffen’ (: *afl* n. ‘Kraft’), *hvarfa* ‘umherstreifen, -wandern’ (: *hverfa* st. Vb. IIIb,2 ‘sich wenden’) etc. – Es handelt sich um die größte Gruppe schwacher Verba im Altisländischen.

II: *kalla* ‘rufen’ – *kallaða* – *kallaðr*

a. Im Unterschied zu den anderen Klassen altisländischer schwacher Verba sind Präteritum und Partizip II mit Mittelsilbenvokal (*-a-* < urgerm. urn. **-ō-*) gebildet.

Weitere Beispiele: *elska* ‘lieben’ – *elskaða* – *elskaðr*, *herja* ‘heeren’ – *herjaða* – *herjaðr* (**harj-ō°*, nicht **har-ja°*), *spá* ‘prophezeien’ – *spáða* – *spáðr* (mit Kontraktionsformen), *stǫðva* ‘aufhalten’ – *stǫðvaða* – *stǫðvaðr* etc.

b. In diese Klasse gehören auch die Verba auf *-na* (Inchoativa) wie *sofna* ‘einschlafen’ – *sofnaða* – *sofnaðr* (: *sofa* st. Vb. IV ‘schlafen’).

§ 43.3. Klasse III

Etliche der mit Suffix *-ē-* (< *-ai-*) gebildeten Verba sind (intransitive) Durativa, z.B. *vaka* ‘wach sein, wachen’ (: urgerm. **wakna-* st. Vb. VI ‘erwachen’) etc.

III: *vaka* ‘wachen’ – *vakta* – *vakat* n.

a. Bei den (wenigen und) meist kurzsilbigen Verba dieser Gruppe ist der Mittelsilbenvokal im Präteritum überall synkopiert; im Partizip II ist der ‘Binnenvokal’ *-a-* (< **-ē-*) aber bei der Mehrzahl der Verba bewahrt.

Beispiele: *duga* ‘taugen’ – *dugða* – *dug<u>a</u>t* n., *lifa* ‘leben’ – *lifða* – *lif<u>a</u>t* n., *trúa* ‘glauben’ – *trúða* – *trú<u>a</u>t* n. etc.

Keinen ‘Binnenvokal’ im Partizip II zeigen einige unten (sub b) angeführte Verba, ferner etwa *hafa* ‘haben’ (Präsens s. § 41.1.e) – *hafða* – *hafðr*, *horfa* ‘in eine Richtung gewendet sein' – *horfða* – *horft* n., *já* 'bejahen' – *jaða* – *jáðr*, *skorta* 'mangeln' – *skorta* – *skort* n., *þola* 'dulden' – *þolða* – *þolt* n. (neben *þolat*) etc.

b. Unregelmäßige Formen (mit Vokalalternation zwischen Präsens und Präteritum) zeigen folgende Verba:

(1) *segja* 'sagen' (Präsens s. § 41.1.d) – *sagða* – *sagðr*,

(2) *þegja* 'schweigen' (Präsens vgl. ebd.) – *þagða* – *þag(a)t* n.;

(3) *ljá* 'leihen' (Präsens Sg. *lé(r)* etc.) – *léða* – *léðr*,

(4) *tjá* 'zeigen' (Präsens Sg. *té(r)/tjá(r)* etc.) – *téða/tjáða* – *téðr/tjáðr*;

(5) *kaupa* 'kaufen' – *keypta* – *keyptr*.

§ 44. Flexionstyp III: Präteritopräsentia

§ 44.0. Allgemeines: Aus diachronischer Sicht handelt es sich bei den germanischen Präteritopräsentia um ehemals starke Verba, deren ursprüngliche Präteritalformen eine präsentische Bedeutung angenommen haben, vgl. lat. *nōscō* 'ich erfahre, lerne kennen' mit Perfekt *nōvī* 'ich habe erfahren, kennengelernt' → 'ich weiß, kenne'.

Das ursprüngliche Präsens ist verloren; ein neues, sekundäres Präteritum wird nach dem Muster der schwachen Verba der Klasse III (§ 43.3; Typ *vaka* 'wachen') hinzugebildet.

Aus diesen Besonderheiten erklären sich:

(1) die Vokalalternationen zwischen Präsens Sg. und Pl. (ehemals Averbostufen 2 und 3 starker Verba);

(2) der Ausgang *-t* (und nicht *-(V)r*) in der 2. Person Sg. Präs. Ind. (wie im Präteritum starker Verba);

(3) der Ausgang *-Ø* (und nicht *-(V)r*) in der 3. Person Sg. Präs. Ind. (wie im Präteritum starker Verba).

Naturgemäß lassen sich die einzelnen Präteritopräsentia bestimmten Ablautreihen zuordnen, z.B. *vita* 'wissen' Klasse I, *kunna* 'können' Klasse IIIa etc.

Literatur: Thomas Birkmann, Präteritopräsentia. Morphologische Entwicklungen einer Sonderklasse in den altgermanischen Sprachen (= Linguistische Arbeiten 188; Tübingen 1987), 221 ff.

Es handelt sich um eine Gruppe von zehn Verba (darunter etliche Modalverba sowie das Auxiliarverb *munu*) mit hoher Gebrauchshäufigkeit, von denen im folgenden jeweils fünf bzw. sieben Formen angeführt werden, und zwar Infinitiv – 1./3. Pers. Sg. Präs. Ind. ⌈2. Pers. Sg.⌉ – 1.

Pers. Pl. Präs. Ind. – 1. Pers. Sg. Prät. Ind. ⌈1. Pers. Sg. Konj. II⌉ – Partizip II:

(1) *vita* 'wissen' – *veit* ⌈*veizt*⌉ – *vitum* – *vissa* ⌈*vissa*⌉ – *vitaðr*.

(2) *eiga* 'zu eigen haben, besitzen' – *á* ⌈*átt*⌉ – *eigum* – *átta* ⌈*ætta*⌉ – *áttr* (Paradigma unten, § 44.1 und § 44.2).

(3) *kunna* 'können, kennen' – *kann* ⌈*kannt*⌉ – *kunnum* – *kunna* ⌈*kynna*⌉ – *kunnat* n.

(4) *unna* 'lieben' – *ann* ⌈*annt*⌉ – *unnum* – *unna* ⌈*ynna*⌉ – *un(na)t* n.

(5) *þurfa* 'bedürfen, brauchen' – *þarf* ⌈*þarft*⌉ – *þurfum* – *þurfta* ⌈*þyrfta*⌉ – *þurft* n. (Paradigmata unten, § 44.1 und § 44.2).

(6) *muna* 'denken an, sich erinnern' – *man* ⌈*mant*⌉ – *munum* – *munða* ⌈*mynða*⌉ – *munaðr*.

(7) *munu* 'werden' – *mun/man* ⌈*munt/mant*⌉ – *munum* – *munda/mynda* ⌈*mynda/munda*⌉ (Präteritum-Paradigma unten, § 44.2).

In früher Zeit treten auch häufig Formen mit Wurzelvokal /o/ (dazu /ø/ im Konjunktiv II) entgegen; ab 1300 werden diese Formen sehr selten. – Das Partizip II ist unbezeugt.

(8) *skulu* 'sollen, werden' – *skal* ⌈*skalt*⌉ – *skulum* – *skylda* ⌈*skylda*⌉ – (*skyldr* Adj. 'schuldig').

(9) *mega* 'vermögen' – *má* ⌈*mátt*⌉ – *megum* – *mátta* ⌈*mætta*⌉ – *mátt* (woneben selten *megat*) n.

(10) (*knáttu* Inf. Prät. [§ 37.2, Anm. 28]) 'können' – *kná* ⌈*knátt*⌉ – *knegum* – *knátta* ⌈*knætta*⌉ – unbezeugt.

Selten begegnen auch schwache Präteritalformen (1. P. Sg. Ind. *knáða* etc.).

§ 44.1. Präsens Aktiv

Paradigmata (Infinitiv): *eiga* (Nr. 2), *þurfa* (Nr. 5).

		Ind.	Konj.	Imp.	Ind.	Konj.	Imp.
Sg.	1. P.	*á*	*eiga*		*þarf*	*þurfa*	
	2. P.	*átt*	*eigir*	*eig*	*þarft*	*þurfir*	——
	3. P.	*á*	*eigi*		*þarf*	*þurfi*	
Pl.	1. P.	*eigum*	*eigim*	*eigum*	*þurfum*	*þurfim*	——
	2. P.	*eiguð*	*eigið*	*eigið*	*þurfuð*	*þurfið*	——
	3. P.	*eigu*	*eigi*		*þurfu*	*þurfi*	

Partizip I: *eigandi* m., *þurfandi* m.

a. Wie erwähnt (§44.0), entsprechen die Ausgänge des Indikativs und Konjunktivs Präsens im ganzen denen des Präteritums der starken Verba (Übersicht: § 37.0).

b. Das Nebeneinander der Formen *á*, *átt* : *eigum* etc. (zu *eiga* 'zu eigen haben, besitzen'; Nr. 2), *má*, *mátt* : *megum* etc. (zu *mega* 'vermögen'; Nr. 9) ist durch grammatischen Wechsel (s. § 39.0, Anm. 29) zu erklären.

Es handelt sich ursprünglich um die Alternation urgerm. */h/ : */g/ (z.B. aisl. *á* < **aih*, aisl. *átt* < **aiht*). – Das Nebeneinander von *kná*, *knátt* : *knegum* (zu *knáttu* Inf. Prät. 'können'; Nr. 10) ist wohl nicht ursprünglich (anzusetzen ist urgerm. **knǣa-* [?]).

c. Im Konjunktiv I ist meist kein *i*-Umlaut (§ 8.1) des Wurzelvokals (Präsens Pl. Ind.) eingetreten.

Bei *munu* 'werden' (Nr. 7) sowie *skulu* 'sollen, werden' (Nr. 8) treten indessen Formen mit Wurzelvokal /y/ auf; die 1. Person Sg. also *myna* (woneben *muna*) bzw. *skyla* (woneben *skula*) etc.

d. Der Wurzelvokalismus des Infinitivs entspricht ebenfalls durchwegs dem des Präsens Pl. Ind. – Bei *munu* 'werden' (Nr. 7) und *skulu* 'sollen, werden' (Nr. 8) handelt es sich formal um Infinitive Präteriti ('Infinitive II'), die formengleich mit der 3. Person Pl. Ind. sind (§ 37.2, Anm. 28).

Von Nr. 10 (*kná* 1./3. Pers. Sg. Präs. 'kann' etc.) ist nur der Infinitiv Prät. *knáttu* (in dieser grammatischen Funktion) belegt.

§ 44.2. Präteritum Aktiv

Paradigmata (Infinitiv): *eiga* 'zu eigen haben, besitzen' (Nr. 2), *þurfa* 'bedürfen, brauchen' (Nr. 5), *munu* 'werden' (Nr. 7).

		Ind.	Konj.	Ind.	Konj.	Ind.	Konj.
Sg.	1. P.	*átta*	*ætta*	*þurfta*	*þyrfta*	*munda/my°*	*mynda/mu°*
	2. P.	*áttir*	*ættir*	*þurftir*	*þyrftir*	*mundir/my°*	*myndir/mu°*
	3. P.	*átti*	*ætti*	*þurfti*	*þyrfti*	*mundi/my°*	*myndi/mu°*
Pl.	1. P.	*áttum*	*ættim*	*þurftum*	*þyrftim*	*mundum/my°*	*myndim/mu°*
	2. P.	*áttuð*	*ættið*	*þurftuð*	*þyrftið*	*munduð/my°*	*myndið/mu°*
	3. P.	*áttu*	*ætti*	*þurftu*	*þyrfti*	*mundu/my°*	*myndi/mu°*

Infinitiv Prät.: s. oben, § 37.2, Anm. 28; vgl. vorhin, sub d.

Partizip II: *áttr* m., *þurft* n.; von *munu* nicht bezeugt.

a. Die Ausgänge entsprechen im ganzen denen des Präteritums der schwachen Verba (Übersicht: § 41.0).

Im Präteritum von *muna* ‘denken an, sich erinnern’ (Nr. 6) erscheinen für die klass.-aisl. Formen *munð̲°* (Konj. *mynð̲°*) ab dem späten 13. Jahrhundert die spät-aisl. Formen *mund̲°* (Konj. *mynd̲°*; vgl. § 43.0). – Es kommt also zu einem Zusammenfall mit dem Präteritum-Paradigma von *munu* ‘werden’ (Nr. 7).

b. Wo möglich, zeigt sich im Teilparadigma des Konjunktivs II durchgehend *i*-Umlaut (§ 8.1) des Wurzelvokals (Präteritum Sg./Pl. Ind.).

Bei *skulu* ‘sollen, werden’ (Nr. 8) sind die umgelauteten Formen auch in den Indikativ gedrungen: 1. Pers. Sg. Ind. = Konj. *sky̲lda*, 2. Pers. Sg. Ind. = Konj. *sky̲ldir* etc.

Bei *munu* ‘werden’ (Nr. 7) hat Vermischung der indikativischen und konjunktivischen Formen stattgefunden (s. vorhin).

c. Die Präteritalformen *kunn°* (= got. *kunþ̲°*), Konj. *kynn°* (zu *kunna* ‘können’ [Nr. 3]) bzw. *unn°*, Konj. *ynn°* (zu *unna* ‘lieben’ [Nr. 4]) sind durch Assimilation urn. /nþ/ > an. /nn/ zu erklären.

§ 44.3. Mediopassiv

Mediopassivische Formen von Präteritopräsentia sind nicht übermäßig häufig bezeugt (und fehlen aus funktional-semantischen Gründen bei den ausschließlich als Modal- bzw. Auxiliarverba fungierenden Präteritopräsentia überhaupt), sodaß es kaum opportun ist, vollständige Paradigmata aufzulisten. – Soweit belegt, folgen die Bildungen ohnehin bekannten (und bereits behandelten) Mustern; s. die Übersichten § 38.0.2 (Präsens) bzw. § 41.0.2 (Präteritum).

Beispiele (jeweils 3. Pers. Pl. Präs. Ind. und 3. Pers. Pl. Prät. Ind.): Nr. 1 (*vita*): *vitusk*, *vissusk* (zu *vitask* Inf. ‘voneinander wissen’). – Nr. 2 (*eiga*): *eigusk*, *áttusk* (zu *eigask við* Inf. ‘miteinander zu tun haben’). – Nr. 3 (*kunna*): *kunnusk* (zu *kunnask* Inf. ‘einander kennen’).

Anm. 32 (zu den in manchen Grammatiken gesondert behandelten drei ‘*v*-Verba’):

(1) *vera* (älter: *vesa*) starkes Verb V,1 ‘sein’ s. § 37.1 und ebd. sub e (Präsens), § 39.5.a (Präteritum).

(2) *vilja* schwaches Verb Ia ‘wollen’ s. § 41.1.e (Präsens), § 43.1.b (Partizip II).

(3) *valda* ‘bewirken’ geht im Präsens wie ein starkes Verb (Sg. 1. Pers. *veld*, 2./3. Pers. *veldr*, Pl. 1. Pers. *vǫldum* etc.; vgl. § 37.1), bildet aber ein

schwaches Präteritum (Sg. 1. Pers. *olla/olda*, daneben auch analogisch *volla/volda* etc.). Das Partizip II lautet *valdit/voldit* n., spät auch *ollat*.

§ 45. Exkurs: Analytisch gebildete Verbalformen

§ 45.0. Allgemeines: An sich gehört die Beschreibung von analytisch gebildeten (‘zusammengesetzten’) Tempus- und Diathesenformen in den Syntax-Abschnitt einer Grammatik: schließlich handelt es sich um Syntagmen (und nicht um Formen éines Wortes). Da die gegenständlichen Formensätze jedoch paradigmatische Positionen einnehmen (‘periphrastische Konjugation’), ist indessen die Berechtigung gegeben, an dieser Stelle auf die Bildung der vier Tempora Perfekt, Plusquamperfekt, Futur I und Futur II (§ 45.1) sowie der Diathese Passiv (§ 45.2) im Altisländischen einzugehen.

§ 45.1. Tempora

a. Die aktivischen Formen des Perfekts bzw. des Plusquamperfekts werden gebildet aus den Präsens- bzw. Präteritalformen des Auxiliarverbs *hafa* ‘haben’ (bzw. auch *vera* ‘sein’ bei einigen Intransitiva) in Verbindung mit dem Partizip II des betreffenden Verbs.

Beispiele aus den Paradigmata von *kalla* ‘rufen’, *fara* ‘fahren’:

– Indikativ	(transitives Vb.)	(intransitives Verb)
1. Pers. Sg. Perfekt	*ek hefi kallat*	*ek hefi farit* ∹ *ek em farinn, -in, -it* (m./f./n.)
3. Pers. Sg. m. Perfekt	*han hefir kallat*	*hann hefir farit* ∹ *hann er farinn* (m.)
3. Pers. Sg. f. Perfekt	*hon hefir kallat*	*hon hefir farit* ∹ *hon er farin* (f.)
1. Pers. Pl. Perfekt	*vér hǫfum kallat*	*vér hǫfum farit* ∹ *vér erum farnir, -nar, -in* (m./f./n.)
2. Pers. Du. Perfekt	*þit hafið kallat*	*þit hafið farit* ∹ *þit eruð farnir, -nar, -in* (m./f./n.)
3. Pers. Pl. n. Perfekt	*þau hafa kallat*	*þau hafa farit* ∹ *þau eru farin* (n.)
1. P. Sg. Plusquampf. etc.	*ek hafða kallat*	*ek hafða farit* ∹ *ek var farinn, -in, -it* (m./f./n.)

– Konjunktiv	(transitives Vb.)	(intransitives Verb)
1. Pers. Sg. Konj. I	*ek hafa kallat*	*ek hafa farit* ∺ *ek sjá/sé farinn, -in, -it* (m./f./n.)
1. Pers. Sg. Konj. II etc.	*ek hefða kallat*	*ek hefða farit* ∺ *ek væra farinn, -in, -it* (m./f./n.)

(1) In Verbindung mit (den Formen von) *hafa* zeigt das Partizip II in den Prosatexten normalerweise die neutrale (singularische) Form.

Ein älterer Typ tritt in der Dichtung (seltener hingegen in der Prosa) entgegen: hier kongruiert das Partizip II transitiver Verba mit dem direkten Objekt, z.B. *ek hefi hann* [Akk. Sg. m.] *kallað<u>an</u>* 'ich habe ihn gerufen', *hann hafði hana* [Akk. Sg. f.] *sén<u>a</u>* 'er hatte sie gesehen' (∺ *hann hafði sét hana*).

(2) Bei der Tempusbildung mit (den Formen von) *vera* + Partizip II kongruiert indessen das Partizip II mit dem Subjekt hinsichtlich Genus und Numerus.

Vgl. (neben den Beispielen vorhin) *þeir* [Pl. m.] *eru kom<u>nir</u>* 'sie sind gekommen', *þær* [Pl. f.] *eru kom<u>nar</u>* 'sie sind gekommen', *þau* [Pl. n.] *eru kom<u>in</u>* 'sie sind gekommen'.

b. Die aktivischen Formen des Futurs I werden gebildet aus den (Präsens-)Formen des Auxiliarverbs *munu* 'werden' (bzw. auch *skulu* in der 1. Person) in Verbindung mit dem Infinitiv des betreffenden Verbs.

Die aktivischen Formen des Futurs II werden gebildet aus den (Präsens-)Formen des Auxiliarverbs *munu* 'werden' (bzw. auch *skulu* in der 1. Person) in Verbindung mit dem Infinitiv des Auxiliarverbs *hafa* 'haben' (bzw. auch *vera* 'sein' bei einigen Intransitiva) und dem Partizip II des betreffenden Verbs.

B e i s p i e l e aus den <u>Paradigmata</u> von *kalla* 'rufen', *fara* 'fahren':

– Futur Indikativ	(transitives Verb)	(intransitives Verb)
1. Pers. Sg. Futur I	*ek mun kalla*	*ek mun fara*
1. Pers. Sg. Futur II etc.	*ek mun hafa kallat*	*ek mun hafa farit* ∺ *ek mun vera farinn, -in, -it* (m./f./n.)

– Futur Konj. I	(transitives Verb)	(intransitives Verb)
1. Pers. Sg. Futur I	*ek myna kalla*	*ek myna fara*
1. Pers. Sg. Futur II etc.	*ek myna hafa kallat*	*ek myna hafa farit* ∺ *ek myna vera farinn, -in, -it* (m./f./n.)

– Futur Konj. II	(transitives Vb.)	(intransitives Verb)
1. Pers. Sg. Futur I	*ek mynda kalla*	*ek mynda fara*
1. Pers. Sg. Futur II etc.	*ek mynda hafa kallat*	*ek mynda hafa farit* ∺ *ek mynda vera farinn, -in, -it* (m./f./n.)

c. Ein entsprechender Formensatz besteht naturgemäß auch für das Mediopassiv; die Bildungsweise ist aber ohnehin einsichtig, sodaß hier auf Beispielreihen verzichtet werden kann.

Zur Illustration nur vier Beispiele (aus dem Paradigma von *kalla* bzw. *kallask* Inf. 'sich nennen'): 1. Pers. Sg. Perfekt Ind. *ek hefi kallazk*; 1. Pers. Sg. Konjunktiv II *ek hefða kallazk*; 3. Pers. Pl. Plusquamperfekt Ind. *þeir hǫfðu kallazk*; 1. Pers. Sg. Futur I Ind. *ek mun kallazk*.

§ **45.2.** Passiv

Die passivischen Präsens- und Präteritalformen werden gebildet aus den Formen des Auxiliarverbs *vera* 'sein' (bzw. weniger häufig auch *verða* 'werden') in Verbindung mit dem Partizip II.

Beispiele aus dem Paradigma von *kalla* 'rufen':

– Indikativ	
1. Pers. Sg. Präsens Ind.	*ek em kallaðr* ∺ *ek verð kallaðr*
1. Pers. Sg. Präteritum Ind.	*ek var kallaðr* ∺ *ek varð kallaðr*
1. Pers. Sg. Perfekt Ind.	*ek hefi verit kallaðr*
1. Pers. Sg. Plusquamperfekt Ind.	*ek hafða verit kallaðr*
1. Pers. Sg. Futur I Ind.	*ek mun vera* (∺ *verða*) *kallaðr*
1. Pers. Sg. Futur II Ind.	*ek mun hafa verit kallaðr* (m.)

– Konjunktiv	
1. Pers. Sg. Präsens Konj. I	*ek sjá/sé* (∺ *verða*) *kallaðr*
1. Pers. Sg. Präsens Konj. II etc.	*ek væra* (∺ *yrða*) *kallaðr*

(1) Bei dem mit *vera* + Partizip II gebildeten Passiv sind zwei Lesarten zu unterscheiden:

— stativ-resultativ ('Zustandspassiv', Typ *hann var drepinn* 'er war erschlagen'),

— prozessual (‘Vorgangspassiv’, Typ *hann var drepinn* ‘er wurde erschlagen’).

(2) Das mit *verða* + Partizip II gebildete Passiv hingegen tritt ausschließlich als ‘Vorgangspassiv’ entgegen (Typ *hann varð drepinn* ‘er wurde erschlagen’).

Anm. 33: Die Bildungsweise der konjunktivischen Formen (4 × 2 Sätze) ist einsichtig, sodaß hier auf weitere Beispiele verzichtet werden kann.

Literatur: Kristian Emil Kristoffersen, Passiv i norrønt og nyislandsk – ei samanlikning. In: Norsk Lingvistisk Tidsskrift 12 (1994), 43–67 (mit Literatur).

***

Anm. 34: 1. In der Dichtung treten die beiden ‘Füllwörter’ *of* und *um* frequent entgegen. Bei diesen meist nur metrisch bedeutsamen Partikeln handelt es sich um abgelöste ehemalige Präfixe, die nicht Gegenstand einer Formenlehre sind.

2. Auf Fragen der Wortbildung (in der Hauptsache Komposition und Derivation) braucht hier ebenfalls nicht eingegangen zu werden. Das Lexikon der Korpussprache Altisländisch ist abgeschlossen, und die Gesamtheit ‘unmittelbarer Konstituenten’ bzw. Wortbildungsbedeutungen ist darin enthalten.

IV. Zur Syntax

Gemäß dem Charakter dieses Bandes als Erstbehelf zur Arbeit an altisländischen Texten beinhaltet der folgende Abschnitt keine abgeschlossene 'Satzlehre', sondern bietet lediglich eine Art Wegweiser: behandelt sind ausgewählte syntaktische Charakteristika des Altisländischen, und zwar im wesentlichen kontrastiv zum Neuhochdeutschen. – Für nähere Einzelheiten bzw. weiterführende Informationen ist auf die im Text genannte Spezialliteratur sowie auf einschlägige Standardwerke (s. Abschnitt VIII: Bibliographie) zu verweisen, ferner etwa auf folgende kürzere, doch recht gehaltvolle Darstellungen: Jan Terje Faarlund, Old and Middle Scandinavian. In: The Germanic Languages, ed. Ekkehard König / Johan van der Auwera (London – New York 1994), 38–71: 54 ff.; ders., The syntax of Old Nordic. In: The Nordic Languages. An International Handbook of the History of the North Germanic Languages, ed. Oskar Bandle et al. I (= Handbücher zur Sprach- und Kommunikationswissenschaft 22,1; Berlin – New York 2002), 940–950; Marit Aamodt Nielsen, Syntaktische Entwicklung. In: Altnordische Philologie. Norwegen und Island, ed. Odd Einar Haugen (Berlin – New York 2007), 391–431: 406 ff.

Die unten zitierten Texte sind wie folgt abgekürzt: Akv. = *Atlakviða*; Am. = *Atlamál*; Auð. þ. = *Auðunar þáttr vestfirzka*; Bandam. s. (M) = *Bandamanna saga* (in M, i.e. *Mǫðruvallabók*); Bdr. = *Baldrs draumar*; Br. = *Brot af Sigurðarkviðu*; Dropl. s. = *Droplaugarsona saga*; Eg. s. = *Egils saga Skalla-Grímssonar*; Eir. s. = *Eiríks saga rauða*; Er. s. = *Erex saga*; Gautr. s. = *Gautreks saga konungs*; Ghv. = *Guðrúnarhvǫt*; Gísla s. = *Gísla saga Súrssonar*; Gr. s. = *Grettis saga Ásmundarsonar*; Grm. = *Grímnismál*; Gunnl. s. = *Gunnlaugs saga ormstungu*; Hfr. s. = *Hallfreðar saga vandræðaskálds*; Hárb. = *Hárbarðslióð*; Háv. = *Hávamál*; Herv. s. = *Hervarar saga ok Heiðreks konungs*; HHv. = *Helgakviða Hiǫrvarðssonar*; Hkr. = *Heimskringla* (darin: HH = *Haralds saga ins hárfagra*, OH = *Ólafs saga ins helga*); Hm. = *Hamðismál*; Hrafnk. s. = *Hrafnkels saga Freysgoða*; Hrólfs s. = *Hrólfs saga kraka ok kappa hans*; Hœns. s. = *Hœnsa-Þóris saga*; Ísl. = Ari Þorgilsson, *Íslendingabók*; Laxd. s. = *Laxdœla saga*; Ls. = *Lokasenna*; Mág. s. = *Mágus saga jarls* (kürzere Version); Maríu s. = *Maríu saga*; Nj. s. = *Brennu-Njáls saga*; (Pr. = Prosapassage eines Eddalieds;) Ragn. s. = *Ragnars saga loðbrókar*; Rþ. = *Rígsþula*; SnE = *Snorra Edda* (darin: Gylf. = *Gylfaginning*, Sk. = *Skáldskaparmál*); Vígl. s. = *Víglundar saga ok Ketilríðar*; Vkv. = *Vǫlundarkviða*; Vǫls. s. = *Vǫlsunga saga*; ǪO. s. = *Ǫrvar-Odds saga*. – Bei Prosatexten sind Kapitel, bei poetischen Texten Strophen und Verse angegeben.

IV.1. Morphosyntax

§ 46. Nominalkategorien

§ 46.0. An paradigmatischen Kategorien nominaler Wortarten werden im folgenden behandelt: Kasus (§ 46.1) und Gradus (§ 46.2).

§ 46.1. Kasus

In den meisten Fällen zeigen die nominalen Kasus syntaktische Beziehungen zu anderen Wörtern im Satz an (z.B. adverbal: Objekt, adnominal: Attribut) und 'bedeuten' mithin an sich nichts ('grammatische Kasus'). Daneben werden aber auch funktionsspezifische Bedeutungen greifbar ('konkrete Kasus' mit semantischer Funktion, z.B. partitiver Genetiv, instrumentaler Dativ); Grund- oder Gesamtbedeutungen der einzelnen altisländischen Kasus sind indessen nicht zu ermitteln.

a. Die adverbale Funktion des Genetivs ist weitaus stärker ausgeprägt als im Neuhochdeutschen: eine nicht unbeträchtliche Anzahl altisländischer Verba regiert einen Objektsgenetiv, z.B. *brœðra at hefna* 'die Brüder zu rächen' (Akv. 43,4), *Slagfiðr leitaði Svanhvítar* 'S. suchte S.' (Vkv. Pr.).

Im Altisländischen treten alle drei Objektskasus (Genetiv, Dativ, Akkusativ) einigermaßen frequent entgegen.

Der attributive Genetiv drückt u.a. folgende Relationen aus:

(1) partitiv: *þar kom ok mikit fólk hrímþursa* 'dorthin kam auch eine große Schar an Reifriesen' (SnE, Gylf. 49), *Jarl ól við konu sinni eina dóttur barna* 'der Jarl zeugte mit seiner Frau eine Tochter an Kindern' (Vígl. s. 2);

(2) qualitativ: *mikils háttar maðr* 'ein Mann von großer Bedeutung'; ferner (wie vom Neuhochdeutschen gewohnt) auch

(3) possessiv: *sverð konungs* 'das Schwert des Königs' und

(4) auktorial: *sonr Hróðbjarts* 'Sohn Hr.s' etc.

Der adnominale Genetiv steht häufiger nach als vor dem näher bestimmten Substantiv.

b. Der altisländische Dativ zeigt nicht selten das direkte Objekt an (wobei bisweilen ein älterer instrumentaler Bezug durchscheint), z.B. *skjóta spjóti* 'den Speer werfen (mit dem Speer werfen)', *Gísli fleygði* *honum ofan fyrir hamarinn* 'G. warf ihn über die Klippe hinunter' (Gísla s. 36).

Durch den Dativ wird ferner (wie vom Neuhochdeutschen gewohnt) auch das indirekte Objekt gekennzeichnet, z.B. *Níðuðr konungr gaf dóttur sinni, Bǫðvildi, gullhring* 'König N. gab seiner Tochter, B., den Goldring' (Vkv. Pr.).

In manchen Fällen tritt auch eine 'unverhüllte' instrumentale Kasusbedeutung entgegen, z.B. *Annarri hendi tekr hann enn øfra kjǫpt úlfsins* 'mit der anderen Hand ergreift er den Oberkiefer des Wolfs' (SnE, Gylf. 51).

Adnominal steht der Dativ als nähere Bestimmung zu einem Adjektiv, z.B. *hann var furðuliga mikill vexti* 'er war ungewöhnlich groß von Wuchs (in bezug auf Wuchs)' (Gautr. s. 6).

Mit dem Komparativ verbindet sich ein Dativ des Unterschieds, z.B. *Hafði Sigmundr lið miklu minna* 'S. hatte eine viel (um vieles) kleinere Streitmacht' (Vǫls. s. 11), etwas seltener auch ein Dativ des Vergleichs, z.B. *Eldi heitari* 'heißer als Feuer' (Háv. 51,1) etc.

c. Wie im Neuhochdeutschen kennzeichnet der Akkusativ auch im Altisländischen das direkte Objekt (abhängig von einem transitiven Verb).

Daneben wird der Akkusativ auch als Adverbialkasus gebraucht:

(1) temporal *Ormarr reið dag ok nótt* 'O. ritt Tag und Nacht' (Herv. s. 10), *einn dag* 'eines Tages';

(2) lokal *hann reið* [...] *døkkva dala ok djúpa* 'er ritt [...] durch dunkle und tiefe Täler' (SnE, Gylf. 49); ferner

(3) modal (übertragen): *þann veg er* 'so (wörtlich: auf den Weg, auf die Weise) steht es' etc.

Zur Konstruktion *accusativus cum infinitivo* (AcI) s. unten, § 50.

Literatur: Kristian Emil Kristoffersen, Kasus, Semantiske roller og Grammatiske funksjonar i norrønt (Oslo 1991 = 1994), 30 ff.

§ **46.2.** Gradus

Durch Komparation (Graduierung) werden Gradunterschiede der durch das Adjektiv bezeichneten Eigenschaften von Lebewesen, Objekten oder Sachverhalten angezeigt.

a. Der Komparativ bezeichnet den graduellen Unterschied einer Eigenschaft zwischen zwei vergleichbaren Werten.

Hinweis: Komparativformen werden ausschließlich nach der schwachen Adjektivflexion (nach Typ IIb; § 21.2) gebildet.

b. Der Superlativ bezeichnet zum einen den höchsten Grad einer Eigenschaft unter mehr als zwei vergleichbaren Werten (relativer Superlativ), z.B. *Hrólfr konungr* [...] *var mestr maðr á Norðrlǫndum* 'König Hr. war [...] der bedeutendste Mann in den Nordländern' (SnE, Sk. 43).

Zum anderen kann ein sehr hoher Grad (absoluter Superlativ, Elativ) in folgenden Fällen angezeigt werden:

(1) Bestimmter Artikel + (schwach flektiertes) Adjektiv + Substantiv, z.B. *Víkarr konungr gjǫrðizt* [...] *hinn mesti hermaðr* 'König V. wurde [...] ein äußerst bedeutender Kriegsmann' (Gautr. s. 4).

Dagegen relativer Superlativ bei zusätzlicher Adverbialbestimmung, z.B. *ek hefi þat sannspurt, at þangat séu komnir inir mestu kappar á Norðrlǫndum* '..., daß dorthin die besten Kämpfer in den Nordländern gekommen seien' (Hrólfs s. 22).

(2) Substantiv im partitiven Genetiv + (stark flektiertes) Adjektiv, z.B. *Hǫfundr var manna vitrastr* 'H. war ein ungemein weiser Mann' (Herv. s. 5).

Dagegen relativer Superlativ in erweiterten Nominalgruppen des Typs *Haraldr var allra manna vitrastr* 'H. war der weiseste aller Menschen' (Vígl. s. 1). – Die Übergänge zwischen relativem und absolutem Superlativ sind fließend.

Der höchstmögliche Grad wird mit Hilfe von lexikalischen Mitteln ausgedrückt, und zwar durch *sem* + Superlativ 'so ... wie (möglich)', z.B. *Hrappr spratt á fætr sem skjótast* 'Hr. sprang so schnell wie möglich auf die Füße' (Nj. s. 87).

§ 47. Verbalkategorien

§ 47.0. An paradigmatischen Kategorien des Verbs werden im folgenden behandelt: Tempus (§ 47.1), Modus (§ 47.2) und Diathese (§ 47.3).

§ 47.1. Tempus

Durch die Kategorie Tempus wird die zeitliche Relation zwischen sprachlicher Äußerung und geäußertem Sachverhalt gekennzeichnet, Sprechzeit und Geschehens- bzw. Seinszeit werden miteinander in Beziehung gesetzt. – Die Problematik des Verhältnisses von Tempusformen und Tempusbedeutungen lasse ich in diesem Rahmen unerörtert. In Ansatz und Terminologie stütze ich mich hier (wie auch in dem folgenden Unterparagraphen) auf Karl Erich Heidolph et al., Grundzüge einer deutschen Grammatik (Berlin 1981), 507 ff.

a. In der altisländischen Sagaprosa wechselt das Erzähltempus häufig und plötzlich zwischen historischem Präsens und Präteritum (Merkmale ‘verlaufend’ und ‘vergangen’), ohne daß dabei wirklich stringente Regeln auszumachen sind.

Beispiel: *þangat gengr*$_{\text{Präs}}$ *hann, sem hann heyrir*$_{\text{Präs}}$ *hundinn geyja, þvíat honum þótti*$_{\text{Prät}}$ [...]. *Því næst sér*$_{\text{Präs}}$ *konungr húsabæ lítinn; þat sá*$_{\text{Prät}}$ *hann, at maðr stóð*$_{\text{Prät}}$ *úti ok hellt*$_{\text{Prät}}$ *á viðarøxi. Þegar hann sér*$_{\text{Präs}}$*, at konungr stefnir*$_{\text{Präs}}$ *til bæjar, hleypr*$_{\text{Präs}}$ *hann at ok drepr*$_{\text{Präs}}$ *hundinn ok mællti*$_{\text{Prät}}$: [...]. ‘dorthin geht$_{\text{Präs}}$ er, wo er den Hund bellen hört$_{\text{Präs}}$, denn ihm schien$_{\text{Prät}}$ [...]. Gleich darauf sieht$_{\text{Präs}}$ der König ein kleines Gehöft; das sah$_{\text{Prät}}$ er, daß ein Mann draußen stand$_{\text{Prät}}$ und eine Holzaxt festhielt$_{\text{Prät}}$. Sobald er sieht$_{\text{Präs}}$, daß der König auf den Hof zusteuert$_{\text{Präs}}$, stürzt$_{\text{Präs}}$ er los und erschlägt$_{\text{Präs}}$ den Hund und sagte$_{\text{Prät}}$: [...].’ (Gautr. s. 1).

(Weiterführende ältere) Literatur: Ulrike Sprenger, Praesens historicum und Praeteritum in der altisländischen Saga. Ein Beitrag zur Frage Freiprosa-Buchprosa (Basel 1950).

b. Das Präteritum kann auch statt des analytisch gebildeten Plusquamperfekts (§ 45.1.a) stehen, um Vorvergangenheit auszudrücken (Begrenzung des vergangenen Geschehens angezeigt; Merkmale ‘vollzogen’ und ‘vergangen’), und zwar nicht nur in abhängigen Sätzen, sondern auch in Hauptsätzen.

Beispiele: 1. Nebensatz: *réð ec þær rúnar, er reist þín systir* ‘ich verstand die Runen, die deine Schwester ritzte’ (‘geritzt hatte’; Am. 11,5–6). – 2. Hauptsatz: [*Þórir*] *hafði þegit vist of vetrinn með Þorsteini. Auðunn var ok þar ok starfaði fyrir honum Þóri* ‘[Th.] hatte den Winter über bei Th. Quartier bekommen. A. war auch dort und arbeitete für ihn, Th.’ (‘war gewesen’, ‘hatte gearbeitet’; Auð. þ. 1).

c. Das analytisch gebildete Perfekt (§ 45.1.a) zeigt eine Begrenzung des vergangenen Geschehens an (‘vollzogen’ und an sich ‘zeitindifferent’), das zum Teil als ‘in die Gegenwart hineinwirkend’, zum Teil auch als ‘vergangen’ interpretiert wird.

Beispiel: *Nú er hér kominn Egill; hefir hann ekki leitat til brotthlaups í nótt* ‘Nun ist E. hierhergekommen; er hat nicht versucht, in der Nacht zu fliehen’ (Eg. s. 60).

d. Wie im Neuhochdeutschen charakterisieren Futur I und Futur II den durch die Aussage bezeichneten Sachverhalt als ‘erwartet’ bzw. ‘vorausgesagt’.

§ 47.2. Modus

Durch die Kategorie Modus wird eine Stellungnahme des/der Sprechenden zum Wirklichkeitswert des geäußerten Sachverhalts ausgedrückt (Indikativ 'allgemein gültig' : Konjunktiv 'eingeschränkt gültig', daneben Imperativ '[erst] zu verwirklichen').

Wie im Neuhochdeutschen besteht auch im Altisländischen zwischen Konjunktiv I ('Präsens') und Konjunktiv II ('Perfekt') keine unmittelbare temporale Differenzierung. In selbständigen Sätzen hat der Konjunktiv I im wesentlichen optativ-volitiven Charakter ('gewünscht, gefordert', auch den Imperativ ergänzend), der Konjunktiv II hingegen potentialen bzw. irrealen Charakter ('denkmöglich' bzw. 'nur denkmöglich, unmöglich').

Beispiele: 1. Konjunktiv I: *friðr sé með yðr* 'Friede sei mit euch', *haldi Hel, því er hefir* 'Hel behalte, was sie hat' (SnE, Gylf. 49 [Str. 50]), *Standi menn upp ok taki hann* 'Die Männer sollen aufstehen und ihn ergreifen, man stehe auf und ergreife ihn' (Nj. s. 87). – 2. Konjunktiv II: *ok væri makligt, at þú værir af lífi tekinn* 'und es wäre angemessen, daß dir das Leben genommen würde' (Hrólfs s. 2), *Af væri nú haufuð, ef Erpr lifði* 'Ab wäre nun das Haupt, wenn E. lebte' (Hm. 28,1–2).

Über den Konjunktiv im abhängigen Satz s. unten, § 52.3.

§ 47.3. Diathese

Die Kategorie Diathese (Genus verbi) ermöglicht dem/der Sprechenden, einen Sachverhalt aus unterschiedlicher Handlungs- bzw. Geschehensperspektive auszudrücken. Neben dem Aktiv (Merkmal 'agensbezogen') und dem Passiv ('patiensbezogen') hat das Altisländische ein drittes, mittleres Verbalgenus, das sogenannte Mediopassiv (an sich sowohl 'agensbezogen' als auch 'patiensbezogen', m.a.W. 'reflexiv'), vgl. nhd. *ich wasche Jakob* : *Jakob wird gewaschen* : *Jakob wäscht sich*.

Formal ist das Mediopassiv durch Enklise der Pronomina *mik* 'mich' und *sik* 'sich' (> *-mk*, *-sk* im Schwachton) an indikativische Verbalformen entstanden: urn. **finnu mik*, *finniʀ sik* 1./3. Pers. Sg. Präs. Ind. 'finde mich', 'findet sich' > an. aisl. *finnu-mk*, *finn-sk* etc.

Bisweilen konkurrieren im Altisländischen 'zusammengefügte' mit 'nicht zusammengefügten' Formen, z.B. *hann lagði sik niðr* : *hann lagðisk niðr* 'er legte sich nieder'. – Aus den reflexiven *-sk*-Formen des Altnordischen hat sich das *s*-Passiv der modernen kontinentalskandinavischen Sprachen (dän. *her tales dansk* 'hier wird Dänisch gesprochen' etc.) entwickelt.

Die Mediopassiv-Formen des Altisländischen haben (drei bzw.) vier Lesarten:

(1) Reflexiv (mit hoher Frequenz): *Hallgerðr hœldisk jafnan um víg Svarts* ‘H. rühmte sich fortwährend des Totschlags von S.’ (Nj. s. 36), *hann eignaðisk* (: *eignaði sér* [Dativrektion!]) *bæði land ok konungdóm* ‘er eignete sich sowohl das Land als auch die Königswürde an’ (Vǫls. s. 2) etc.

(2) Reziprok (Typ *finnask* ‘sich finden, sich treffen’ → ‘einander begegnen’): *fréttust þeir tíðenda* ‘sie fragten einander nach Neuigkeiten’ (Laxd. s. 79), *þá drepask brœðr fyrir ágirni sakar* ‘da erschlagen sich Brüder gegenseitig aus Habgier’ (SnE, Gylf. 51) etc.

(3) Passivisch (Typ *finnask* ‘sich finden, sich zeigen’ → ‘vorhanden sein’): *Ísland bygþesc* (= klass.-aisl. *byggðisk*) *fyrst ýr Norvege á dǫgom Haralds ens hárfagra* ‘Island wurde zuerst von Norwegen aus besiedelt in den Tagen H.s des Haarschönen’ (Ísl. 1) etc.

In den frühen altisländischen Texten ist passivische Bedeutung sonst noch wenig frequent.

(4) Aktivisch (selten): *Henni hugnaðisk þat vel* ‘ihr gefiel das gut’ (Laxd. s. 16), vgl. auch formal aktivisches *Þorbirni hugnaði þat illa* ‘Th. gefiel das schlecht’ (Gísla s. 2) etc.

In manchen Fällen ist indessen die ‘systematische’ (reflexive bzw. reziproke) Begrifflichkeit nicht mehr ohne weiteres einsichtig; Beispiele: *friðr settisk* ‘Friede „setzte sich“’ → ‘nahm Aufenthalt’ → ‘trat ein’; *einfœtingr* [...] *skauzk ofan* ‘der Einfüßer „schoß sich, warf sich“ von oben herab’ → ‘bewegte sich schnell’ → ‘sprang’ (Eir. s. 12).

Nur scheinbares Mediopassivum liegt vor, wenn das suffigierte *-m(i)k* bzw. *-s(i)k* ‘verstecktes’ Subjekt einer Konstruktion *accusativus cum infinitivo* (s. unten, § 50) ist: *son kvez eiga* (in ‘gerader’ Wortfolge: *kvez son eiga*) ‘er sagt, daß er einen Sohn habe’ (Rþ. 36,6).

Aus der umfangreichen Literatur zum Thema Mediopassiv nenne ich hier nur stellvertretend: Kurt Braunmüller, Syntaxtypologische Studien zum Germanischen (= Tübinger Beiträge zur Linguistik 197; Tübingen 1982), 242 ff. (mit Literatur); Bernardo Christophe, Zur Kategorie der Diathese in den skandinavischen Sprachen: Versuch einer sprachhistorischen Interpretation. In: Norsk Lingvistisk Tidsskrift 19 (2001), 207–228. – Von allgemeinem Interesse ist ferner vor allem Elisabeth Leiss, Die Verbalkategorien des Deutschen. Ein Beitrag zur Theorie der sprachlichen Kategorisierung (= Studia Linguistica Germanica 31; Berlin – New York 1992).

IV.2. Einfacher Satz

§ 48. **Satzgliedfolge** (Hauptkonstituentenstellung)

§ 48.1. Im ganzen gesehen, ist die Satzgliedfolge im Altisländischen – wie auch in anderen Sprachen mit reich ausgebildeter Flexionsmorphologie – relativ frei, freier auch als etwa im Neuhochdeutschen. Da die Beziehungen zwischen den einzelnen Satzkonstituenten nur in beschränktem Umfang durch Folgeregularitäten ausgedrückt werden, ist die Topologie des altisländischen Satzes nicht unwesentlich von (kommunikativ-)pragmatischen Faktoren mitbestimmt.

Spezialliteratur zu Art und Ausmaß der 'Konfigurationalität' des Altisländischen: Jan Terje Faarlund, Syntactic Change. Toward a Theory of Historical Syntax (= Trends in Linguistics, Studies and Monographs 50; Berlin – New York 1990), 86 ff. (das Altisländische sei eine nicht-konfigurationale Sprache, für die u.a. der fehlende Verbalknoten charakteristisch sei: Subjekt und Objekt befänden sich hierarchisch auf éiner syntaktischen Stufe); dagegen Eiríkur Rögnvaldsson, Old Icelandic: A Non-Configurational Language? In: North-Western European Language Evolution 26 (1995), 3–29 (das Altisländische sei wie das Neuisländische eine konfigurationale Sprache).

§ 48.2. a. Typologisch gesehen, ist das Altisländische an sich eine „V2"-Sprache: im unmarkierten selbständigen Aussagesatz steht das finite Verb an zweiter Stelle (Kernsatz); im Vorfeld (an topischer Position) befindet sich höchstens eine Konstituente.

Im Grundtyp ist das Vorfeld mit dem Subjekt besetzt (Folge Subjekt – finites Verb – Objekt): *Hann átti tvá sono oc eina dóttur* 'er hatte zwei Söhne und eine Tochter' (Vkv. Pr.).

Topikalisiert können etwa Adverbial (*Eigi má nú við ǫllu sjá* 'nicht kann [man] nun auf alles achten'; Gr. s. 52), Infinitum (*Þakka viljum vér yðr* 'danken wollen wir Euch'; Laxd. s. 40), Prädikatsadjektiv (*Allmikill er fyrir sér Útgarðaloki* 'sehr mächtig ist U.'; SnE, Gylf. 48) und direktes Objekt (*Víg hefi ek at segja þér* 'einen Totschlag habe ich dir mitzuteilen'; Nj. s. 36) auftreten ('markierte Thematisierung'): in diesen Fällen rückt das Subjekt in das Mittelfeld des Satzes (meist hinter das finite Verb).

b. Häufig begegnet jedoch im 'gewöhnlichen' Aussagesatz auch die Spitzenposition des finiten Verbs („V1"; Stirnsatz): es kommt zu einer Subjekt-Verb-Inversion.

Beispiel: *Hákon fór norðr til Þrándheims; var hann þar til konungs tekinn; váru þeir Eiríkr um vetrinn báðir konungar í Nóregi* 'H. fuhr nordwärts nach Trondheim; er wurde dort zum König erhoben; sie, E. (und H.), waren den Winter über beide Könige in Norwegen' (Eg. s. 59).

Stirnsätze in altisländischen (Prosa-) Texten haben vielfach narrativ anknüpfende Funktion (sog. konnektive Inversion, Heuslers „Fortsetzungsstellung"), z.B. *Setr Melkorka þar bú saman; fær Hǫskuldr þar til bús allt þat, er hafa þurfti* 'M. gründet dort einen Hausstand; H. beschafft für die Wohnstätte dort all das, was man haben mußte' (Laxd. s. 13). Besonders häufig zeigt sich Erststellung des Finitums auch in koordinierten Sätzen, z.B. *Hrosskell þakkaði konungi gjafirnar, ok skildu þeir með mikilli vináttu* 'Hr. dankte dem König für die Geschenke, und sie schieden in inniger Freundschaft' (Gautr. s. 8), und auch sonst ist „V1" im Hauptsatz nicht selten (auf die Erörterung der 'Kontextbedingungen' bzw. der Frequenz der einzelnen Typen kann hier verzichtet werden).

Anm. 35: Fragesätze (Typen *Hví ertu svá fǫlr?* 'Warum bist du so blaß?'; *Ertu sárr?* 'Bist du verwundet?') sowie Befehlssätze (Typ *Þegi þú, Iðunn!* 'Schweige du, I.!') gehorchen denselben Folgeregularitäten wie im Neuhochdeutschen.

c. Im Hauptsatz tritt Endposition des finiten Verbs („V3"; Spannsatz) so gut wie nie entgegen.

Zu den Verhältnissen im Nebensatz s. unten, § 52.2.

§ 48.3. Was die übrige Topologie des altisländischen Hauptsatzes betrifft, so ist die Serialisierung der Konstituenten im Mittel- bzw. Nachfeld (nach dem finiten Verb) relativ frei.

Hier nur zwei Beispiele für vom Neuhochdeutschen abweichende Stellungen des direkten Objekts: 1. Ein Adverbial kann vor das direkte Objekt treten (*Óðinn lagði á bálit gullhring þann, er Draupnir heitir* 'O. legte den Goldring, der D. heißt, auf den Scheiterhaufen'; SnE, Gylf. 49). – 2. Das direkte Objekt kann sich auch beträchtlich vom (regierenden) Finitum entfernen (*skyldi Sǫrli ok Hamðir hǫggva af honum hendr ok fœtr* 'S. und H. sollten ihm Hände und Füße abhauen'; SnE, Sk. 41).

Hinweise: 1. Einzelne Bemerkungen zur Wortfolge innerhalb von Nominalgruppen in § 49.1 (Possessivum); § 46.1.b, § 49.2.c (Genetivattribut); § 49.3 (attributives Adjektiv).

2. Wortfolge und Satzgliedfolge sind in der eddischen Dichtung naturgemäß freier als in der Prosa; die hochformalistische Skaldik kennt überhaupt kaum Beschränkungen.

§ 49. Nominalgruppen

§ 49.0. An Syntagmen mit einem Substantiv als Kern werden im folgenden behandelt: Substantiv und Possessivpronomen (§ 49.1), Substantiv und bestimmter Artikel (§ 49.2), Substantiv und Adjektiv (§ 49.3); ferner wird auf Appositivkonstruktionen des Typs *þeir N. N.* (§ 49.4) eingegangen.

§ 49.1. Substantiv und Possessivpronomen

Das Altisländische hat zwei Possessiva der dritten Person: *sinn – sín – sitt* zeigt in der Regel Koreferenz zum Subjekt des Satzes an ([+reflexiv] wie lat. *suus*); *hans – hennar – þess* wird gebraucht, wenn keine Referenzidentität vorliegt ([–reflexiv] wie lat. *eius*), z.B. *Herra Erex*$_1$ *tekr nú sín*$_1$ *herklæði ok þeira*$_2$ *hesta* 'Herr Erex$_1$ nimmt nun seine$_1$ Rüstung und ihre$_2$ [scil. Erex' und Evidas] Pferde' (Er. s. 7), *Þetta sér húsbóndinn*$_1$, *tekr nú hest hans*$_2$ *ok* ... 'Dies sieht der Hausherr$_1$, nimmt nun sein$_2$ [scil. Erex'] Pferd und ...' (Er. s. 3).

Abweichend zum Neuhochdeutschen sind Genus und Numerus des Possessivpronomens *sinn* unabhängig vom Subjekt: *Erex*$_1$ *tekr klæði sín*$_1$, *Evida*$_1$ *tekr klæði sín*$_1$, *menn*$_1$ *taka klæði sín*$_1$ (*sín* jeweils Akk. Pl. n.!) 'E.$_1$ nimmt seine$_1$ Kleider, E.$_1$ nimmt ihre$_1$ (Sg. f.) Kleider, die Männer$_1$ nehmen ihre$_1$ (Pl.) Kleider' etc.

Das Possessivum steht häufiger n a c h als vor dem substantivischen Kern.

§ 49.2. Substantiv und bestimmter Artikel

Der bestimmte Artikel zeigt 'Determiniertheit' des Substantivs an: auf ein Lebewesen, einen Gegenstand oder Sachverhalt wird als genau gekennzeichnet (bzw. bekannt) hingewiesen.

a. In Verbindung mit einem einzelnen Substantiv tritt der bestimmte Artikel postponiert auf (enklitischer Artikel). – Trotz Univerbierung flektieren b e i d e Konstituenten, und zwar kongruent (i.e. Typ *konungr-inn* Nom. Sg. m. 'der König', *konungs-ins* Gen. Sg. m. 'des Königs' etc.; Paradigmata s. § 29.4).

Substantiva mit enklitischem Artikel sind in der alten Dichtung kaum zu belegen. – Auch in den Prosatexten steht das Substantiv häufig in der unbestimmten Form, wo man vom Neuhochdeutschen her einen bestimmten Artikel erwartet: *Þeir koma síð dags, stíga af baki fyrir ofan hús. Vindr var á nórðan ok heldr kalt. Þorkell gengr at durum ok klappar, en húskarl gengr til hurðar* 'Sie kommen spät an dem Tag an, sitzen ab oberhalb des Hauses. Der Wind wehte von Norden und war recht kalt. Th. geht zu dem Eingang und klopft, und ein Knecht geht zu der Tür' (Hœns. s. 10). Im ganzen gesehen, sind aber keine wirklich durchgängigen Regeln zu erkennen: ob *inn* gesetzt ist oder nicht, scheint auf individueller Entscheidung der Tradierenden zu beruhen.

Aisl. *maðr* sonach definit 'der Mann' und indefinit 'ein Mann' (bisweilen auch 'man'), wogegen *einn maðr* an sich 'irgendein Mann, ein gewisser Mann', *maðr einn* 'éin Mann, ein Mann allein'.

Literatur: Ulrike Sprenger, Untersuchungen zum Gebrauch von *sá* und nachgestelltem *inn* in der altisländischen Prosa (= Beiträge zur nordischen Philologie 6; Basel – Stuttgart 1977), 239 ff. pass.; Kurt Braunmüller, Syntaxtypologische Studien zum Germanischen (= Tübinger Beiträge zur Linguistik 197; Tübingen 1982), 222 ff. (mit Literatur).

b. Wird das Substantiv indessen von einem Adjektiv näher bestimmt, steht aisl. *inn – in – it* bzw. *hinn – hin – hit* 'frei' vor dem Adjektivattribut (Typ *(h)inn mildi konungr* bzw., weniger frequent, *konungr (h)inn mildi* 'der freigebige König').

c. Das Substantiv vor Genetivattribut ist in der Regel artikellos (Typ *sverð konungs* 'das Schwert des Königs'); das Substantiv nach Genetivattribut (weniger frequent, vgl. § 46.1.a) kann demgegenüber mit enklitischem Artikel versehen sein (*konungs skip/skipit* 'das Schiff des Königs').

§ 49.3. Substantiv und Adjektiv

Je nach Struktur der betreffenden Nominalgruppe wird das attributive Adjektiv im Altisländischen stark (i.e. Flexionstyp I; § 20) oder schwach (i.e. Flexionstyp II; § 21) flektiert.

Wie im Neuhochdeutschen kongruiert das Adjektiv mit dem übergeordneten Substantiv in Kasus, Numerus und Genus.

a. Wenn die determinierende Form eines 'Begleitwortes' (Pronomen und/oder bestimmter Artikel) dem Adjektiv vorausgeht, folgt das Adjektiv der schwachen Flexion: *ok varð hinn litli taflsmunr* 'und es wurde der kleine Spielgewinn' (Mág. s. 7) etc., mit doppelter Bestimmung *þessi in unga mær svarar engu* 'dieses junge Mädchen gibt keine Antwort' (Ragn. s. 1) etc.

Dem nhd. *der alte Mann* entsprechen im Altisländischen folgende Syntagmen: 1a. *inn gamli maðr* oder 1b. *maðr inn gamli* und 2. *sá gamli maðr*, ferner mit doppelter Bestimmung 3a. *sá inn gamli maðr* oder 3b. *maðr sá inn gamli* und 4. *inn gamli maðrinn*.

Zwischen Individualnamen und (adjektivischem) Beinamen steht meist der bestimmte Artikel. Doppelbeispiel (für vorhandenen bzw. fehlenden Artikel): *Haraldr inn hárfagri, son Hálfdanar svarta* 'H. der Haarschöne, Sohn H.s des Schwarzen' (Vígl. s. 1).

b. Geht dem attributiven Adjektiv kein determinierendes Element voraus, folgt das Adjektiv der starken Flexion: *hann var mikill víkingr* 'er war ein gewaltiger Wikinger' (Gautr. s. 8), *hann sló gull rautt* 'er schlug rotes Gold' (Vkv. 5,3) etc.

Die Folge Substantiv + attributives (starkes) Adjektiv ist der Normalfall; vorangestellte Adjektiva sind hervorgehoben bzw. 'betont'. Bisweilen kommt es auch zu Diskontinuität der beiden Konstituenten, z.B. *Góðan eigum vér konung* 'einen guten König haben wir' (Hkr., OH 208). – Beinamen werden nur selten stark flektiert, z.B. *Eiríkr rauðr* 'E. der Rote' (neben ungleich häufigerem *Eiríkr rauði*).

Hinweis: In prädikativer Stellung (als Prädikativnomen in Verbindung mit einem Kopulativverb) steht durchwegs die starke Form des Adjektivs: *Gizurr er gamall* 'G. ist alt' etc.

§ 49.4. Appositivkonstruktion des Typs *þeir N. N.*

Das Syntagma besteht aus einem Personalpronomen mit dem Merkmal [–Singular] und einer verkürzten Apposition (u. zw. Personenname oder -bezeichnung), die kontextuell 'aufzufüllen' ist, z.B. *„Vit Ásmundr viljum fara með ykkr", sagði Oddr* '„Wir beide, A. (und ich), wollen mit euch fahren", sagte O.' (QO. s. 3).

Genaugenommen sind bei der Fügung *þeir N. N.* zwei Arten zu unterscheiden:

(1) Ausgespart ist eine zuvor angeführte Person, zu der der Genannte tritt, z.B. *Njáll gekk út þegar, ok gingu þeir Gunnarr á tal* 'Nj. ging sofort hinaus, und sie, G. (und N.), nahmen ein Gespräch auf' (Nj. s. 36).

Ein zweites Beispiel: *(At vári fecc karl þeim scip.) Enn er þau kerling leiddo þá til strandar, þá ...* '(Im Frühling besorgte ihnen der Alte ein Schiff.) Und als sie [*þau* neutr.], die Alte (und der Alte, ihr Mann), sie [*þá* mask.] zum Strand begleiteten, da ...' (Grm. Pr.).

(2) Ausgespart ist ein Kollektiv, in dessen Mittelpunkt der Genannte steht: *þeir N. N.* ist als 'sie, N. N. (und die um ihn, und seine Leute)' zu

fassen, z.B. *klæði brunnu af þeim Hrólfi* 'die Kleider brannten von ihnen, Hr. (und seinen Männern)' (SnE, Sk. 43).

Unverkürzte Appositionen sind Konstruktionen wie *þær Auðr ok Gunnhildr* 'sie [*þær* fem.], A. und G.', *þeir hǫfðingjar* 'sie, die Anführer' etc. – Das zuletzt angeführte Syntagma ist übrigens ambig: *þeir* kann auch einfaches Demonstrativum sein (*þeir hǫfðingjar* 'die[se] Anführer').

§ 50. Konstruktion *accusativus cum infinitivo*

Der Infinitiv ist an sich keine Verbalform, sondern ein Nomen (actionis), das von derselben Wurzel wie das Verbum finitum gebildet und hinsichtlich der meisten verbalen Kategorien (Person, Numerus, Modus) indifferent ist.

Weitaus häufiger als im Neuhochdeutschen tritt im Altisländischen die Konstruktion *accusativus cum infinitivo* (AcI; Typ *Hróðbjartr sér konung sitja í ǫndugi* 'Hr. sieht den König auf dem Ehrenplatz sitzen') entgegen: von einem transitiven Matrixverb (*sér*) abhängig sind ein direktes Objekt (im Akkusativ; *konung*) sowie ein Objektinfinitiv (*sitja*), wobei das Objektnominal (*konung*) zum Subjekt eines abhängigen *at*-Satzes (nhd. *daß*-Satzes) 'gehoben' werden kann (→ *Hróðbjartr sér at konungr sitr í ǫndugi* 'Hr. sieht, daß der König auf dem Ehrenplatz sitzt').

Zwei weitere Beispiele: 1. *sverð veit ec liggia í Sigarshólmi* 'ich weiß, daß Schwerter auf S. liegen' (HHv. 8,1–2). – 2. *Hon kallaði betri menn óbœtta liggja margstaðar* 'sie meinte, bessere Männer lägen mancherorts ungebüßt' (Nj. s. 36).

Bei den Matrixverba handelt es sich vor allem um *verba sentiendi* ('Wahrnehmungsverba') und *verba dicendi* ('Verba des Sagens').

Liegt Referenzidentität zwischen Subjekt des Matrixsatzes und des 'Infinitivsatzes' vor (z.B. *en Þórr*$_1$ *kveðr* | *Þórr*$_1$ *vilja róa myklu lengra* 'aber Th.$_1$ sagt | Th.$_1$ will viel weiter rudern'), steht das Reflexivum als Pro-Form, auch – mit dem Matrixverb verbunden – als scheinbares Mediopassiv (vgl. oben, § 47.3): *en Þórr kvezk* (= *kveð-sk*) *vilja róa myklu lengra* 'aber Th. sagt, er wolle viel weiter rudern' (SnE, Gylf. 48) etc.

Zum Ausdruck der Gleichzeitigkeit der im Matrixsatz und im 'Infinitivsatz' beschriebenen Sachverhalte steht der Infinitiv in den meisten Fällen im (unmarkierten) Präsens; bisweilen folgt einem präteritalen Matrixverb aber auch ein Infinitiv Präteriti (ein 'Infinitiv II'; § 37.2.d Anm. 28), und zwar vor allem in der alten Dichtung, z.B. *svá qvaz* (= *kvað-sk*) *veita mundo fulting frœndum sem fótr ǫðrom* '[er] sagte so, daß er den Verwandten Hilfe leisten werde wie ein Fuß dem anderen' (Hm. 13,2–4).

In der Prosa belegt sind nur *mundu/myndu* (zu *munu* 'werden'), *skyldu* (zu *skulu* 'sollen, werden') und *vildu* (zu *vilja* 'wollen').

Literatur: Susanne Zeilfelder, Der A.c.I. im Nordgermanischen, oder: Was ist trivial in der Syntax? In: Sprachkontakt und Sprachwandel, ed. Gerhard Meiser / Olav Hackstein (Wiesbaden 2005), 745–754.

IV.3. Komplexer Satz

§ 51. Allgemeines

§ 51.0. In der traditionellen Grammatik wird zwischen Hauptsatz (strukturell selbständigem Satz) und Nebensatz (strukturell abhängigem Satz) unterschieden. In der neueren (generativen) Syntaxforschung operiert man indessen meist mit dem Begriffspaar Matrixsatz (übergeordneter Satz bzw. 'Obersatz', nicht zwangsläufig ein Hauptsatz) und eingebetteter Satz. – Komplexe Satzstrukturen bestehen aus zwei oder mehreren (Teil-)Sätzen.

§ 51.1. Satzreihe

Durch koordinative (parataktische) Verknüpfung von Sätzen entsteht eine Satzreihe.

Wie im Neuhochdeutschen ist kopulative und disjunktive Koordination zu unterscheiden; die verbreitetsten Konnektoren sind *ok* 'und', *en* 'aber, und' sowie *eða* 'oder'.

§ 51.2. Satzgefüge (Klassen subordinativer Verknüpfung)

Durch subordinative (hypotaktische) Verknüpfung von Sätzen entsteht ein Satzgefüge. Je nach der syntaktischen Funktion des abhängigen Satzes im Matrixsatz unterscheidet man

(1) Ergänzungssätze, z.B. *Óðinn segir, at þat er in mesta lygi* 'O. sagt, daß das eine sehr dicke Lüge ist' (Objektsatz; Grm. Pr.);

(2) Adverbialsätze ('Angabesätze'), z.B. *En er þeir sátu í stofu allir, stóð bóndi upp* 'und als sie alle in der Stube saßen, stand der Bauer auf' (Temporalsatz; Vígl. s. 23);

(3) Attributsätze (Gliedteilsätze), z.B. *Annan son áttu þau, er Grettir var kallaðr* 'sie hatten einen zweiten Sohn, der G. genannt wurde' (Relativsatz; Gr. s. 14).

§ 52. Nebensatz

§ 52.0. Im folgenden werden behandelt: Konnektoren (§ 52.1), Satzgliedfolge (§ 52.2) und Gebrauch des Konjunktivs (§ 52.3).

§ 52.1. Konnektoren

a. Der formale und inhaltliche Anschluß des abhängigen Satzes an den Matrixsatz wird (auch) im Altisländischen vor allem mit Hilfe spezifischer Verknüpfungszeichen (Konnektoren) hergestellt. Bei diesen 'Einleitewörtern' handelt es sich vor allem um subordinierende Konjunktionen (Subjunktionen), daneben aber auch um Interrogativpronomina (*Þorkell spurði, hverr hann væri* 'Th. fragte, wer er sei'; Laxd. s. 69) sowie Interrogativadverbia (*hann* [...] *spurði, hvar Brynjólfr væri* 'er [...] fragte, wo B. sei'; Nj. s. 39).

Die wichtigsten Konjunktionalsätze – gegliedert nach den vorhin (§ 51.2) genannten Funktionsklassen, in Klammern gängige Konnektoren – sind:

(1) 'daß'-Sätze (*at, er*), 'ob'-Sätze (*ef, hvárt*);

(2) Temporalsätze (*áðr* 'ehe', [*þá*] *er* 'als', *meðan* 'während', *síðan* 'seitdem', *unz* 'bis', *þegar* 'sobald'), Kausalsätze ([*fyrir/með*] *því at* 'weil'), Konditionalsätze (*ef* 'wenn, falls', *nema* 'wenn nicht, außer wenn'), Finalsätze ([*til þess*] *at* 'damit'), Konzessivsätze (*þó at* = *þótt* 'obwohl'), Konsekutivsätze (*svá at* 'sodaß'), Modalsätze (*sem* 'wie, als ob');

(3) 'reine' Relativsätze (*er, sem*), lokale Attributsätze (*þar er* 'dort[hin], wo' [mit pro-adverbialem Bezugswort]).

Die hier gebotene Typisierung ist semantisch orientiert; syntaktisch sind indessen z.B. die mit *þá er* 'zu der Zeit (damals), als' eingeleiteten Sachverhaltsbeschreibungen an sich relativisch konstruiert, den mit *fyrir/með því at* 'dadurch, daß' → 'weil' oder *til þess at* 'dazu, daß' → 'damit' eingeleiteten Sachverhaltsbeschreibungen liegen an sich 'daß'-Sätze zugrunde etc. – Es würde aber zu weit führen, in diesem Rahmen auf die einzelnen Satzarten und/oder auf die (Verwendung der) einzelnen Konjunktionen einzugehen; ich beschränke mich hier auf Bemerkungen zu Relativsätzen (**b.**) und *at*-Sätzen (**c.**).

b. Relativsätze bestimmen nominale (bzw. adverbiale) Konstituenten des Matrixsatzes näher. – Im Gegensatz zu den flektierbaren Relativpronomina des Neuhochdeutschen, die auch syntaktische Funktionen im abhängigen Satz erfüllen (als Satzglied oder Gliedteil), sind die unflektierbaren Relativpartikel des Altisländischen – klass.-aisl. *er*, etwas später auch *sem* (weniger frequent *at*, nur ausnahmsweise *ok* und *en*) – indessen auf die Anzeige einer Bestimmungsrelation ('Determination') beschränkt: eine Pro-Form fehlt. Mithin beinhaltet der altisländische Relativsatz eine Leerstelle:

(*jarl greip til sverðs | þat var hjá honum* →)

jarl greip til sverðs, er __ var hjá honum

'der-Jarl griff zu dem/einem-Schwert [REL __ war neben ihm]'

'der Jarl griff zu dem (einem) Schwert, das neben ihm war'

Die Subjektposition im abhängigen Satz bleibt hier also frei (aisl. *er* 'REL' : nhd. *das* 'REL + Nom. Sg.').

Beispiele für andere syntaktische Funktionen des 'Fehlelements': 1. Direktes Objekt und indirektes Objekt: *Eiríkr ok Gunnhildr áttu son, er Haraldr konungr jós vatni ok gaf nafn sitt* 'E. und G. hatten einen Sohn, den König H. mit Wasser besprengte und dem er seinen Namen gab' (Hkr., HH 43). – 2. Attribut: *Aðalsteinn konungr gaf Hákoni sverð, þat er hjǫltin váru ór gulli ok meðalkaflinn* 'König A. gab H. ein Schwert, dessen Parierstange, Knauf und Griff aus Gold waren' (Kern: *hjǫltin*; Hkr., HH 41).

Recht häufig ist das Relativum mit dem einfachen Demonstrativpronomen *sá – sú – þat* vergesellschaftet (das mit dem Bezugswort im Matrixsatz kongruiert; s. vorhin, Beispiel 2: *sverð, þat er*). Nicht immer kann aber – zumal in Isolierung – entschieden werden, ob der betreffende Relativsatz restriktiven (einschränkenden) oder nicht-restriktiven (erläuternden) Charakter hat:

Hann sende hingat til lanz prest þann es hét Þangbrandr (Ísl. 7) 'er sandte in das Land hierher den(jenigen) Priester, der Th. hieß' (*prest þann, es*; restriktiv) oder '... einen Priester, der Th. hieß' (*prest, þann es*; nicht-restriktiv)? Meist ist aber aus dem Kontext ersichtlich, welche Lesart vorzuziehen ist; eindeutig sind natürlich Fälle wie *bóndi einn, sá er Ǫrnólfr hét* 'ein Bauer, der Ǫ. hieß' (nicht-restriktiv; Hœns. s. 15) etc.

Hinweis: Nur selten werden Relativsätze durch *hverr – hver – hvert* 'welcher' (an sich Interrogativum; § 30.2) eingeleitet.

c. In 'daß'-Sätzen kann ein Demonstrativpronomen als Bezugswort im Vorfeld des Matrixsatzes erscheinen (und damit topikalisiert sein), z.B. *En þat vil ek ráða þér,* [...] *at þú gefir eigi hringinn* 'aber das will ich dir raten, daß du den Ring nicht hergibst' (Auð. þ. 3). – Verwandt sind Fälle, in denen eine Konstituente des abhängigen Satzes 'extrahiert' ist: *þau orð bað Ásta, at vit skyldim bera þér* 'A. wünschte, daß wir beide dir diese Botschaft überbringen sollten' (Hkr., OH 33) etc.

Anm. 36: Konditionalsätze und Ergänzungssätze begegnen auch in uneingeleiteter Form, wenn auch nicht allzu häufig: die entsprechenden Konjunktionalsätze (scil. *ef*- bzw. *at*-Sätze) sind frequenter.

§ **52.2.** Satzgliedfolge (Hauptkonstituentenstellung)

a. Was die Satzgliedfolge im allgemeinen und die Position des finiten Verbs im besonderen betrifft, so herrschen im abhängigen Satz ganz ähnliche Verhältnisse wie im Hauptsatz (s. oben, § 48.2): im Gegensatz zum Neuhochdeutschen steht das finite Verb im Altisländischen nämlich auch im Nebensatz grundsätzlich an zweiter Stelle („V2"; Kernsatz). Der Grundtyp zeigt die Folge Subjekt – finites Verb – Objekt, z.B. *at þú gefir eigi hringinn* 'daß du den Ring nicht hergibst' (Auð. þ. 3, s. vorhin; Konnektoren wie *at* stehen vor dem Vorfeld, zählen also nicht).

b. Wie im Hauptsatz kann das finite Verb auch in Spitzenstellung (Stirnsatz) entgegentreten.

Subjekt-Verb-Inversion ist jedoch seltener als im Hauptsatz. Regulär zeigt sich „V1" in uneingeleiteten Konditionalsätzen, z.B. *(en) værir þú slíkr maðr sem hann, þá myndi þér eigi frá vísat* 'wärst du so ein Mann wie er, dann würdest du nicht abgewiesen' (Gunnl. s. 5; s. vorhin, Anm. 36). Ferner kann das Vorfeld u.a. in Relativsätzen leer bleiben: *síðan greip Ásmundr þá tvá, er váru með jarli* 'danach packte A. die zwei, die beim Jarl waren' (mit 'Fehlelement' Subjekt, vgl. oben, § 52.1.b; Gr. s. 7), *kom þá á þat land, er átti Jónakr konungr* '[sie] kam da in das Land, das König J. gehörte' (SnE, Sk. 41) etc.

c. Die für den neuhochdeutschen Nebensatz typische Endstellung des Finitums (Spannsatz; Typ *En þat þótti ásunum mikit undr, hversu stór bjǫrg sá hestr dró* 'aber das schien den Asen ein großes Wunder, welch große Felsblöcke dieser Hengst zog'; SnE, Gylf. 42) kommt zwar vor, ist jedoch nicht übermäßig frequent.

§ **52.3.** Gebrauch des Konjunktivs

a. Der Konjunktiv als Modus der eingeschränkten Gültigkeit kennzeichnet die Äußerung bzw. Sachverhaltsbeschreibung im abhängigen

Satz als nicht ausdrücklich faktiv (‘gedacht’ im weitesten Sinn). Was das Altisländische betrifft, so lassen sich aber bündige ‘Durchführungsbestimmungen’ für diese allgemeine Regel kaum geben: in einzelnen Nebensatztypen schwankt der Gebrauch des Konjunktivs.

In gewissem Ausmaß scheint die Moduswahl vom ‘Sprachgefühl’ der jeweiligen Tradierenden abzuhängen: bisweilen sind Modusformen austauschbar, ohne daß sich (wesentliche) inhaltliche Verschiedenheiten ergeben. – Im ganzen gesehen, ist Konjunktiv im Nebensatz häufiger als im Neuhochdeutschen: das Altisländische ist also ‘distanzierender’.

b. Enthält der Matrixsatz ein Verbum dicendi, konkurrieren in der Redewiedergabe im Ergänzungssatz Konjunktiv I und II (‘vermittelt’) mit dem Indikativ (‘modal indifferent’ bzw. ‘allgemein gültig’).

Beispiele: *Hun segir, at hun sé*$_{\text{Konj.I}}$ *húsfreyja* ‘sie sagt, daß sie die Hausfrau sei’ (Ragn. s. 5), *hann segir, at hann væri*$_{\text{Konj.II}}$ *skyldr mjǫk Gunnari at Hlíðarenda* ‘er sagt, daß er nahe verwandt mit G. von Hl. sei’ (Nj. s. 82), *Enn þat segia allir einnig, at þeir svico*$_{\text{Ind}}$ *hann i trygð* ‘aber das sagen alle übereinstimmend, daß sie ihm gegenüber die Treue brachen’ (Br. Pr.). Zwischen zwei (gleichrangigen) Nebensätzen kann es zu Moduswechsel kommen, z.B. *Sagði hann, at Ásgerðr* [...] *var*$_{\text{Ind}}$ *til komin arfsins ok hon væri*$_{\text{Konj.II}}$ *óðalborin* ‘er sagte, daß A. zur Erbschaft berechtigt und sie von freier Geburt sei’ (Eg. s. 56). Vgl. ferner ‘negativ-hypothetisches’ *segita* [...] *manni ǫngum, at iþ mic fyndit*$_{\text{Konj.II}}$ ‘sagt keinem Menschen, daß ihr beide mich gefunden habt’ (Vkv. 22,5–8).

Die Frequenz des Konjunktivs (I oder II) in *at*-Sätzen generell ist von der Semantik des betreffenden Matrixverbs abhängig; wenn dieses z.B. dem Feld ‘vermuten, glauben, annehmen, denken, beabsichtigen, wollen’ angehört (*hyggja*, *vilja*, *þykkjask*, *ætla* etc.), steht der Konjunktiv sehr häufig, z.B. *dauð hygg ec, at þín móðir sé*$_{\text{Konj.I}}$ ‘ich glaube, daß deine Mutter tot ist’ (mit ‘extrahiertem’ *dauð*; Hárb. 4,5).

Wie im Neuhochdeutschen tritt im irrealen Konditionalgefüge Konjunktiv II (‘hypothetisch’) obligatorisch entgegen: *Af væri nú haufuð, ef Erpr lifði*$_{\text{Konj.II}}$ ‘Ab wäre nun das Haupt, wenn E. lebte’ (Hm. 28,1–2) etc. Tendenzielle Nicht-Faktivität bzw. eingeschränkte Geltung der Äußerung wird darüber hinaus auch in einigen anderen Adverbialsätzen durch Konjunktiv I oder II angezeigt, in denen das Neuhochdeutsche in der Regel Indikativ hat.

In folgenden Satztypen ist der Konjunktiv im Altisländischen ‘ersatzfest’:

(1) Konditionalsatz (negativ exzipierend): *ok er þat skjótt at segja yðr, at heðan fer ek eigi, nema ek sé*$_{\text{Konj.I}}$ *dauðr um dreginn* ‘und es ist euch schnell gesagt,

daß ich mich von hier nicht wegbewege, außer wenn ich tot weggeschleppt werde' (Merkmal 'nur unter einer bestimmten Bedingung'; Gr. s. 71).

(2) Finalsatz (mit Verbum curandi): *vil ek þat allt til vinna, at þín sœmd væri*$_{Konj.II}$ *þá meiri en áðr* 'ich will das alles daransetzen, damit dein Ansehen dann größer als vorher ist' (Merkmal 'angestrebt, beabsichtigt'; Gautr. s. 11).

(3) Konzessivsatz: *Þeir Ólafr ok Ósvífr heldu sinni vináttu, þótt nǫkkut væri*$_{Konj.II}$ *þústr á með inum yngrum mǫnnum* 'sie, O. und O., bewahrten ihre Freundschaft, obwohl (auch wenn) in gewisser Weise ein gespanntes Verhältnis zwischen den jüngeren Männern bestand' (Merkmal 'nicht ausreichender Gegengrund'; Laxd. s. 46).

Einigermaßen frequent, aber keineswegs obligatorisch findet sich Konjunktiv auch in Temporalsätzen des Typs *(En) áðr þeir fœri*$_{Konj.II}$ *frá skipum, segir Ívarr, at ...* '(und) bevor sie von den Schiffen gingen, sagte I., daß ...' (Merkmal 'noch nicht realisiert'; Ragn. s. 8).

Die Gegebenheiten in den übrigen (hier nicht weiter behandelten) Typen abhängiger Sätze ähneln zumindest in großen Zügen denen des Neuhochdeutschen.

Anm. 37: Was die Tempusfolge anbelangt, so zeigen Altisländisch und Neuhochdeutsch keine wesentlichen Differenzen; zu beachten ist nur das 'Umspringen' des Erzähltempus (§ 47.1.a).

IV.4. Besonderheiten der syntaktischen Fügung

§ 53.0. An syntaktischen Besonderheiten bzw. Irregularitäten werden im folgenden behandelt: Sparsamkeit des Ausdrucks (§ 53.1), Anakoluth (§ 53.2) und Inkongruenz (§ 53.3). An sich haben diese Erscheinungen sprachökonomische Ursachen (und sind demnach auch Merkmale der Sprechsprache). – Die ersten beiden Extraordinaria führen in den Bereich der Stilistik bzw. Textlinguistik.

§ 53.1. Sparsamkeit des Ausdrucks ('Auslassung' von Satzkonstituenten)

Für den Sagastil charakteristisch ist das Streben nach knappem Ausdruck. Häufiger als im Neuhochdeutschen sind aus dem Kontext bzw. aus der Redesituation zu rekonstruierende Satzglieder oder Gliedteile ausgespart bzw. gegenüber dem vollständigen (quasi 'nicht-ersparenden')

Satz getilgt. Derartige 'Auslassungen', im folgenden durch { } markiert, begegnen vor allem (aber nicht nur) in koordinierten Sätzen, wo sich die fehlende Konstituente aus dem vorangehenden Satz ergänzen läßt. – Keine Gegenstücke im Neuhochdeutschen haben vor allem folgende Fälle von Aussparungen:

(1) Subjekt (Pro-Form): *þat líkaði henni allvel, ok* { } *þakkaði honum stórmennsku sína* 'das gefiel ihr sehr gut, und sie dankte ihm für seine Großzügigkeit' (Hauptsatz; Laxd. s. 5), *flest fólk sofnaði þar, sem* { } *sat* 'das meiste Volk schlief dort ein, wo es saß' (Nebensatz; SnE, Sk. 41) etc.

Bisweilen begegnen ganze Sequenzen ohne Agens, z.B. *Ófeigr karl gekk frá búð sinni, ok var* { } *áhyggjumikit; sér* { } *enga liðveizlumenn sína, en þótti* { } *við þungt at etja; sér* { } *varla sitt fœri einum við slíka hǫfðingja* [...]; *ferr* { } *hœkilbjúgr* [...]; *ferr* { } *þannig lengi; kemr* { } *um síðir til búðar Egils Skúlasonar* 'Der alte O. verließ sein Zelt, und er war sehr besorgt; er sieht keine Helfer für sich, aber ihm schien, Schwieriges sei zu bewältigen; er sieht sich allein solchen einflußreichen Männern kaum gewachsen [...]; er geht mit gebeugten Knien [...]; so geht er lange; schließlich kommt er zum Zelt des E. S.' (Bandam. s. [M] 8).

(2) Objekt (Pro-Form): *Síðan fluttu þeir Þorgils líkit upp með ánni ok* { } *grófu* { } *þar niðr á sandmel* 'dann beförderten sie, Th. (und Grim), den Leichnam flußaufwärts und { } begruben ihn dort in einem Sandhügel' (Hkr., OH 238), *en dvergrinn mælti, at sá baugr skyldi vera hverjum hǫfuðsbani, er* { } *ætti* 'aber der Zwerg sagte, daß dieser Ring jedem den Tod bringen solle, der ihn besitze' (SnE, Sk. 39) etc.

(3) Finites Verb (meist Formen von *vera* 'sein' oder *hafa* 'haben'): *Fimm menn hǫfðu bana af liði Helga Ásbjarnarsonar, en sárir* { } *allir aðrir útan Bjǫrn hvíti ok Ǫzurr* 'fünf Männer starben von der Schar des H. A., und verwundet waren alle anderen außer B. dem Weißen und Ǫ.' (Dropl. s. 10), *segðu mér ór helio, ek man* { } *ór heimi* 'sprich mir du aus der Totenwelt, ich werde aus der irdischen Welt sprechen' (Bdr. 6,3–4) etc.

(4) Infinitiv *vera* 'sein': *glaðr oc reifr scyli gumna hverr* { } 'froh und munter soll jeder Mann sein' (Háv. 15,4–5) etc.; auch in der AcI-Konstruktion kann *vera* fehlen, z.B. *kváðu Hundings sonu eigi langsýna* { } 'sie sagten, daß H.s Söhne nicht weitblickend seien' (Vǫls. s. 17).

Keine Tilgung des Subjekts liegt bei den im Altisländischen frequenten unpersönlichen Sätzen vor, in denen prinzipiell der Träger der Handlung bzw. des Zustands nicht als grammatisches Subjekt gekennzeichnet ist bzw. werden kann, z.B.

(1) *várar* 'es wird Frühling', *gerði myrkt* 'es machte dunkel, wurde dunkel', *skilr með þeim* 'es trennt sie, sie kommen auseinander', *væntir mik* 'ich erwarte, hoffe', *sýnisk mér, þykkir mér* 'mir scheint, ich glaube' (recht häufig) und passivisches *er drepit á dyrr* 'es wird an die Tür geklopft'; ferner: *Heitir þar síðan Freyfaxahamarr* 'dort heißt es seither F.' (Hrafnk. s. 12 [6]), *svá at ór dró allt aflit ór* 'sodaß es die ganze Kraft daraus (scil. aus der Hand) herauszog, sodaß die ganze Kraft daraus entwich' (Gísla s. 34) etc.

(2) Beispiele für 'unbestimmte Person': *svá segir í Vǫluspá* 'so sagt man (so heißt es) in der V.' (SnE, Gylf. 12 pass.), *Hafið hendr á hundinum, ok drepi, þó at blauðr sé* 'legt Hand an den Hund, und man erschlage ihn, auch wenn er weiblich (eine Hündin) ist' (Gísla s. 32) etc.

Hinweise: 1. Das Altisländische kennt kein dem nhd. *es* entsprechendes Expletivum.

2. Als Indefinitum 'man' begegnet *menn* (an sich Pl. 'die Leute') in Verbindung mit *veit* 3. Pers. Sg. Präs. Ind., z.B. *„Veit menn", segir hann, „at ek ..."* '„Man weiß", sagt er, „daß ich ..."' (Maríu s. LXII).

§ 53.2. Anakoluth

Anakoluth ist das 'zusammenhanglose' Nebeneinander von syntaktischen Konstruktionen: eine Satzfügung geht unvermittelt in die andere über. In altisländischen Texten – vor allem in der Sagaprosa und in Rechtstexten – begegnen derartige 'Satzbrüche' nicht selten, z.B. *Ósnotr [maðr], er með aldir kømr, þat er bazt, at hann þegi* 'ein unkluger Mann, der unter die Leute kommt, das ist das beste, daß er schweigt' (Háv. 27,1–3). Besonders frequent tritt das Umbiegen der indirekten in die direkte Rede auf, z.B. *Konungr spurði, hvar Bárðr væri, „er ek sé hann hvergi"* 'Der König fragte, wo B. sei, „denn ich sehe ihn nirgends"' (Eg. s. 44).

§ 53.3. Inkongruenz

Im Altisländischen begegnen Inkongruenzerscheinungen vor allem in der *constructio ad sensum* (Synesis): in einer syntaktischen Struktur ist die formale Übereinstimmung zusammengehöriger Konstituenten zugunsten semantischer Gesichtspunkte aufgegeben. – Am häufigsten zeigt sich Subjekt-Prädikat-Inkongruenz (in Numerus), wenn das finite Verb vor dem Subjekt steht, z.B. *Þar* var_{Sg} *á skipi kona hans ok son* 'dort waren auf dem Schiff seine Frau und der Sohn' (Hrafnk. s. 1).

V. Anhang A: Altnorwegisch

V.1. Überlieferung

§ 54. Bereits mit dem Einsetzen der handschriftlichen Überlieferung zeigen sich im alten Norwegen dialektale Differenzierungen, und zwar vornehmlich zwischen den Sprachvarietäten im Südwesten des Landes (mit dem Zentrum Bergen) einerseits sowie den im Trøndelag (Zentrum Trondheim) und im Osten (Zentrum Oslo) anderseits; ein homogenes, einheitliches Altnorwegisch (mit einer [modern] reglementierten Orthographie) gab es jedenfalls nicht. Überregionale Geltung hatte zunächst vor allem die in *Niðaróss* (heute: Trondheim) geprägte Kanzleisprache.

Oslo wurde erst ab dem frühen 14. Jahrhundert politischer Mittelpunkt des Landes.

Aus Norwegen sind mittlerweile ca. 1600 Runeninschriften im jüngeren Fuþąrk (davon um die 660 Stück aus der Hansestadt Bergen) bekannt, von denen allerdings ein beträchtlicher Teil zur Zeit noch unpubliziert ist.

Die altnorwegische literarische Überlieferung setzt nur wenig später als auf Island ein, ohne dabei allerdings Dichte bzw. Reichtum der altisländischen Überlieferung zu erreichen; die früheste erhaltene altnorwegische Handschrift, AM 655 IX, 4° (enthält Fragmente dreier Heiligensagas), gehört noch in die zweite Hälfte des 12. Jahrhunderts. Von besonderer Bedeutung sind ferner vor allem das *Altnorwegische Homilienbuch* (AM 619, 4°; in den Jahren um 1200 niedergeschrieben), diverse frühe Rechtstexte sowie die unter der Ägide von König Hákon Hákonarson (Regierungszeit 1217–1263) entstandenen Werke der höfischen Literatur.

Die altnorwegische Sprachperiode (im engeren Sinn) läßt man meist um bzw. nach der Mitte des 14. Jahrhunderts auslaufen; zu dieser Zeit setzen – teilweise unter dem generell herrschenden Einfluß des Schwedischen – morphologische Vereinfachungen (vor allem im Bereich der Verbalflexion) ein.

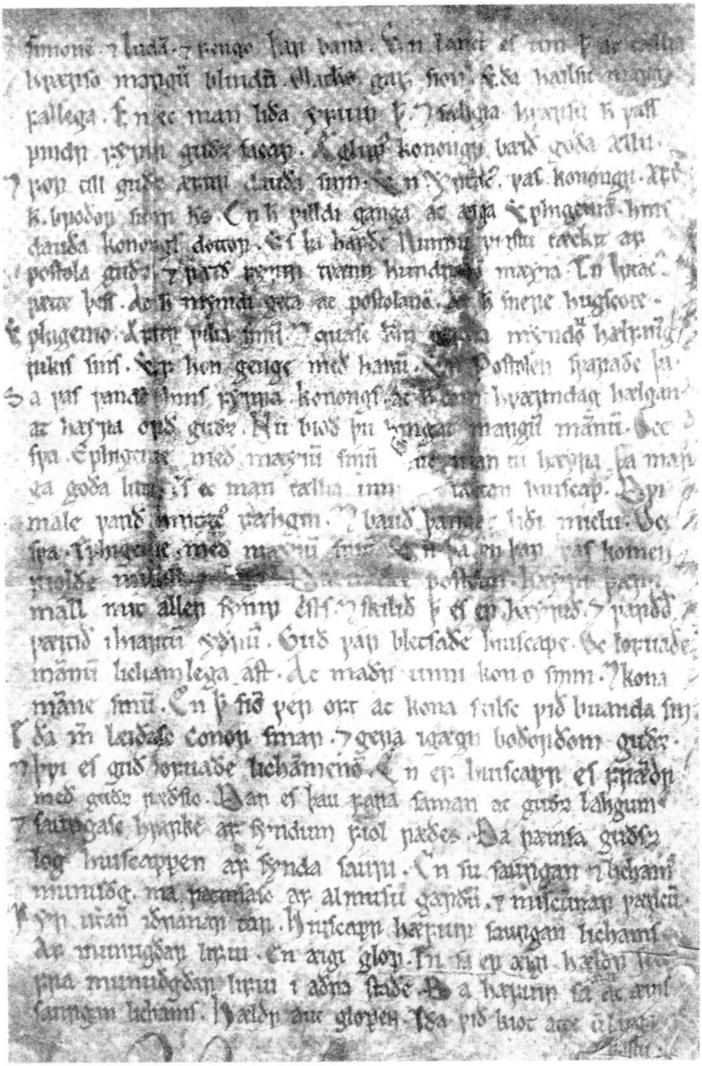

Abb. 3: Eine Seite aus der altnorwegischen Handschrift AM 655 IX, 4° (Fragmente dreier Heiligensagas, die wohl von ein und demselben Schreiber stammen und in die zweite Hälfte des 12. Jahrhunderts zu datieren sind), und zwar fol. 3ᵛ (*Matheus saga postola*). – Nach Didrik Arup Seip, Palæografi. B: Norge og Island (= Nordisk kultur 28 B; Stockholm – Oslo – København 1954), 7 (Fig. 1).

Das Spätaltnorwegische bzw. Mittelnorwegische (ca. 1350/1375 bis 1525/1530), das zum modernen Norwegischen hinführt, ist fast nur in Urkunden überliefert.

V.2. Phonetisch-phonologische Charakteristika

§ 55.0. Im folgenden sind die wichtigsten (z.T. auch morphophonologisch nicht relevanten) phonetisch-phonologischen Unterschiede der altnorwegischen Sprachvarietäten gegenüber dem klassischen Altisländischen angeführt.

§ 55.1. *i*-Umlaut und parallele Entwicklungen

Teilweise wird in den frühesten altnorwegischen Handschriften noch /æ̆/ (< urn. /a/ durch *i/j*- bzw. *iʀ*-Umlaut [§ 8]), und zwar als ‹æ› (oder ‹ę›), von dem aus dem Urnordischen ererbten /ĕ/ (repräsentiert durch ‹e›) geschieden.

Beispiel: früh-anorw. *hæ̲fir* 3. Pers. Sg. Präs. Ind. ‘hat’ (aisl. *hefir*) : früh-anorw. (= aisl.) *ge̲fa* ‘geben’ (mit altem /ĕ/).

In der weiteren Folge kommt es (wie im Altisländischen) zu einer Verschmelzung von /æ/ und /e/: das dabei entstandene ‘additive’ Phonem wird häufiger durch ‹æ›, seltener durch ‹e› (wie im Altisländischen) wiedergegeben, teilweise auch abhängig von der jeweiligen konsonantischen Umgebung.

Die beiden palatalen Diphthonge werden in den Handschriften in der Regel zum einen durch ‹æi›, zum anderen durch ‹æy› oder ‹øy› bezeichnet.

§ 55.2. *u*-Umlaut

a. Nicht synkopiertes /u/: Der *u*-Umlaut von haupt- oder nebentonigem urn. /a/ (§ 9.1) unterbleibt vor im Altnorwegischen noch erhaltenem /u/ der Folgesilbe in vielen Fällen bzw. ist durch intraparadigmatischen Ausgleich ‘rückgängig’ gemacht worden, vor allem im Tröndischen und Ostnorwegischen (wie übrigens auch im Altschwedischen; § 58.1 sub [1.1]).

Zwei Beispiele: anorw. *a̲llum ma̲nnum* Dat. Pl. ‘allen Männern’ (: aisl. *ǫllum mǫnnum*); anorw. *ka̲lla̲ðum* 1. Pers. Pl. Prät. Ind. ‘riefen’ (: aisl. *kǫlluðum* [§ 9.1,

Beispiel Nr. 18]). – Die konkurrierende Annahme, daß ‹a› nur eine alternative orthographische Realisierung des Umlautprodukts [ɔ] ist, hat indessen weniger für sich.

b. Vor s y n k o p i e r t e m /u/ der Folgesilbe hingegen ist der *u*-Umlaut von haupt- oder nebentonigem /a/ weitgehend durchgeführt; in den Handschriften wird das Umlautprodukt anorw. /ɔ/ zumeist durch ‹o› wiedergegeben (das naturgemäß auch für /o/ steht).

Beispiel: anorw. *hond* 'Hand' (: aisl. *hǫnd*).

Sofern nicht in /ø/ übergegangen (bisweilen vor /l/ oder /r/, z.B. anorw. *øl* 'Bier', *ørn* 'Adler'), fällt anorw. /ɔ/ in der weiteren Folge mit /o/, und zwar in /o/, zusammen.

Eine Sonderstellung nimmt indessen das südwestnorwegische Gebiet nördlich von Bergen ein, wo es wie im Altisländischen zur Verschmelzung von /ɔ/ mit /ø/, nämlich in /ø/, kommt.

§ 55.3. 'Progressiver Umlaut' *ja* > *jæ*

Für das Ostland charakteristisch ist der Lautwandel /ja/ > /jæ/.

Beispiel: anorw. *hjærta* (aschwed. *hiærta*; § 58.1, [2.1]): anorw. *hjarta* 'Herz' (aisl. *hjarta*).

§ 55.4. Vokalharmonie

In den meisten ost- und nordwestnorwegischen Handschriften wechseln in der neben- bzw. schwachtonigen Folgesilbe /i ~ e/ und /u ~ o/ in qualitativer Abhängigkeit vom jeweiligen haupt- bzw. starktonigen Vokal, z.B. anorw. *systir* 'Schwester' vs. *bróðer* 'Bruder'. Es handelt sich sonach um eine progressive Fernassimilation, die im großen und ganzen folgenden Regeln gehorcht (Bezugsgrößen sind früh-altnorwegische Vokalphoneme):

(1) ‹i› und ‹u› stehen nach Hochzungenvokalen, d.h. nach /i/, /ī/, /y/, /ȳ/, /u/, /ū/, ferner nach den Diphthongen /æi/, /æy/, /au/ (jeweils ein Hochzungenvokal als zweiter Bestandteil!) sowie schließlich nach den Umlautprodukten /ǣ̆/ und /ɔ/;

(2) ‹e› und ‹o› treten nach den mittleren und tiefen Vokalen /ǣ/, /e/, /ē/, /ø/, /ø̄/, /ā/, /ɔ̄/, /o/, /ō/ entgegen;

(3) nach /a/ findet sich meist ‹e› und ‹u›.

Zur Illustration eine kurze Passage aus der *Legendarischen Ólafs saga hins helga*, Kap. 23 (die einzige erhaltene Handschrift wurde wohl um 1250 in Trondheim angefertigt, das Werk entstammt dem Beginn des 13. Jahrhunderts):

Altnorwegisch:	[Klassisches Altisländisch:
Ā Upplandum vāro þā marger fylcis-	*Á Upplǫndum váru þá margir fylkis-*
konongar oc sumir ungir menn, þæir	*konungar ok sumir ungir menn, þeir*
er konongborner vāro, ener mesto	*er konungbornir váru, inir mestu*
spekingar firir vizmuna saker.	*spekingar fyrir vitsmuna sakir.*]

'In Oppland waren damals viele Kleinkönige und einige junge Männer, die von königlicher Geburt waren, wegen ihrer Klugheit äußerst gute Ratgeber.'

Anm. 38: Daß nach den beiden halbtiefen Vokalen anorw. /æ/ und /ɔ/ normalerweise ‹i› und ‹u› auftreten (z.B. *sændir* 3. P. Sg. Präs. Ind. 'sendet', *hoggvit* Part. II, Nom. Sg. n. 'geschlagen') und nicht, wie zu erwarten wäre, ‹e› und ‹o›, harrt noch einer rundum zufriedenstellenden Erklärung.

Zu beachten ist indessen, daß sich die Vokalharmonie in keiner einzigen altnorwegischen Handschrift ganz und gar nach den skizzierten Regeln durchgeführt findet!

Aus der verzweigten Literatur zum Thema Vokalharmonie nenne ich hier stellvertretend: Jan Ragnar Hagland, A note on Old Norwegian vowel harmony. In: Nordic Journal of Linguistics 1 (1978), 141–147 (wieder in: Historisk språkvitenskap / Historical Linguistics, ed. Ernst Håkon Jahr / Ove Lorentz [= Studier i norsk språkvitenskap 5; Oslo 1993], 292–298); Live Stokstad, Vokalharmoni og vokalbalanse i gammelnorske tekster. In: NORskrift 98 (1999), 107–127; Sverre Johnsen, Ljodsamhøvet i AM 315 f fol. In: Arkiv för nordisk filologi 118 (2003), 47–75.

Anm. 39: Nach verbreiteter Ansicht würden die südwestnorwegischen Dialekte in den beiden zuletzt behandelten Punkten – scil. Zusammenfall von /ɔ/ und /ø/ in /ø/ (§ 55.2.b), Fehlen der Vokalharmonie (§ 55.3) – dem Altisländischen nahe stehen; nach Ausweis der älteren Urkundenüberlieferung aus Stavanger muß allerdings auch im Südwesten zumindest partiell Vokalharmonie geherrscht haben (s. Joronn Housken, Stavangerdiplomene før 1330. Rettskrivning og lydverk [= Bidrag til nordisk filologi av studerende ved Universitetet i Oslo 13; Oslo 1954]; auch in: Arkiv för nordisk filologi 69 [1954], 1–50).

Anm. 40: In manchen ostnorwegischen Handschriften zeigt sich ab dem Ende des 13. Jahrhunderts auch ein vom Gewicht der jeweiligen Tonsilbe abhängiger Wechsel *æ* ~ *a* (sog. Vokalbalance bzw. Vokalgleichgewicht wie teilweise im Altschwedischen; § 58.1 sub [7]), z.B. anorw. *høyræ* 'hören', *sendæ* 'senden' (nach schwerer Silbe), aber *vita* 'wissen' (nach leichter Silbe).

§ **55.5.** Konsonantismus

a. Anlautendes urn. /h/ ist – wie in allen nordgermanischen Sprachen mit Ausnahme des Isländischen – in der Position vor /l/, /n/ bzw. /r/ geschwunden.

Jeweils ein Beispiel: anorw. *lutr* 'Los, Sache' : aisl. *hlutr*; anorw. *næigja* 'neigen' : aisl. *hneigja*; anorw. *ringr* 'Ring' : aisl. *hringr*.

b. Insbesondere im Ostland (und auch in anderen südlichen Gebieten) bleibt anlautendes /v/ (< urn. /w/) in der Position vor /r/ erhalten.

Beispiel: anorw. *vræiði* 'Zorn' neben anorw. *ræiði* (aisl. *reiði*; vgl. § 13.3).

c. Statt der Folge klass.-aisl. /fn/ erscheint im Altnorwegischen sowohl im Inlaut als auch im Auslaut vielfach /mn/.

Zwei Beispiele: anorw. *jamn* 'gleich(artig)' : aisl. *jafn* (< urn. **ebnaʀ*), anorw. *namn* 'Name' : aisl. *nafn* (urn. < **namn-*). – Das Ostnorwegische bevorzugt indessen /fn/, also: *jæfn*, *nafn*.

Literatur: Die jüngste zusammenfassende Abhandlung zum Thema Phonologie des Altnorwegischen stammt von Michael Schulte, The phonological systems of Old Nordic I: Old Icelandic and Old Norwegian. In: The Nordic Languages. An International Handbook of the History of the North Germanic Languages, ed. Oskar Bandle et al. I (= Handbücher zur Sprach- und Kommunikationswissenschaft 22,1; Berlin – New York 2002), 882–895: 889 ff. (mit weiterer Literatur).

V.3. Morphologische Charakteristika

§ **56.1.** Spezifisch altnorwegisch ist in der Verbalflexion ein alternativer Ausgang der 2. Person Plural auf *r*: zum einen *-ir/-er* (neben 'regulärem' *-ið/-eð* mit Nebenform *-it/-et* [s. § 36.1, Anm. 26,5]) im Präsens, Konjunktiv I und Konjunktiv II, zum anderen *-ur/-or* (neben 'regulärem' *-uð/-oð* mit Nebenform *-ut/-ot*) im Präteritum starker wie schwacher Verba.

Beispiele: anorw. *grípir* 2. Pers. Pl. Präs. Ind. 'ihr greift' : anorw. aisl. *grípið*; anorw. *grípur* 2. Pers. Pl. Prät. Ind. 'ihr grifft' : anorw. aisl. *grípuð*.

§ **56.2.** Ferner sind folgende (ebenfalls alternativ auftretende) pronominale Formen für das Altnorwegische charakteristisch:

(1) anorw. *mit* 1. Pers. Nom. Dual 'wir zwei' (: anorw. aisl. *vit*);

(2) anorw. *mér* 1. Pers. Nom. Pl. 'wir' (: anorw. aisl. *vér*, adän. *wi*);

(3) anorw. (bes. onorw.) *hvarr* Nom. Sg. m. 'welcher, wer (von mehreren)' (: anorw. *hværr*, aisl. *hverr*).

Anm. 41: Zu Norvagismen im Bereich der Syntax s. M[arius] Nygaard, Norrøn syntax (Kristiania 1905 [1906]), 4 Anm. 1.

***

Anm. 42: Eine dritte altwestnordische Sprachvarietät, das Altfäröische, ist nur trümmerhaft bezeugt. – Noch spärlicher fließen indessen die Quellen, was die übrigen (in der Hauptsache) von Norwegen kolonisierten Nordatlantikinseln bzw. -gebiete (Orkaden, Shetland-Inseln, Hebriden etc.) betrifft.

Literatur: Mikjel Sørlie, Færøysk tradisjon i norrønt mål (= Avhandlinger utg. av Det Norske Videnskaps-Akademi i Oslo, II: Histor.-filosof. Kl., 1936,1; Oslo 1936). – Michael P. Barnes, The Norn Language of Orkney and Shetland (Lerwick 1998).

VI. Anhang B: Altschwedisch

VI.1. Überlieferung

§ 57. Bereits mit dem Einsetzen der runenepigraphischen Überlieferung zeigen sich im alten Schweden dialektale Differenzierungen. In literarischer Zeit sind Uniformierungstendenzen festzustellen; zur Ausbildung einer überregionalen Sprachnorm ist es aber nicht gekommen.

Die ältesten Sprachdenkmäler sind wie in Norwegen Runeninschriften, allerdings in größerer Zahl: überliefert sind – Gotland nicht mitgerechnet (vgl. unten, Anm. 44 [S. 164 f.]) – mehr als 3300 Inschriften im jüngeren Fuþąrk, wobei der überwiegende Teil dieser runenepigraphischen Texte in die ausgehende Wikingerzeit (also in das 11. Jahrhundert) gehört. Ein Ballungsgebiet ist Uppland: von hier stammen mehr als 1500 Inschriften. Angesichts des umfangreichen Textkorpus versteht es sich von selbst, daß die schwedischen Runendenkmäler von besonderem kultur-, sprach- sowie auch literaturgeschichtlichen Quellenwert sind.

Die literarische Überlieferung setzt in Schweden gegen Mitte des 13. Jahrhunderts ein, d.h. etwa ein Jahrhundert später als auf Island. Die früheste erhaltene altschwedische Handschrift ist SKB B 193, 12° (vor oder um 1250); es handelt sich um Fragmente einer älteren Redaktion des Westgötenrechts (*Västgötalagen*). Neben den Rechtstexten verblaßt die eigentliche literarische Überlieferung: auch im Vergleich zu Norwegen ist eine nur geringe Anzahl von Werken auf uns gekommen.

Innerhalb der altschwedischen Sprachperiode setzt man gewöhnlich das in den Runeninschriften bezeugte Frühaltschwedische (auch Runenschwedisch genannt; ca. [750/]800–1225, also in die altnordische Periode hinabreichend) vom 'klassischen' Altschwedischen der frühen Rechtstexte (ca. 1225–1375) ab. Darauf folgt die spätaltschwedische bzw. mittelschwedische Periode (bis 1526), in der sich allmählich der Umbau zum Neuschwedischen vollzieht.

Hinweis: SKB (oder: Holm.) ist Sigle für Handschriften aus der Stockholmer Königlichen Bibliothek (Kungliga Biblioteket, Stockholm).

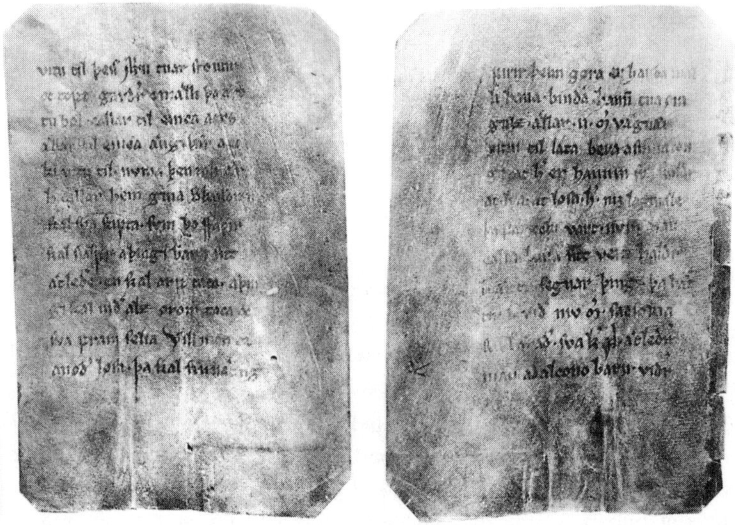

Abb. 4: Zwei Seiten aus der altschwedischen Handschrift SKB 139, 12° (Fragmente des Älteren Westgötenrechts), und zwar fol. 1^r und 1^v. – Nach Otto von Friesen, Vår älsta handskrift på fornsvenska (= Skrifter utgifna af K. Humanistiska Vetenskaps-Samfundet i Uppsala 9,3; Uppsala – Leipzig 1904), 17 und 19.

Literatur (Grammatik, Wörterbücher, Etymologikon): 1. Referenzwerk in puncto Grammatik noch immer Adolf Noreen, Altnordische Grammatik. II: Altschwedische Grammatik mit Einschluß des Altgutnischen (Halle/Saale 1904), eine unentbehrliche 'klassische' junggrammatische Darstellung, die auch online im Internet (URL http://www.ling.upenn.edu/~kurisuto/germanic/oswed_noreen_about.html#images; Stand 8.8.2010) zugänglich ist. – Eine jüngere Detailuntersuchung ist Berthold Forssman, Studien zu einer runenschwedischen Grammatik. Die Nominalflexion in den Runeninschriften Västergötlands (= Philologia – Sprachwissenschaftliche Forschungsergebnisse 50; Hamburg 2002).

2. Der Wortschatz der wikingerzeitlichen Runeninschriften ist zuverlässig verbucht bei Lena Peterson, Svenskt runordsregister (= Runrön 2; Uppsala ^{2}1994). – Der 'allgemeine' Altschwedisch-Wortschatz findet sich im Großwörterbuch von K[nut] F[rederik] Söderwall, Ordbok öfver svenska medeltids-språket. I–II (Lund 1884–1918). [III:] Supplement (Lund 1925–1973). Ein Spezialwörterbuch zum Vokabular der Rechtstexte stammt schließlich von C[arl] J. Schlyter, Glossarium ad Corpus iuris Sueo-Gotorum antiqui / Ordbok till Samlingen af Sweri-

ges Gamla Lagar (= Corpus iuris Sueo-Gotorum antiqui / Samling af Sweriges Gamla Lagar 13; Lund 1877). Suchabfragen im Wortbestand beider Lexika sind in der *Fornsvensk lexikalisk databas* online im Internet möglich (s. URL http://spraakbanken.gu.se/fsvldb/; Stand 8.8.2010)

3. Als indirektes Etymologikon des Altschwedischen zu benutzen ist Elof Hellquist, Svensk etymologisk ordbok. I–II (Lund ³1948 = 1980); auch hier sind Suchabfragen (allerdings nur in der 1. Auflage aus dem Jahre 1922 [!]) online im Internet möglich (URL http://runeberg.org/svetym/; Stand 8.8.2010).

VI.2. Phonetisch-phonologische Charakteristika

§ 58.0. Im folgenden sind einige der wichtigsten (z.T. auch morphophonologisch nicht relevanten) phonetisch-phonologischen Differenzen zwischen den altschwedischen Sprachvarietäten und dem klassischen Altisländischen (bzw. den altnorwegischen Sprachvarietäten) in Form einer *checklist* zusammengestellt.

§ 58.1. Vokalismus

(1.1) Der *u*-Umlaut von haupt- und nebentonigem /a/ (§ 9.1) vor erhaltenem /u/ der Folgesilbe unterbleibt wie auch im Altnorwegischen (§ 55.2.a) sehr häufig.

Beispiel: aschwed. anorw. *barnum* Dat. Pl. ‘den Kindern’ (: aisl. *bǫrnum*).

Anders als im Altnorwegischen finden sich vor synkopiertem /u/ der Folgesilbe teils auch (analogisch entstandene) unumgelautete Formen.

Beispiel: aschwed. *barn* Nom. Pl. ‘die Kinder’ (neben *børn*, s. sofort) : aisl. *bǫrn*, anorw. *born* (§ 55.2.b).

(1.2) Das Umlautprodukt /ɔ/ fällt wie im Altnorwegischen (§ 55.2.b) in der Regel mit /o/ zusammen.

Ausnahmen: 1. /ɔ/ > aschwed. /ø/ vor /l/ oder /r/, z.B. aschwed. *øl* ‘Bier’ (anorw. *øl*, aisl. *ǫl*); 2. /ɔ/ > aschwed. /u/ vor /gg(v)/, z.B. aschwed. *hugga* ‘hauen’ (: aisl. *hǫggva*).

(2.1) Die Brechung von haupttonigem urn. /e/ vor /a/ der Folgesilbe ist häufiger als im Altisländischen (§ 10.1) durchgeführt. Dabei wird urn. /e/ zunächst zu /ja/ gebrochen, das dann im klassischen Altschwedischen meist als /jæ/ erscheint.

Beispiel: urn. **stelan* > aschwed. *stiala* > *stiæla* ‘stehlen’ (: aisl. *stela*; § 10.3.b).

Regional läßt sich der (auch im Altostnorwegischen faßbare [§ 55.3]) Lautwandel /ja/ > /jæ/ bereits vor 1100 in den frühaltschwedischen Runeninschriften beobachten.

Haupttoniges urn. /e/ vor /u/ der Folgesilbe wird zunächst zu /jo/ gebrochen, das dann im Spätaltschwedischen als /jø/ (ab etwa 1350) entgegentritt.

Beispiel: urn. **bernu-* > früh-aschwed. klass.-aschwed. *biorn* > spät-aschwed. *biørn* 'Bär' (: aisl. *bjǫrn*).

Die beiden Lautwandelprozesse /ja/ > /jæ/ und /jo/ > /jø/ werden zusammengenommen auch als progressiver *j*-Umlaut bezeichnet.

(2.2) Besondere ostnordische Brechung von haupttonigem urn. /i/ in der Position vor Tektal (/g/ oder /k/) plus /w/ zu aschwed. /ju/ (: aisl. anorw. /y/ durch *w*-Umlaut [§ 9.2]).

Beispiel: urn. **singwan* > aschwed. *siunga* 'singen' (: aisl. *syngva* [§ 9.2, Beispiel Nr. 21]).

Bisweilen zeigt sich die Brechung zu aschwed. /ju/ auch in der Position zwischen Tektal und /r/ plus Konsonant (also *K_rC*); dabei ist der *input* urn. /u/ (in '*i/j*-Umlautstellung'; § 8.1), z.B. aschwed. *giurþa* 'gürten' (: aisl. *gyrða* < urn. **gurd(i)jan*).

Literatur: Jan Paul Strid, Vokal på glid. Till frågan om östnordisk brytning av kort *y* (= Filologiskt arkiv 46; Stockholm 2007).

(3) Urnordisches (nicht vom *i*-Umlaut betroffenes) /eu ~ iu/ wird im Altschwedischen in allen Positionen als /jū/ fortgesetzt (: aisl. /jū/ nur vor Tektalen und Labialen, sonst /jō/; § 14).

Beispiele: urn. **seukaʀ* > aschwed. *siūker* 'krank' (: aisl. *sjúkr*), urn. **beutan* > aschwed. *biūþa* 'bieten' (: aisl. *bjóða*).

Ausnahme: urn. /eu ~ iu/ > aschwed. /ȳ/ in der Position nach postkonsonantischem /r/.

Beispiel: urn. **breutan* > aschwed. *brȳta* 'brechen' (: aisl. *brjóta*).

(4) Ostnordische Monophthongierung von urn. /ai/ > aschwed. /ē/ (: aisl. /ei/, anorw. /æi/ bzw. aisl. anorw. /ey/ in Umlautposition) und urn. /au/ > aschwed. /ø̄/ (: aisl. anorw. /au/ bzw. /ey/ in Umlautposition).

Beispiele für /ai/ > /ē/: urn. *stainaʀ* > aschwed. *stēn* 'Stein' (: aisl. *steinn*), in Umlautposition urn. **waikwaʀ* > aschwed. *vēker* 'weich' (: aisl. *veykr* [§ 9.2, Beispiel 23], anorw. *væykr*).

Beispiele für /au/ > /ø̄/: urn. **lausaʀ* > aschwed. *lø̄s* 'lose' (: aisl. *lauss*), in Umlautposition urn. **daujan* > aschwed. *dø̄ia* 'sterben' (: aisl. *deyja*).

(5) Haupttoniges /e/ wird in den altschwedischen Handschriften wie in der frühesten altnorwegischen Überlieferung (§ 55.1) nicht selten durch ‹æ› wiedergegeben.

Beispiele: aschwed. *swærþ* 'Schwert' neben *swerþ*, *mæþ* 'mit' neben *meþ*.

(6) In qualitativer Abhängigkeit vom haupt- bzw. starktonigen Vokal tritt dialektal (insbesondere in Västgötaland) Vokalharmonie *e/o* ~ *i/u* in neben- bzw. schwachtonigen Silben auf.

Beispiele: aschwed. *boren* Part. II m. 'geboren' (nach /o/), aber *undir* 'unter' (nach /u/); *ēno* Dat. Sg. n. 'einem' (nach /ē/), aber *sīnu* Dat. Sg. m. 'seinem' (nach /ī/).

Die Regularitäten sind indessen deutlich schwächer als im Altnorwegischen (§ 55.4) ausgeprägt.

In anderen Dialekten hängt die Verteilung von *e/o* ~ *i/u* nicht von der Qualität des haupt- bzw. starktonigen Vokals ab, sondern vom Gewicht der Tonsilbe (sog. Vokalbalance bzw. Vokalgleichgewicht).

Beispiele: aschwed. *mōþer* 'Mutter' (nach schwerer Silbe), aber *faþir* 'Vater' (nach leichter Silbe); *mōþor* Dat. Sg. 'Mutter' (nach schwerer Silbe), aber *faþur* Dat. Sg. 'Vater' (nach leichter Silbe).

Weniger frequent zeigt sich dagegen ein Nebeneinander *æ* ~ *a* (wie teilweise auch im Altostnorwegischen [§ 55.4, Anm. 40]), z.B. aschwed. *blīvæ* 'bleiben' (nach schwerer Silbe), aber *giva* 'geben' (nach leichter Silbe).

Die hier skizzierte Idealverteilung *æ/e/o* ~ *a/i/u* ist in etlichen altschwedischen Texten indessen auch dadurch durchbrochen, daß mit der Vokalbalance eine mehr oder weniger konsequent durchgeführte Vokalharmonie verbunden ist.

(7) Vor allem in der Position zwischen Konsonant und auslautendem /r/ tritt anaptyktischer Vokal (Sproßvokal, Svarabhakti) entgegen, und zwar zumeist klass.-aschwed. und spät-aschwed. *e*, daneben aber auch klass.-aschwed. *æ* (in frühen Handschriften).

Beispiele: klass.-aschwed. *maþær*, *maþer*, spät-aschwed. *madher* 'Mann' (aisl. *maðr*); klass.- aschwed. *liggær*, *ligger*, spät-aschwed. *ligher* 3. P. Sg. Präs. Ind. 'liegt' (aisl. *liggr*), klass.-aschwed. *niþær*, *niþer*, spät-aschwed. *nidher* 'nieder' (: aisl. *niðr*) etc.

(8) In gewissen Positionen sind die haupttonigen Kurzvokale klass.-aschwed. /i/, /y/, /u/ bis zum Spätaltschwedischen (Mittelschwedischen) zu /e/, /ø/, /o/ weiterentwickelt.

Beispiele: klass.-aschwed. *friþer* (aisl. *friðr*) > spät-aschwed. *fredher* Nom. Sg. 'Frieden'; klass.-aschwed. *spyria* (aisl. *spyrja*) > spät-aschwed. *spøria* Inf. 'fragen'; klass.-aschwed. *spurþe* (aisl. *spurði*) > spät-aschwed. *spǫrdhe* 3. Pers. Pl. Prät. Ind. 'fragten'.

§ 58.2. Konsonantismus

(1) Anlautendes urn. /h/ ist – wie in allen nordgermanischen Sprachen mit Ausnahme des Isländischen (§ 55.4.a) – in der Position vor /l/, /r/ oder /n/ geschwunden.

Beispiele: aschwed. *lǿpa* 'laufen' (anorw. *laupa*) : aisl. *hlaupa*; aschwed. *ringer* 'Ring' (anorw. *ringr*) : aisl. *hringr*; aschwed. *nakke* 'Nacken, Hinterkopf' (anorw. *nakke*) : aisl. *hnakki*.

(2) Anlautendes /v/ bleibt wie auch teilweise im Altnorwegischen (§ 55.5.b) vor /r/ erhalten.

Beispiel: aschwed. *vrēþe* 'Zorn' (anorw. *vræiði*) : aisl. *reiði*, anorw. *ræiði*.

(3) Im Inlaut und im Auslaut erscheint wie im Altnorwegischen (§ 55.4.c) statt der Sequenz /fn/ zumeist /mn/.

Beispiele: aschwed. *iamn*, *iæmn* (vgl. vorhin, § 58.1, sub [2.1]) 'gleich(artig)' (anorw. *jamn*) : aisl. *jafn*, anorw. *jæfn* (< urn. **ebnaʀ*); aschwed. *namn* 'Name' (anorw. *namn*) : aschwed. *nafn*, aisl. anorw. *nafn* (< **namn-*).

Teilweise finden sich im Altschwedischen auch Schreibungen wie *iæmpn*, *nampn*, die auf epenthetischen Konsonanten deuten.

(4) Schon im Frühaltschwedischen kann auslautendes /ʀ/ nach Vokal schwinden, sodaß im klassischen Altschwedischen und im Spätaltschwedischen Formdubletten mit und ohne *-r* entgegentreten können; am häufigsten tritt dieses 'unstete *r*' in der Position nach /a/ entgegen.

Beispiele: aschwed. *iærla* neben *iærlar* Nom. Pl. 'Jarle' (aisl. *jarlar*); aschwed. *gōþe* neben *gōþer* Nom. Pl. m. 'gute' (aisl. *góðir*). Besonders frequent fehlt auslautendes *r* in Pronomina und Präpositionen, z.B. aschwed. *þē*, selten *þēr* Nom. Pl. m. 'sie' (aisl. *þeir*), aschwed. *undi* neben *undir* 'unter' (aisl. *undir*).

Nach Sproßvokal (s. oben, § 58.1 sub [7]) ist *r* nirgends geschwunden, z.B. *fisker* Nom. Sg. 'Fisch' (aisl. *fiskr*), *gōþer* Nom. Sg. m. 'gut' (aisl. *góðr*).

(5) Vielfach werden Doppelkonsonanten vereinfacht, vor allem intervokalisch (nach Langvokal) und im Auslaut.

Beispiele: aschwed. *nāttom* > *nātom* Dat. Pl. 'Nächten' (aisl. *nóttum*); aschwed. *hugg* > *hug* 'Hieb' (aisl. *hǫgg*; /ɔ/ > /u/ nach § 58.1 sub [1.2]).

(6.1) Zur orthographischen Wiedergabe der beiden Phonemvarianten [θ] und [ð] von /θ/: das stimmlose Allophon [θ] wird klass.-aschwed.

‹þ›, spät-aschwed. ‹th› geschrieben, das stimmhafte Allophon [ð] hingegen klass.-aschwed. ‹þ›, spät-aschwed. ‹dh› (bzw. ‹d›; s. sofort, [6.2]).

Beispiele: [θ] klass.-aschwed. ‹þa›, spät-aschwed. ‹tha› 'da' (aisl. *þá*); [ð] klass.-aschwed. ‹hafþe›, spät-aschwed. ‹ha(f)dhe› 3. Pers. Sg. Prät. Ind. 'hatte' (aisl. *hafði*).

(6.2) Im Laufe der spätaltschwedischen Periode kommt es dann zum Verlust des Phonems /θ/: [θ] fällt allmählich mit /t/ zusammen, und das stimmhafte Pendant [ð] wird meist zu /d/ umgegliedert.

Beispiele: [θ] klass.-aschwed. *þrī(r)*, *þrē* > spät-aschwed. *ṯrē* m. 'drei'; [ð] klass.-aschwed. *hafþe*, spät-aschwed. *ha(f)dhe* > spät-aschwed. *hafḏe*, *haḏe*.

(7) Im Spätaltschwedischen schwindet der stimmhafte labiodentale Reibelaut aschwed. [v] (orthographisch als ‹f› oder ‹v› realisiert) bisweilen in der Position vor einem Konsonanten.

Beispiel: klass.-aschwed. *hafþe* (aisl. *hafði*) > spät-aschwed. *hadhe* 3. Pers. Sg. Prät. Ind. 'hatte' (neben *hafdhe*).

Literatur: Die jüngste zusammenfassende Abhandlung zum Thema Phonologie des Altschwedischen stammt von Tomas Riad, The phonological systems of Old Nordic II: Old Swedish and Old Danish. In: The Nordic Languages. An International Handbook of the History of the North Germanic Languages, ed. Oskar Bandle et al. I (= Handbücher zur Sprach- und Kommunikationswissenschaft 22,1; Berlin – New York 2002), 896–911 (mit weiterer Literatur).

VI.3. Morphologische Charakteristika

§ 59. Im Bereich der Flexionsmorphologie ist v.a. auf folgende Punkte aufmerksam zu machen:

(1) Charakteristischer Dativ Pl. (aller drei Genera) von Substantiv plus suffigierter Artikel aschwed. *fōto-men* 'den Füßen' (: aisl. *fótu-num*), aschwed. *laghu-min* 'den Gesetzen' (: aisl. *lǫgu-num*).

Selten sind auch die Formen klass.-aschwed. *-unum*, *-onom* (wie im Altwestnordischen) sowie spät-aschwed. *-omon* bezeugt.

(2) Was die Verbalmorphologie betrifft, ist der Ausgang *-(e)r* der 2. und 3. Person Sg. Präsens Ind. auf die 1. Person Sg. analogisch übertragen worden.

Beispiel: klass.-aschwed. *biþer* (> spät-aschwed. *bidher*) 1. Pers. Sg. Präs. Ind. '[ich] bitte' (: aisl. *bið*).

(3) Bei den schwachen Verba sind auch die Ausgänge des Präteritum Sg. formengleich (klass.-aschwed. *-þe*).

Beispiel: klass.-aschwed. *lifþe* 1./2./3. Pers. Sg. Prät. Ind. 'lebte(st)' (: aisl. *lifði* – *lifðir* – *lifðir*).

(4) Die 2. Person Pl. geht, und zwar im Präsens und im Präteritum (sowohl Indikativ als auch Konjunktiv) aller Verbalklassen, auf *-in/-en* aus.

Beispiel: klass.-aschwed. *vilin* 2. Pers. Pl. Präs. Ind. 'wollt' (: aisl. *vilið*); klass.-aschwed. *skutin* 2. Pers. Pl. Prät. Ind. 'schoßt' (: aisl. *skutuð*).

Im Spätaltschwedischen kann der Ausgang *-in/-en* in der 2. Person Pl. (Präs./Prät.) Indikativ durch den der 3. Person Pl. (Präs./Prät.) Indikativ ersetzt werden, z.B. klass.-aschwed. *hēten* → spät-aschwed. *hēta* 2. Pers. Pl. Präs. Ind. 'heißt' (: aisl. *heitið*), klass.-aschwed. *sēn* → spät-aschwed. *sē* (**sē-a*) 2. Pers. Pl. Präs. Ind. 'seht' (: aisl. *séð*).

(5) Die Formen des Mediopassivs gehen fast durchwegs auf *-s* oder (seltener) auf *-z* aus.

Beispiele: klass.-aschwed. *sǣttæs* Inf. 'sich versöhnen' (: aisl. *settisk*); klass.-aschwed. *biūz* 3. Pers. Sg. Präs. Ind. 'wird geboten' (: aisl. *býzk*).

Anm. 43: Eine Syntax des (klassischen) Altschwedischen ist m. W. noch nicht geschrieben.

***

Anm. 44: Eine dritte altostnordische Sprachvarietät ist das Altgutnische auf der Ostseeinsel Gotland, die in der Wikingerzeit eine hervorragende Rolle als Drehscheibe im einträglichen Handel mit Osteuropa gespielt hat. Von den nicht allzu zahlreichen Quellen sind neben ca. 240 les- bzw. deutbaren Runeninschriften im jüngeren Fuþąrk das gotländische Recht (*Gutalagen*) und die *Guta saga* 'Saga von den Gotländern' (beide aus dem frühen 13. Jahrhundert; handschriftlich überliefert in SKB B 64, um 1350) am wichtigsten. – Zu den wichtigsten Charakteristika des Altgutnischen auf lautlicher Ebene zählen:

(1) Urnordisches (nicht vom *i*-Umlaut betroffenes) /eu ~ iu/ wird zumeist als Triphthong /iau/ fortgesetzt (: aschwed. /jū/, s. § 58.1 sub [3]; aisl. /jū/ und /jō/, s. § 14), z.B. agutn. *biauþa* 'bieten' : aschwed. *biūþa*, aisl. *bjóða* (< urn. **beutan*).

(2) Die Ostnordische Monophthongierung (§ 58.1 sub [4]) ist nicht durchgeführt, z.B. agutn. *stain* 'Stein' : aschwed. *stēn* (< urn. *stainaʀ*); agutn. *laus* 'lose' : aschwed. *lǿs* (< urn. **lausaʀ*), in Umlautposition agutn. *doya* 'sterben' : aschwed. *dǿia* (< urn. **daujan*).

(3) Statt an. /æː/ und /ø(ː)/ erscheinen /eː/ und /y(ː)/, z.B. agutn. *klēþi* 'Kleid' : aschwed. *klǣþe*, aisl. *klæði*; agutn. *dȳma* : aschw. *dǿma*, aisl. *dœma* (< urn. **dōmija-*) etc.

(4) Wie im Altisländischen (und in den alten südwestnorwegischen Dialekten) schwindet anlautendes /v/ in der Position vor /r/, z.B. agutn. **raiþi* 'Zorn' (aisl. *reiði*, anorw. *ræiði*) : anorw. *vræiði*, aschwed. *vrēþe* (vgl. § 55.5.b, § 58.2 sub [2]).

Literatur: Das Altgutnische wird mitbehandelt von Adolf Noreen, Altnordische Grammatik. II: Altschwedische Grammatik mit Einschluß des Altgutnischen (Halle/Saale 1904). – Ein guter Überblicksartikel ist Dietrich Hofmann, Gotlands alte Sprache und ihre Zeugnisse. In: Gotland. Tausend Jahre Kultur- und Wirtschaftsgeschichte im Ostseeraum, bearb. Robert Bohn (= Kieler Histor. Studien 31; Sigmaringen 1988), 27–40 (mit Literatur). – Die runenepigraphischen Texte untersucht Thorgunn Snædal, Medan världen vakar. Studier i de gotländska runinskrifternas språk och kronologi (= Runrön 16; Uppsala 2002).

VII. Anhang C: Altdänisch

VII.1. Überlieferung

§ 60. Grundsätzlich trifft etliches von dem, was über das Altschwedische konstatiert wurde (Abschnitt VI), in ähnlicher Form auf das Altdänische zu. – Bereits mit dem Einsetzen der runenepigraphischen Überlieferung zeigen sich im alten Dänemark dialektale Differenzierungen, und zwar vor allem zwischen den Sprachvarietäten in Jütland (*jysk*), auf den dänischen Inseln (meist vereinfachend: *sjællandsk*) und in Schonen (*skånsk*); in der geschriebenen Sprache sind gewisse Normierungstendenzen in Richtung Inseldänisch (Altzentraldänisch) zu bemerken.

Zum dänischen (Sprach-)Gebiet zählen in der Wikingerzeit und im Mittelalter auch die heute südschwedischen Landschaften Schonen, Blekinge und Halland. – Das alte Schonische (Altostdänische) stimmt in manchem zu den benachbarten altschwedischen Dialekten. Am progressivsten ist das alte Jütische (Altwestdänische): dort nimmt eine Reihe sprachlicher Neuerungen ihren Ausgang.

Die ältesten Sprachdenkmäler sind wie in Norwegen und Schweden Runeninschriften: aus Dänemark sind im jüngeren Fuþąrk etwa 750 runenepigraphische Texte überliefert, von denen die meisten in die spätere Wikingerzeit (also in das 11. Jahrhundert) gehören.

Wie in Schweden setzt auch die volkssprachige literarische Überlieferung in Dänemark zur Mitte des 13. Jahrhunderts ein. Die älteste erhaltene Handschrift ist SKB B 74, 4°, die u.a. das Schonische Recht (*Skånske Lov*) enthält. Fiktionale Werke (i.e. literarische Texte im engen Sinn) sind bis in das 15. Jahrhundert hinein nicht überliefert.

Was in Dänemark um 1200 an (alten) Erzählungen im Umlauf gewesen ist, läßt sich zum Teil aus dem von Saxo Grammaticus lateinisch verfaßten Geschichtswerk *Gesta Danorum* des rückschließen.

Innerhalb des Altdänischen trennt man das in den Runeninschriften bezeugte Frühaltdänische (*olddansk*; ca. 720/730–1100, also in die altnordische Periode hineinführend) vom mittelalterlichen Altdänischen im engeren Sinn (*gammeldansk*), das bis 1525 reicht.

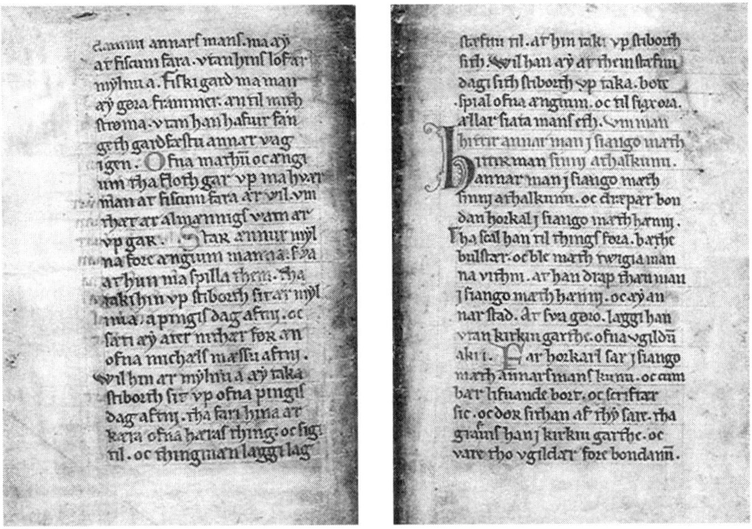

Abb. 5: Zwei Seiten aus der altdänischen Handschrift SKB B 74, 4° (Passagen aus dem Schonischen Recht auf fol. 90^{v} und 91^{r}). – Nach *Wikimedia Commons*, online im Internet: URL http://upload.wikimedia.org/wikipedia/commons/8/8e/ScanianLaw_B74.jpg (Stand: 15.8.2010).

Beim mittelalterlichen Dänischen seinerseits unterscheidet man eine ältere, überlieferungsärmere Phase (ca. 1100–1350), um die es im folgenden gehen soll, und eine jüngere Stufe (ca. 1350–1525); danach beginnt das Neudänische.

Literatur (Grammatik, Wörterbuch, Etymologikon): 1. Das (einzige) Referenzwerk, was die Grammatik des Altdänischen betrifft, ist das monumentale Werk von Joh[anne]s Brøndum-Nielsen, Gammeldansk Grammatik i sproghistorisk Fremstilling. I–VIII (København 1928–1973).

2. Der Wortschatz ist in Otto Kalkar, Ordbog til det ældre danske sprog (1300–1700). I–IV (København 1881–1907, repr. 1976). V: Supplement (København 1976) verbucht; davon sind die Bände I–IV auch online im Internet zugänglich: URL http://www.hist.uib.no/kalkar/ (Stand: 15.8.2010).

3. Als indirektes Etymologikon des Altdänischen kann Niels Åge Nielsen, Dansk etymologisk ordbog. Ordenes historie (København ^{2}1989 u.ö.) benutzt werden.

VII.2. Phonetisch-phonologische Charakteristika

§ 61.0. Im folgenden sind nur die wichtigsten (z.T. auch morphophonologisch nicht relevanten) phonetisch-phonologischen Merkmale der altdänischen Sprachvarietäten (hauptsächlich) im Vergleich zu den Sprachvarietäten des Altschwedischen aufgeführt.

§ 61.1. Vokalismus

(1–7) Die in § 58.1 (S. 159 ff.) für das Altschwedische genannten Lautwandelprozesse sind (meist früher) auch im Altdänischen eingetreten.

Es heißt sonach (1) adän. *annur* Nom. Sg. f. ‘andere’ (aisl. *ǫnnur*), *sak* ‘(Rechts-) Sache, Anklage’ (aisl. *sǫk*), aber adän. *logh* Pl. ‘Gesetze’ (: aschw. *lagh*), *børn* Nom. Pl. ‘Kinder’; (2.1) adän. *stiala*, *stiælæ* ‘stehlen’, *miok*, *miøk* ‘viel’, (2.2) adän. *siungæ* ‘singen’; (3) adän. *siūkær* ‘krank’, *biūthæ* ‘bieten’; (4) adän. *stēn* ‘Stein’, *ø̄gha* ‘Auge’, *dø̄(a)* ‘sterben’; (5) adän. *swærth*; (6) adän. *bonden* ‘der Bauer’, aber *hini* Nom. Pl. m. ‘jene’ (aisl. *hinir*), adän. *ēno* Dat. Sg. ‘einem’, aber *fiskum* Dat. Pl. ‘den Fischen’, schließlich adän. *hafa* ‘haben’, aber *haldæ* ‘halten’; (7) adän. *fællær* 3. P. Sg. Präs. Ind. ‘fällt’, ferner *hærbærægh* ‘Herberge’, *kirkisōkæn* ‘Kirchspiel’ (: aisl. *-sókn*).

Ad (2.2) und (3): Adän. /ju/ (< urn. /i/ vor *Kw*) und /jū/ (< urn. /eu ~ iu/) werden sodann in den meisten Positionen weiterentwickelt zu /y/ und /ȳ/, z.B. adän. *siungæ* > *syngæ* ‘singen’, adän. *biūthæ* > *bȳthæ* ‘bieten’. – Ad (4): Im Jütischen werden die ostnordischen Monophthonge /ē/ und /ō/ zu /iə/ ‹ie› und /uə/ ‹wo› gebrochen, z.B. adän. *ēn* > *ien* ‘ein’, adän. *gōth* > *gwoth* ‘Gut, Ware’. – Ad (6): Vokalharmonie bzw. -balance zeigt nur das Schonische; im Jütischen und Inseldänischen kommt es zur Reduktion der Schwachtonvokale (s. sofort, [8]).

(8) Eine spezifisch dänische ‘Akzentballung’ führt seit dem 12. Jahrhunderts zur Reduktion von schwachtonigen Vokalen bzw. zum Zusammenfall in /ə/ ‹æ› (*infortissvækkelse*).

Beispiel: adän. *kallæ* Inf. ‘rufen’ (: aodän. *kalla*), adän. *takæ* 3. P. Sg. Konj. I ‘[er] nehme’ (aisl. *taki*). Am längsten haben sich *e/i* und *o/u* gehalten, v.a. im Schonischen (aodän. *fangit* Part. II n. ‘bekommen’). – Im Jütischen schwindet dann ‘reduziertes’ *-ə* (auch in Zweisilblern) teilweise, z.B. awdän. *kall* Inf. ‘rufen’ : adän. *kallæ*; awdän. *scul* 3. P. Pl. Präs. Ind. ‘sollen’ : adän. *sculæ* (aisl. *skulu*).

Anm. 45: Als Folge dieser ‘Akzentballung’ hat sich auch der Stoßton (*stød*) im Dänischen herausgebildet – wann genau, läßt sich nicht feststellen.

(9) Eine ‘gemeinnordische’ Dehnung von Kurzvokal vor einfachem Konsonanten nimmt im Alt(west)dänischen ihren Ausgang.

Beispiel: adän. *sā̲k* ‹saak› ‘(Rechts-)Sache, Anklage’ neben *săk* (aisl. *sǫk*), adän. *lō̲tæ* ‹lootæ› Nom. Pl. ‘Teile’ neben *lŏtæ* (aisl. *hlutr* Nom. Sg.).

§ **61.2.** Konsonantismus

(1–5) Die in § 58.2 (S. 162) für das Altschwedische genannten Lautwandelprozesse sind auch im Altdänischen eingetreten.

Es heißt sonach (1) adän. *løpæ* ‘laufen’ (aisl. *h̲laupa*), *ross* ‘Roß, Pferd’ (aisl. *h̲ross*) und *nøt* ‘Nuß’ (aisl. *h̲not*); (2) adän. *w̲ræka* ‘treiben’ (aisl. *reka*); (3) adän. *iæm̲n* ‘gleich(artig)’ (aisl. *jafn*); (4) adän. *thiūf* ‘Dieb’ (aisl. *þjófr̲*), *thē* Nom. Pl. m. ‘sie’ (aisl. *þeir̲*); (5) adän. *nāt̲* ‘Nacht’ (aisl. *nótt*).

Ad (3): Die Assimilation *fn* → *mn* ist im wesentlichen auf das Schonische beschränkt.

(6) Im 13. Jahrhundert beginnt die *klusilsvækkelse* einzusetzen. Dabei werden die stimmlosen Plosive /p/, /t/ und /k/ intervokalisch und im postvokalischen Auslaut ‘geschwächt’: es entstehen stimmhafte Plosive (die zu /b/, /d/ und /g/ umgegliedert werden).

In der Orthographie der älteren Handschriften spiegelt sich der Lautwandel indessen nur ausnahmsweise wider, z.B. *lēg̲isgift* ‘Arztzahlung’ (vgl. aisl. *læknir* ‘Arzt’). – Aus den neu entstandenen stimmlosen Plosiven werden in der weiteren Folge meist Frikative (s. sofort, [7]).

Hinweis: Schon bei Saxo Grammaticus (um 1200; s. oben, § 60) scheint die Lenierung in Beispielen wie *Krag̲e* (Gesta Dan. II,6,12), Beiname des (aisl.) *Hrólfr kraki*, greifbar.

(7) Die stimmhaften Plosive *b*, *d* und *g* werden intervokalisch und im postvokalischen Auslaut zu den Frikativen *β*, *ð* und *γ* weiterentwickelt. (Es entstehen also Allophone: /b ~ β/, /d ~ ð/, /g ~ γ/.)

Adän. *β*, *ð* und *γ* werden in den Handschriften zumeist als ‹b›, ‹th› und ‹gh› wiedergegeben; Beispiele: adän. *løb̲æ* ‘laufen’ (aisl. *hlaupa*), adän. *bæt̲h̲ræ* ‘verbessern, büßen’ (aisl. *betra*), *drag̲h̲æ* ‘ziehen’ (aisl. *draga*). – Das alte Schonen wird von diesem Lautwandelprozeß nicht erfaßt.

(8) /þ/ [θ] ‹th› fällt bald mit /t/ zusammen.

Beispiel: adän. *t̲h̲ing* > *t̲ing* ‘Ding’ (aisl. *þing*).

Literatur: Die jüngste zusammenfassende Abhandlung zum Thema Phonologie des Altdänischen stammt von Tomas Riad, The phonological systems of Old Nordic II: Old Swedish and Old Danish. In: The Nordic Languages. An

International Handbook of the History of the North Germanic Languages, ed. Oskar Bandle et al. I (= Handbücher zur Sprach- und Kommunikationswissenschaft 22,1; Berlin – New York 2002), 896–911 (mit weiterer Literatur).

VII.3. Morphologische Charakteristika

§ 62. Zu den auffälligsten Erscheinungen auf dem Gebiet der Flexionsmorphologie zählen:

(1) Vereinfachte Nominalflexion als Folge von Homonymie der Kasusausgänge (Flexive) bzw. Reduktion des alten Flexionsklasseninventars.

So hat das Paradigma bei den (urnordischen) maskulinen *a*-Stämmen in den alten west- und zentraldänischen Varietäten im Singular nur mehr zwei Ausgänge (Nom./Dat./Akk. *thiūf-Ø* 'Dieb', Gen. *thiūf-s*), im Plural gar nur einen Ausgang (Nom./Gen./ Dat./Akk. *thiūf-æ*); teilweise dringt das Genetiv-*s* indessen in den Plural, z.B. awdän. *ūtæn skipmenẕ orlof* 'ohne Erlaubnis der Seeleute („Schiffsmänner")'. – Das Schonische ist konservativer (Dat. Sg. aodän. *thiūf-i*, Gen. Pl. *thiūf-a*, Dat. Pl. *thiūf-um*; alt auch Nom. Sg. *thīuf-ær*).

(2) Vereinfachte Verbalflexion als Folge von Homonymie der Personalkennzeichen; wie im Altschwedischen (§ 59, [2–3]) entsteht ein 'Einheits-Singular' im Präsensparadigma aller Verba sowie im Präteritumparadigma der schwachen Verba.

Beispiele: 1./2./3. Pers. Sg. Präs. Ind. adän. *giuær* 'gebe, gib(s)t' (: 1./2./3. Pers. Pl. *giuæ* 'geben, gebt', st. Vb.), *kallær* 'rufe, ruf(s)t' (: *kallæ* 'rufen, ruft', sw. Vb.); 1./2./3. Pers. Sg. (und dazu Pl.!) Prät. Ind. adän. *kallæþæ* 'rief(st)' (sw. Vb.). – In den älteren (v.a. jütischen) Texten ist die 1. Person Sg. Präs. Ind. noch von der 2./3. Person unterschieden (awdän. *døpæ̱* 'ich taufe' : *-ær*).

(3) Wie im Altschwedischen (§ 59, [5]) gehen die Formen des Mediopassivs durchwegs auf *-(æ)s* aus.

Beispiel: adän. *giuæs* 3. Pers. Sg. Präs. 'wird gegeben, zuteil' (aisl. *gefsk*), *lægs (mæth)* 3. Pers. Sg. Präs. 'legt sich, hält Beilager [mit]' (aisl. *leggsk*).

Anm. 46: Eine S y n t a x des Altdänischen ist m. W. noch nicht geschrieben.

VIII. Bibliographie

Es handelt sich um eine (mit Bedacht ungleich gewichtete) Auswahlbibliographie. – Umfassende Literaturangaben und/oder Titel zu speziell(er)en (literaturwissenschaftlichen) Fragestellungen können mit Hilfe der in Rubrik 10 (Bibliographische Hilfsmittel) angeführten Werke eruiert werden.

VIII.1. Sprachwissenschaftliche Lexika

Aus einer Vielzahl geeigneter Nachschlagewerke sind etwa zu nennen:

[1.1] Lexikon sprachwissenschaftlicher Termini, ed. Rudi Conrad (Berlin 1985 = ^{2}1988).

Konzises und solides Werk.

[1.2] David Crystal, The Cambridge Encyclopedia of Language (Cambridge ^{2}1997). – Deutsche Übersetzung: Die Cambridge Enzyklopädie der Sprache (Frankfurt/Main – New York $^{[1]}$1995 u.ö.).

Gut lesbare Ein-Band-Enzyklopädie, die durch den „Index of topics“ (Originalausgabe S. 465 ff.) auch ‘gegen den Strich’ als Lexikon benutzt werden kann.

[1.3] Metzler-Lexikon Sprache, ed. Helmut Glück (Stuttgart – Weimar ^{3}2005).

[1.4] Hadumod Bußmann [et al.], Lexikon der Sprachwissenschaft (= Kröners Taschenausgabe 452; Stuttgart ^{4}2008).

Zwei sehr informative Nachschlagewerke.

VIII.2. Handbuch

[2.1] Altnordische Philologie. Norwegen und Island, ed. Odd Einar Haugen (Berlin – New York 2007).

Außerordentlich nützliches Gemeinschaftswerk norwegischer Altskandinavist(in-n)en; Beiträge zu Runologie, Paläographie, Textkritik, Sprache und Literatur.

VIII.3. Geschichte der nordgermanischen Sprachen

[3.1] Elias Wessén, Die nordischen Sprachen (= Grundriß der german. Philologie 4; Berlin 1968).

Übersetzung von E. W., De nordiska språken (Stockholm ^{1}1941 [u.ö., zuletzt ^{10}1975]). – Konzises Übersichtswerk; der Schwerpunkt liegt auf Schwedisch.

[3.2] Einar Haugen, Die skandinavischen Sprachen. Eine Einführung in ihre Geschichte (Hamburg 1984).

Übersetzung und Bearbeitung von E. H., The Scandinavian Languages. An Introduction to Their History (Cambridge/Mass. 1976). – An sich ein recht übersichtliches Handbuch, in dem „die Geschichte und Struktur der skandinavischen Schriftsprachen Dänisch, Danonorwegisch, Neunorwegisch, Schwedisch, Färöisch und Isländisch" behandelt werden (Umschlagtext); die Darstellung selbst ist allerdings in manchen Punkten eigenwillig.

[3.3] Ulrich Groenke, Die Sprachenlandschaft Skandinaviens (= Germanist. Lehrbuchsammlung 25; Berlin 1998).

Empfehlenswertes Überblickswerk.

[3.4] Oskar Bandle, Die Gliederung des Nordgermanischen (= Beiträge zur nord. Philologie 1; Basel – Stuttgart 1973).

Grundlegende historisch-dialektologische Untersuchung.

[3.5] Ottar Grønvik, Untersuchungen zur älteren nordischen und germanischen Sprachgeschichte (= Osloer Beiträge zur Germanistik 18; Frankfurt/Main etc. 1998).

Vereinigt drei übergreifende Abhandlungen des verdienten norwegischen Gelehrten; im Mittelpunkt steht die Untersuchung des Übergangs vom Urnordischen zum Altnordischen.

[3.6] Finnur Jónsson, Norsk-islandske kultur- og sprogforhold i 9. og 10. årh. (= Det Kgl. Danske Videnskabernes Selskab, Histor.-filolog. Meddelelser 3,2; København 1921).

Teilweise veraltetes Werk, dessen Hauptkapitel „Sproglige forhold i Norge og Island" (S. 192–327) aber noch immer mit einigem Gewinn benutzt werden kann.

[3.7] Rune Palm, Vikingarnas språk 750–1100 (Stockholm 2004).

Gut lesbares, auf Schweden zentriertes Überblickswerk mit einer 'Kleinen Wikingergrammatik' S. 249 ff.

[3.8] Didrik Arup Seip / Laurits Saltveit, Norwegische Sprachgeschichte (= Grundriß der german. Philologie 19; Berlin – New York 1971).

[3.9] Elias Wessén, Schwedische Sprachgeschichte. I-III (= Grundriß der german. Philologie 18; Berlin 1970).

[3.10] Peter Skautrup, Det danske Sprogs Historie. I-IV (København 1944–1968).

Drei 'Spezialsprachgeschichten'.

[3.11] The Nordic Languages. An International Handbook of the History of the North Germanic Languages, ed. Oskar Bandle et al. I (= Handbücher zur Sprach- und Kommunikationswissenschaft 22,1; Berlin – New York 2002).

Monumentales Werk, das 118 Artikel auf insgesamt 1057 Seiten enthält. Einschlägig sind v.a. die Abschnitte VIII (Ancient Nordic [1st–7th century]; S. 605 ff.), IX (From Ancient Nordic to Old Nordic [from the 6th century until 1100]; S. 691 ff.) und X–XI (Old Nordic [from 1100 to the mid-14th century]; S. 778 ff.).

VIII.4. Runenkunde

[4.1] Klaus Düwel, Runenkunde (= Sammlung Metzler 72; Stuttgart ^{4}2008).

Gelungene Einführung, die (auch) durch ihren Materialreichtum besticht: im Gegensatz zu vergleichbaren Werken sind Inschriften sämtlicher Fundgebiete ausführlich behandelt.

[4.2] Wolfgang Krause / Herbert Jankuhn, Die Runeninschriften im älteren Futhark. I–II (= Abhandlungen der Akademie der Wissenschaften in Göttingen, philolog.-histor. Klasse, 3. F., 65; Göttingen 1966).

Standardedition, die mehr als vierzig Jahre nach ihrem Erscheinen durch zahlreiche Neufunde ergänzungs- und auch revisionsbedürftig ist.

[4.3] Runeninschriften als Quellen interdisziplinärer Forschung, ed. Klaus Düwel / Sean Nowak (= Ergänzungsbände zum Reallexikon der Germanischen Altertumskunde 15; Berlin – New York 1998).

[4.4] The *fuþark* and Its Development, ed. Alfred Bammesberger / Gaby Waxenberger (= Ergänzungsbände zum Reallexikon der German. Altertumskunde 51; Berlin – New York 2006).

Zwei Sammelbände, die den rezenten Stand der Forschung widerspiegeln.

[4.5] Runebibliografi. In: Nytt om runer. Bd. 1–19 (1986–2004 [2006]).

Wichtige (laufende) Bibliographie in der einzigen runologischen Fachzeitschrift, die ihr Erscheinen eingestellt hat. Immerhin sind *Annual Runic Bibliographies* online im Internet abrufbar (URL http://www.khm.uio.no/forskning/publikasjoner/runenews/biblio.htm; Stand: 15.8.2010), doch die letzte *Temporary runic bibliographie* verbucht erst die Veröffentlichungen des Jahres 2007.

VIII.5. Grammatiken – Altwestnordisch

[5.1] Wolfgang Krause, Die Sprache der urnordischen Runeninschriften (Heidelberg 1971).

Solides Werk in junggrammatischer Tradition, basierend auf der Ausgabe von Krause / Jankuhn (s. oben, Nr. 4.2).

[5.2] Elmer H. Antonsen, A Concise Grammar of the Older Runic Inscriptions (= Sprachstrukturen, Reihe A, 3; Tübingen 1975).

Strukturalistisches Gegenstück zu Krauses Werk. Obzwar der hier verfolgte Ansatz zweifellos methodologisch ein Fortschritt ist, ist die Studie teilweise durch problematische Lesungen und Deutungen entwertet.

[5.3] Hans Frede Nielsen, The Early Runic Language of Scandinavia. Studies in Germanic Dialect Geography (Heidelberg 2000).

Wichtige dialektgeographische Studie. Wie erwähnt (§ 1.2), kommt der Autor zu dem Schluß, daß nur *Early Norse* (in herkömmlicher Terminologie: das Späturnordische und dann das Altnordische) die Sprache der frühen skandinavischen Runeninschriften (vom späten 2. Jahrhundert bis gegen 500) fortsetzt, nicht aber das Altenglische und die übrigen alten nordseegermanischen Einzelsprachen, deren Schwachtonvokalismus sich nicht auf das 'Frührunische' zurückführen läßt.

[5.4] Adolf Noreen, Altnordische Grammatik. I: Altisländische und altnorwegische Grammatik (Laut- und Flexionslehre) unter Berücksichtigung des Urnordischen (Halle/Saale ^{4}1923 = Tübingen ^{5}1970). [II: Altschwedische Grammatik mit Einschluß des Altgutnischen (Halle/Saale 1904).]

Auch online im Internet: URL http://www.ling.upenn.edu/~kurisuto/germanic/oi_noreen_about.html [bzw. http://www.ling.upenn.edu/~kurisuto/germanic/oswed_noreen_about. html#images (Stand: 15.8.2010). – Unentbehrliche 'große Grammatik' mit umfangreicher Materialdokumentation, noch immer Standardwerk, wenn auch die junggrammatische Darstellung naturgemäß revisionsbedürfig ist.

Abschnitte über Wortbildungslehre und Syntax fehlen. – Ein 'neuer Noreen' wird derzeit in Greifswald vorbereitet; dabei soll von neuem auf die Handschriften zurückgegriffen und eine korpusbezogene, nicht normalisierte Flexionsmorphologie erarbeitet werden; vgl. Hans Fix, Eine neue altisländische Grammatik auf Handschriftengrundlagen. In: Neue historische Grammatiken. Zum Stand der Grammatikschreibung historischer Sprachstufen des Deutschen und anderer Sprachen, ed. Anja Lobenstein-Reichmann / Oskar Reichmann (= Reihe Germanist. Linguistik 243; Tübingen 2003), 123–145.

[5.5] Ferdinand Holthausen, Lehrbuch der altisländischen Sprache (Weimar 1895/96). I: Altisländisches Elementarbuch. II: Altisländisches Lesebuch.

Die Abschnitte über Laut- und Formenlehre folgen zum Teil der Darstellung Noreens (s. vorhin, Nr. 5.4); darüber hinaus enthält das Werk auch Kapitel über Wortbildungslehre und Syntax (in bisweilen eigenwilliger Darbietung).

[5.6] M[arius] Nygaard, Norrøn syntax (Kristiania 1905 [1906] = Oslo 1966). – Ders., Bemerkninger, rettelser og supplementer (= Videnskapsselskapets Skrifter, II: Histor.-filosof. Kl., 1916,5; Kristiania 1917).

Methodologisch zum Teil veraltetes, aber wegen seiner Materialfülle noch immer nützliches Werk.

[5.7] Andreas Heusler, Altisländisches Elementarbuch (= German. Bibliothek, I: Sammlung German. Elementar- und Handbücher, Reihe 1: Grammatiken; Heidelberg ^{3}1932 [u.ö., zuletzt ^{7}1967]).

Sehr gehaltvolles Werk. Nicht nur die Lautlehre, sondern auch die Formenlehre ist diachronisch angelegt (Vergleich mit dem Gotischen); wichtig und wertvoll ist vor allem der Syntaxteil (S. 110 ff.).

[5.8] Wolfgang Krause, Abriß der altwestnordischen Grammatik (Halle/ Saale 1948).

Beschränkt sich auf Laut- und Formenlehre; in diesem Rahmen solide (sprachhistorisch orientierte) Darstellung.

[5.9] Siegfried Gutenbrunner, Historische Laut- und Formenlehre des Altisländischen. Zugleich eine Einführung in das Urnordische (Heidelberg 1951).

Titel und Untertitel sind *self-explaining*: fast ausschließlich diachronisch ausgerichtet.

[5.10] Harry Andersen, Oldnordisk grammatik. Lydlære, formlære, hovedpunkter af syntaksen (o. O. [København] ^{3}1954 = 1966).

Trotz des Titels eine (solide und 'mittellange') Grammatik des Altisländischen.

[5.11] E. V. Gordon / A. R. Taylor, An Introduction to Old Norse (Oxford ^{2}1957 [u.ö.]).

Darin: „A short grammar of Old Norse“ (S. 265 ff.).

[5.12] Elias Wessén, Isländsk grammatik (Lund ^{2}1966).

Grammatik des Altisländischen, auf Laut- und Flexionslehre beschränkt.

[5.13] Ragnvald Iversen / E[yvind] F[jeld] Halvorsen, Norrøn grammatikk (o. O. [Oslo] ^{7}1972 = 1984).

Durchaus solides Werk, das auch knappe Bemerkungen zur Wortbildung (S. 159 ff.) und einen Syntaxteil (S. 123 ff.) enthält.

[5.14] Eskil Hansen / Else Mundal / Kåre Skadberg, Norrøn grammatikk. Lydlære, formlære og syntaks i historisk framstilling (Oslo – Bergen – Tromsø 1975).

Traditionelle Darstellung; besonders gelungen ist der Syntaxteil von Kåre Skadberg (S. 114 ff.). – Vgl. die ausführliche Rezension von Helge Dyvik (in: Maal og Minne 1977, 124–146).

[5.15] Friedrich Ranke / Dietrich Hofmann, Altnordisches Elementarbuch (= Sammlung Göschen 2214; Berlin – New York ^{4}1979 = ^{5}1988).

Sehr solide, aber insgesamt zu knapp geratene Einführung in das Altisländische, die auch einen kurzen Überblick über die übrigen altnordischen Sprachen enthält.

[5.16] Alf Torp [/ Gösta Holm], Gamalnorsk ordavleiding (= Scripta minora Regiae Societatis Humaniorum Litterarum Lundensis 1973–1974, 2; Lund 1974).

Um einen Registerteil vermehrte Neuausgabe der 1909 (und zwar im Anhang von Marius Hægstad / Alf Torp, Gamalnorsk ordbok med nynorsk tyding) publizierten Darstellung.

[5.17] Sigrid Valfells / James E. Cathey, Old Icelandic. An Introductory Course (Oxford 1981).

Keine Grammatik im herkömmlichen Sinn, sondern ein Lehrbuch (wie für ‘lebende’ Sprachen) in 35 Lektionen; die Grundthese des Autorenduos ist, daß auch passive Sprachbeherrschung einen „active intellectual input“ haben müsse (S. v).

[5.18] Apolonia Załuska-Strömberg, Grammatik des Altisländischen. Mit Lesestücken und Glossar (Hamburg 1982).

Mit einigen sachlichen Ungenauigkeiten und Druckfehlern behaftetes Werk; *caveat lector*!

[5.19] Else Ebel, Kleine altisländische Grammatik (Bochum ^{2}1986 [u.ö., zuletzt ^{6}1992]).

Zu knappe konventionelle Darstellung, in der graphematische und phonetisch-phonologische Ebene nicht immer sauber auseinandergehalten werden. – Das Werk ist nun unverändert erschienen als: Kleine Grammatik des Altisländischen (= Texte des skandinav. Mittelalters, Ergänzungsbd. 1; Metelen – Steinfurt 1999).

[5.20] Terje Spurkland, Innføring i norrønt språk (Oslo ^{4}1996).

Gediegene (und solide) Darstellung.

[5.21] Mª Pilar Fernández Álvarez, Antiguo islandés. Historia y lengua (Instrumenta studiorum, Lenguas Indoeuropeas; Madrid 1999).

Viel zu breit geratene Einführung, die nicht frei von Irrtümern und Inkonsequenzen ist.

[5.22] Michael Barnes, A New Introduction to Old Norse. I: Grammar (London 1999).

Solide Darstellung (in etwas ungewohntem Gewande).

[5.23] Andrea de Leeuw van Weenen, A Grammar of Möðruvallabók (= CNWS Publications 85; Leiden 2000).

Handschriftengrammatik von hohem Wert: eine lückenlose Darstellung von Orthographie und Flexionsmorphologie der um die Mitte des 14. Jahrhunderts entstandenen *Mǫðruvallabók* (AM 132, fol.), eine Handschrift, die eine Reihe von Isländersagas enthält. Das Werk bildet eine willkommene Ergänzung bzw. ein notwendiges Korrektiv zu den normalisierten Grammatiken.

[5.24] Yvonne S. Bonnetain, Breve grammatica dell'islandese antico (= Quaderni di Hesperides, Serie manuali, 4; Trieste 2001).

Nicht zu empfehlende Darstellung auf dem 'Stand von gestern'.

[5.25] Odd Einar Haugen, Grunnbok i norrønt språk (Oslo ^{4}2001).

Als Lernbehelf für das Fernstudium konzipiert; übersichtlich, ausführlich und methodologisch ausgereift. Enthält auch einen ausführlichen Syntax-Abschnitt (S. 207 ff.). – Eine kürzere deutsche Version findet sich online im Internet: URL http://folk.uib.no/hnooh/Grammatik/ (Stand: 15.8.2010).

[5.26] Astrid van Nahl, Einführung in das Altisländische. Ein Lehr- und Lesebuch (Hamburg 2003).

Grammatik und Lesebuch zugleich; jedes Kapitel enthält eine Portion Laut- und Formenlehre bzw. Satzlehre samt kleineren Aufgaben sowie einen Textteil (mit literarhistorischen Erläuterungen).

[5.27] Jan Terje Faarlund, The Syntax of Old Norse. With a survey of the inflectional morphology and a complete bibliography (Oxford 2004).

Solides und übersichtliches Werk auf Basis der Generativen Grammatik (ob aber mit einer möglichst theorieneutralen Darstellung nicht mehr gedient gewesen wäre?). Enthält bei allen Vorzügen doch weniger Beispiele als Nygaards Syntax (oben, Nr. 5.6), sodaß dessen an sich veraltetes Werk seinen Wert als Materialsammlung behält.

VIII.6. Wörterbücher – Altwestnordisch

[6.1] Ludvig Larsson, Ordförrådet i de älsta isländska handskrifterna [...]. Leksikaliskt ock gramatiskt ordnat (Lund 1891).

Vollständige Sammlung der in den isländischen Handschriften bis etwa 1250 belegten Formen (in diplomatischer Wiedergabe); wichtiges Hilfsmittel.

[6.2] Anne Holtsmark [et al.], Ordforrådet i de eldste norske håndskrifter til ca. 1250 (Oslo 1955).

Pendant für die altnorwegischen Handschriften; ebenfalls wichtiges Hilfsmittel.

[6.3] Jón Þorkelsson, Beyging sterkra sagnorða i íslensku (Reykjavík 1888–1894).

Wertvolles Flexionsformenwörterbuch: verbucht die belegten Formen starker Verba. – Werke dieser Art sind Desiderata.

[6.4] Richard Cleasby / Gudbrand Vigfusson / William A. Craigie, An Icelandic-English Dictionary (Oxford ²1957 [u.ö., zuletzt 1991]).

Auch online im Internet: URL http://www.ling.upenn.edu/~kurisuto/germanic/oi_cleasbyvigfusson_about.html (Stand: 15.8.2010). – Ausführliches allgemeines Wörterbuch; Belegstellen sind angeführt (die Belege stammen jedoch durchwegs aus veralteten Ausgaben).

[6.5] Johan Fritzner, Ordbog over Det gamle norske Sprog. I-III (Kristiania 1886-1896 = Oslo – Bergen – Tromsø 1973). IV: Finn Hødnebø, Rettelser og tillegg (Oslo – Bergen – Tromsø 1972).

Suchabfragen auch online im Internet: http://www.edd.uio.no/perl/search/search.cgi?appid=86&tabid=1275 (Stand: 15.8.2010). – Zur Zeit umfangreichstes allgemeines Wörterbuch; Belegstellen sind angeführt (die Belege stammen jedoch ebenfalls durchwegs aus veralteten Ausgaben).

[6.6] Walter Baetke, Wörterbuch zur altnordischen Prosaliteratur (Berlin 1965–1968 [in zwei Bänden] = ^{2}1976 [u.ö., zuletzt ^{5}1993]).

Verbucht einen großen Teil des Wortschatzes der altwestnordischen (≠ altnordischen!) Prosaliteratur; enthält auch viele Anwendungsbeispiele (‘Phrasen’), gibt allerdings keine Belegstellen. – Eine (leicht verbesserte) digitale Version findet sich online im Internet: URL http://emedien.ub.uni-greifswald.de/ebooks/altnord-wb/baetke_digital.pdf/ (Stand: 15.8.2010).

[6.7] Ordbog over det norrøne prosasprog. A Dictionary of Old Norse Prose. I–III (København 1989–2004).

Textsortenbezogenes Großwörterbuch der Arnamagnäanischen Kommission in Kopenhagen, das den gesamten Wortschatz der altwestnordischen Prosaliteratur verbucht; Belegstellen sind angeführt. Nur die Strecke von *A* bis *Em* ist gedruckt erschienen; der Rest wird im Internet publiziert, s. URL http://dataonp.hum.ku.dk/index.html (Stand: 15.8.2010).

[6.8] Leiv Heggstad / Finn Hødnebø / Erik Simensen, Norrøn ordbok (Oslo ^{4}1990 = 1993).

Zuerst erschienen als: Marius Hægstad / Alf Torp, Gamalnorsk ordbok med nynorsk tyding (Kristiania ^{1}1909). – Materialreiches allgemeines Wörterbuch; zu einem geringen Teil sind auch Belegstellen angeführt.

[6.9] Edda. Die Lieder des Codex regius nebst verwandten Denkmälern, ed. Gustav Neckel / Hans Kuhn. II: Hans Kuhn, Kurzes Wörterbuch (Heidelberg ^{3}1968).

Spezialwörterbuch zu den in der *Lieder-Edda* überlieferten Texten; Belegstellen sind angeführt.

[6.10] Die Lieder der Edda, ed. B[arend] Sijmons / H[ugo] Gering. II: Hugo Gering, Vollständiges Wörterbuch zu den Liedern der Edda (Halle/Saale 1903 = Hildesheim – New York 1971).

Umfangreiches Spezialwörterbuch zu den in der *Lieder-Edda* überlieferten Texten, wobei die belegten Formen alle vollständig verbucht sind. Unentbehrliches Hilfsmittel, jedoch mit Vorsicht zu benutzen, da die Lemmata auf einer nach veralteten Kriterien veranstalteten Textausgabe basieren.

[6.11] Sveinbjörn Egilsson / Finnur Jónsson, Lexicon poeticum anti-quæ linguæ septentrionalis. Ordbog over det norsk-islandske Skjaldesprog (København ^{2}1931 = 1966).

Auch online im Internet: URL http://www3.hi.is/~eybjorn/ugm/lp/index.html (Stand: 15.8.2010). – Textsortenbezogenes Wörterbuch: verbucht den gesamten Wortschatz der Edda- und Skaldendichtung; Belegstellen sind angeführt. Was die

Skaldik betrifft, ist das Werk – natürlich auch mangels echter Alternativen – zwar unentbehrlich und maßgeblich, jedoch ebenfalls mit Vorsicht zu benutzen, da die Lemmata auf der nicht unumstrittenen Ausgabe Finnur Jónssons (Den norsk-islandske Skjaldedigtning. A I–II. B I–II [København – Kristiania 1912–1915 = København 1967–1973]) basieren. – Ob bzw. inwieweit die Neuedition skaldischer Texte (Scaldic Poetry of the Scandinavian Middle Ages; bisher erschienen II: Poetry from the Kings' Sagas. 2: From c. 1035 to c. 1300, ed. Kari E. Gade [Turnhout 2009]. VII: Poetry on Christian Subjects, ed. Margaret Clunies Ross [ebd. 2007]) dem ehrwürdigen *Lexikon poeticum* den 'lexikalischen Boden' entzieht, bleibt abzuwarten.

VIII.7. Etymologika

[7.1] Ferdinand Holthausen, Vergleichendes und etymologisches Wörterbuch des Altwestnordischen [...] einschließlich der Lehn- und Fremdwörter sowie der Eigennamen (Göttingen 1948).

Zwar ein Pionierwerk, aber kaum mit Gewinn zu benutzen: beinhaltet im großen und ganzen nicht viel mehr als unkommentierte Wortzusammenstellungen.

[7.2] Alexander Jóhannesson, Isländisches etymologisches Wörterbuch (Bern 1956).

Die (alt)isländischen Lexeme sind nach „indogermanischen Urwurzeln" (so S. VI) geordnet; nur knappe Erläuterungen. Veraltet.

[7.3] Jan de Vries, Altnordisches etymologisches Wörterbuch (Leiden ^{2}1962 = 1977).

Entgegen dem Titel ein Etymologikon des Altisländischen; trotz einiger Schwächen (vor allem was die Methodik und die Wortbildung betrifft) noch immer nicht ersetzt. Die ältere Forschungsliteratur ist eingearbeitet.

[7.4] Ásgeir Blöndal Magnússon, Íslensk orðsifjabók (o. O. [Reykjavík] 1989 = ^{3}2008).

'Auktoriales', in neuisländischer Sprache verfaßtes Etymologikon älteren Zuschnitts.

[7.5] Harald Bjorvand / Fredrik Otto Lindeman, Våre arveord. Etymologisk ordbok (= Instituttet for sammenlignende kulturforskning, Serie B: Skrifter, 105; Oslo 2000).

Kein Etymologikon im herkömmlichen Sinn: behandelt wird nämlich 'nur' der aus dem Urgermanischen ererbte Wortschatz des modernen Norwegischen. An sich solides und ausführliches Werk (1142 Seiten!), in das aber die – zugegebenermaßen umfangreiche – wissenschaftliche Literatur nicht immer in ausreichendem Ausmaß eingearbeitet ist. Da Wortindices fehlen, ist das Werk nur mit Einschränkungen als indirektes Etymologikon des Altwestnordischen benutzbar.

[7.6] Rosemarie Lühr, Die Gedichte des Skalden Egill (= Jenaer indogermanist. Textbearbeitungen 1; Dettelbach 2000).

Verkapptes Etymologikon: drei Skaldengedichte werden Wort für Wort etymologisch erklärt. Trotz des 'auktorialen' Zugangs von großem Wert.

VIII.8. Literaturlexika

[8.1] Rudolf Simek / Hermann Pálsson, Lexikon der altnordischen Literatur (= Kröners Taschenausgabe 490; Stuttgart ^{2}2007).

Unentbehrliches Werk. Bringt Kurzcharakteristika der einzelnen altisländischen bzw. altnorwegischen (≠ altnordischen!) Texte (und Autoren), verzeichnet ferner Handschriften, Ausgaben, Übersetzungen und die wichtigste Sekundärliteratur.

[8.2] Medieval Scandinavia: An Encyclopedia, ed. Phillip [sic] Pulsiano et al. (= Garland Encyclopedias of the Middle Ages 1 = Garland Reference Library of the Humanities 934; New York – London 1993).

Trotz des im Untertitel erhobenen Anspruchs in erster Linie ein Literaturlexikon; die einzelnen Artikel stammen von verschiedenen Autor(inn)en und sind von unterschiedlicher Qualität. Meist wird der Inhalt der einzelnen Werke knapp zusammengefaßt und der Stand der Forschung referiert; Textausgaben (und teilweise auch Übersetzungen) sind angeführt. Die Literaturangaben sind im allgemeinen recht umfangreich, aber tendenziös (hauptsächlich anglophone Arbeiten!) und reichen, von Ausnahmen abgesehen, nur bis etwa 1986 bzw. 1987.

[8.3] A Companion to Old Norse-Icelandic Literature and Culture, ed. Rory McTurk (= Blackwell Companions to Literature and Culture 31; Oxford etc. 2005).

Handbuch, das „a balance of information and points of view" (S. 3) bietet. Enthält 29 Artikel zu einzelnen Literaturgattungen bzw. 'lebensweltlichen' Themen, dazu knappe Literaturhinweise.

[8.4] Reallexikon der Germanischen Altertumskunde, ed. Heinrich Beck et al. ^{2}I–XXXV, Register I–II (Berlin – New York [1968-]1973–2008).

Werk enzyklopädischen Ausmaßes, das die Gesamtdarstellung der Kultur der germanischen Völker zum Ziel hat. Enthält teilweise sehr ausführliche Artikel, in denen archäologische, historische, rechtsgeschichtliche, sprachwissenschaftliche, volkskundliche und eben auch literaturwissenschaftliche Themen behandelt werden; daher auch als Literaturlexikon benutzbar. Der aktuelle Forschungsstand ist meist zuverlässig dokumentiert: einschlägig sind v.a. Artikel zu einzelnen Gattungen (z.B. *Isländersagas*), Werken (z.B. *Hjalmars Sterbelied*) und Autoren (z.B. *Eyvindr skáldaspillir Finnsson*), ferner zu allgemeinen Fragestellungen (z.B. *Einfache Formen*) und einzelnen Begriffen (z.B. *Fornyrðislag*).

VIII.9. Literaturgeschichten

Aus einer Vielzahl geeigneter Darstellungen sind v.a. anzuführen:

[9.1] Eugen Mogk, Nordische Literatur[en]: Norwegisch-isländische Literatur. In: Grundriß der germanischen Philologie, ed. Hermann Paul. II: Germanische Literaturgeschichte (Straßburg ^{2}1904), 555–923.

In mancherlei Hinsicht veraltet, aber recht materialreich und (mit Einschränkungen) durchaus auch heute noch als erste Orientierungshilfe von Nutzen.

[9.2] Jan de Vries, Altnordische Literaturgeschichte. I–II (= Grundriß der german. Philologie 15/16; Berlin ^{2}1964–1967 = ^{3}1999).

Behandelt die altwestnordische (≠ altnordische) Literatur; nur die ‘klassischen’ Genres (vor allem Eddalieder und Isländersagas) finden allerdings gebührende Beachtung. Trotz einiger Schwächen in der Darstellung noch immer als Einstieg geeignet. – Die 3. Auflage enthält ein wichtiges „Vorwort zum Nachdruck“ von Stefanie Würth (S. XIII–XLV).

[9.3] Jónas Kristjánsson, Eddas und Sagas. Die mittelalterliche Literatur Islands (Hamburg 1994).

Übersetzung von J. K., Eddas and Sagas. Iceland’s Medieval Literature (Reykjavík 1988). – Entgegen der Titelformulierung ist auch die Skaldik, entgegen der Untertitelformulierung auch die altnorwegische Literatur mit berücksichtigt; der Schwerpunkt liegt auf den Prosawerken. Konventionelle, bisweilen zu enthusiastische Darstellung, die von neueren Ansätzen bzw. Aspekten weitgehend unberührt geblieben ist.

[9.4] Heiko Uecker, Geschichte der altnordischen Literatur (= Reclams Universal-Bibliothek 17647; Stuttgart 2004).

Gute (und zur Zeit die beste deutschsprachige) literarhistorische Darstellung; ein (kleiner) Wermutstropfen ist lediglich, daß in der Textauswahl bzw. -besprechung bisweilen zu selektiv verfahren wird.

[9.5] Margaret Clunies Ross, A History of Old Norse Poetry and Poetics (Cambridge 2005).

Zur altwestnordischen Dichtung; analysiert „the two dominant poetic modes, eddic and skaldic, giving fresh examples of their various styles and subjects" (Klappentext).

[9.6] Jürg Glauser, Mittelalter (800–1500). In: Skandinavische Literaturgeschichte, ed. Jürg Glauser et al. (Stuttgart – Weimar 2006), 1–50.

Ausgezeichnete Darstellung, die nicht rein faktenorientiert sein will, sondern der „diskursiven Erörterung ausgewählter [...] Phänomene" (S. XV) verpflichtet ist.

[9.7] Old Norse-Icelandic Literature. A Critical Guide, ed. Carol J. Clover / John Lindow (= Islandica 45; Ithaca – London 1985).

Gehört nur am Rande in diese Rubrik; der Band beinhaltet indessen ausgezeichnete, von verschiedenen Autor(inn)en verfaßte Forschungsberichte. Reiche Literaturangaben.

VIII.10. Bibliographische Hilfsmittel

[10.1] François-Xavier Dillmann, Bibliographie zur Nordistik. In: Frédérik Durand et al., Nordistik. Einführung in die skandinavischen Studien (München 1978), 55–87.

Relevant sind die (von verschiedenen Autoren erstellten) Rubriken Hilfsmittel, Sprachwissenschaft, Altnordische Literatur, Nordische Altertumskunde.

[10.2] Stefan Gippert / Britta Laursen / Hartmut Röhn, Studienbibliographie zur Älteren Skandinavistik (= Berliner Beiträge zur Skandinavistik 1; Leverkusen 1991 [1992]).

Knappe, doch recht nützliche *bibliographie raisonée* mit deutlichem literaturwissenschaftlichen Schwerpunkt; nach 1988 erschienene Arbeiten sind allerdings nicht mehr berücksichtigt. – Die Rubrik Fachbibliographien (S. 9 ff.) ist vor allem um die folgenden beiden Eintragungen (Nr. 10.3 und 10.4) zu ergänzen:

[10.3] Bibliographie Linguistique. Linguistic Bibliography. 1939–1947 (1949) ff.; zuletzt erschienen: 2005/2008 (2009).

Die bis vor kurzem frei zugängliche Internet-Version (URL http://www.blonline.nl/public/; Stand: 15.8.2010) ist nun kostenpflichtig. – Prominente sprachwissenschaftliche Bibliographie; relevant ist die Rubrik *North Germanic (Scandinavian) languages*.

[10.4] Indogermanische Chronik [= IC]. In: Die Sprache. Zeitschrift für Sprachwissenschaft. Seit Bd. 13 (1967) [als IC 13a] ff.; zuletzt erschienen: IC 35,II als Sonderheft Die Sprache 37,3 (1995 [1998]).

Einschlägige, bedauerlicherweise jedoch mit IC 35 eingestellte laufende Bibliographie, in die naturgemäß auch die (älteren Stufen der) indogermanischen Einzelsprachen mit einbezogen sind; relevant ist die Rubrik *Altgermanisch*. – Die nachfolgenden Chronicalia Indoeuropaea [= CI] sind nur einmal erschienen: CI 38 (= Sonderheft Die Sprache 38,3); darin Robert Nedoma, Altgermanistische Neuerscheinungen 1995 bis 2000 (S. 113–127).

[10.5] Modern Icelandic Syntax, ed. Joan Maling / Annie Zaenen (= Syntax and Semantics 24; San Diego etc. 1990).

Enthält eine wichtige und ausführliche Spezialbibliographie zum Thema *Diachronic Icelandic Syntax* (S. 425 ff.).

[10.6] Olav Nedrebø, Nokre handbøker og andre hjelpemiddel i norrøn filologi. In: Nordica Bergensia 1 (1994), 106–136.

Wertvolle und reichhaltige allgemeine *bibliographie raisonée*.

IX. Wortregister

Das Register verbucht die in Abschnitt III (Formenlehre) genannten altisländischen Wörter. – Die Zahlen beziehen sich auf Paragraphen. Fettdruck zeigt an, daß am angegebenen Ort ein (Teil-)Paradigma angeführt ist; Asterisk (bei Verba) zeigt an, daß am angegebenen Ort die Stammformen angeführt sind.

I

J

K

Æ

Œ

Ǫ

X. Kleines Lexikon sprachwissenschaftlicher Termini

Im folgenden werden nur Kurzerklärungen der in dieser Grammatik verwendeten Fachtermini gegeben; weitere bzw. genauere Informationen sind den in der Bibliographie (Abschnitt VIII, Rubrik 1) angeführten Nachschlagewerken zu entnehmen. – Symbole: → einfacher Verweis, ⇉ Homonymie (Gleichheit der Bezeichnung) plus Verweis, ⇸ Antonymie (Gegensatz der Bezeichnung) plus Verweis.

Ablaut, regelmäßiger, in die indogermanische Grundsprache zurückreichender Vokalwechsel bei etymologisch (oder morphologisch) verwandten Wortformen; kann den → Vokal der → Wurzel (oder eines → Suffixes) betreffen.

Ablautreihe, Klasse starker → Verba, die ihre Tempusformen nach einem bestimmten Ablautmuster bildet.

Ableitung ⇉ Derivation.

Abstraktum, Klasse von → Substantiva, die Nicht-Gegenständliches (Immaterielles) bezeichnen (aschwed. *dyg(h)þ* 'Tugend'); ⇸ Konkretum.

Adjektiv, → Wortart, die Eigenschaften bzw. Merkmale markiert. Morphologisch ist das A. durch → Deklination (→ Flexion) gekennzeichnet; syntaktisch fungiert das A. als → Attribut oder als → Prädikativum.

Adnominal, zum → Nomen gehörend.

Adverb (Pl. Adverbia), → Wortart, die räumliche, zeitliche, kausale oder modale Bestimmungen ausdrückt. Morphologisch ist das A. nur eingeschränkt differenziert (keine → Deklination, Komparativformen nur bei einigen A., z.B. aisl. *illa* 'schlecht'); syntaktisch fungiert das A. als → Attribut (v.a. zu → Adjektiva), → Prädikativum oder → Adverbialbestimmung (ne. *Nigel protested immediately* 'N. protestierte sofort'; hier eigenes → Satzglied).

Adverbal, zum → Verb gehörend.

Adverbialbestimmung, → Satzglied, das die näheren Umstände eines Geschehens (in räumlicher, zeitlicher, kausaler oder modaler Hinsicht) kennzeichnet.

Affix, die → Wurzel erweiterndes Wortbildungselement; je nach Position sind zu unterscheiden: → Präfix und → Suffix, ferner Infix (in die Wurzel eingeschoben, z.B. *-n-* in aisl. *sta-n-d-a* 'stehen', Prät. *stóð*) und Zirkumfix (Präfix-Suffix-Kombinat, z.B. *ge-* plus *-t* in nhd. *ge-mach-t*).

Agens → Subjekt.

Akkusativ, Position in der → Kategorie → Flexion; Objektkasus, zeigt ein direktes → Objekt an.

Aktionsart, bezieht sich auf Bedeutungsmerkmale von → Verba, v.a. was den Handlungsverlauf betrifft.

Aktiv, Position in der → Kategorie → Diathese; agensbezogen: das Subjekt übt (am → Objekt) eine Tätigkeit aus (*Ich wasche Jakob*).

Akzent ⇉ Betonung.

Alliteration, Gleichklang im Anlaut der Haupttonsilbe von benachbarten Wörtern (agutn. *matr oc mungāt* 'Speise und Bier').

Allomorph (Morphemalternante), submorphematische Variante eines → Morphems: aisl. *-s* und *-ar* sind Allomorphe des → Flexionsmorphems {Gen. Sg. mask.}.

Allophon (Phonemalternante), subphonematische (d.h. bloß lautliche) Variante eines → Phonems. Je nach Verteilung unterscheidet man von der Lautumgebung unabhängig auftretende **freie** (fakultative) A. (norw. /r/: Zungenspitzen-*r* [r] und Zäpfchen-*r* [ʀ]) und komplementär verteilte **kombinatorische** (konditionierte) A. (nhd. /x/: *ach*-Laut [x] nach velaren Vokalen, *ich*-Laut [ç] in den übrigen Fällen).

Altenglisch, ältere Sprachstufe des Englischen (Belegzeitraum ca. 600–1050).

Althochdeutsch, ältere Sprachstufe des Hochdeutschen (Belegzeitraum ca. 750–1050), auf die das Mittelhochdeutsche folgt.

Alveolar, am Zahndamm (an den Alveolen) gebildeter Laut (z.B. [t]); → Dental.

Anakoluth, 'zusammenhangsloses' Nebeneinander von syntaktischen Konstruktionen: eine Satzfügung geht unvermittelt in die andere über, sodaß ein 'Satzbruch' entsteht.

Analogie, nicht-lautgesetzlicher Prozeß der Veränderung von → Lauten (bzw. des Ersatzes eines Lautes durch einen anderen). A. wirkt häufig in der Flexionsmorphologie; bei intraparadigmatischem Ausgleich stammt das ersetzende Element aus demselben → Paradigma (an. *-r* in der 3. Person Sg. Präs. Ind. nach der 2. Person Sg.; lautgesetzlich zu erwarten wäre *-(i/a)ð*), bei interparadigmatischem Ausgleich aus einem anderen Paradigma (aisl. *-ar* im Genetiv Sg. der mask. *a*-Stämme nach *-ar* der mask. *u*-Stämme).

Anapher → Demonstrativpronomen.

Anaptyxe (Vokalentfaltung), Einschub eines → Vokals zur Ausspracheerleichterung (Sproßvokal [ʏ] in nisl. *Baldur* [ˈb̥ald̥ʏr] : aisl. *Baldr*).

Apokope, Schwund eines Vokals am Wortende; vgl. → Synkope.

Appellativum (Nomen appellativum, Gattungsbezeichnung), A. bezeichnen Klassen von Personen, Tieren, Gegenständen, Gegebenheiten, Sachverhalten etc.

und zugleich die einzelnen Vertreter der betreffenden Gattung (dän. *kvinde* 'Frau', *bjerg* 'Berg'); ≠ Eigenname.

Apposition, nominales → Attribut, das ohne weitere Markierung neben sein Bezugswort tritt und im gleichen → Kasus wie dieses steht (aisl. *Ólafr konungr* Nom. Sg. 'König Olaf').

Approximant (Öffnungslaut), entsteht durch eine nicht oder nur leicht geräuschbildende Enge am Artikulationsort (z.B. → Lateral [l]).

Artikel, keine eigene → Wortart: der **bestimmte** A. fungiert als Demonstrativum (→ Demonstrativpronomen), der **unbestimmte** A. als Quantitativum (→ Kardinalia).

Artikulationsart, Art (und Ausmaß) der Behinderung der ausströmenden Luft durch das → Artikulationsorgan: Öffnung (→ Vokal), Enge (geräuschbildend: → Frikativ, nicht geräuschbildend: → Approximant), Verschluß (einmal gelöst: → Plosiv, intermittierend: → Vibrant), Öffnung plus Verschluß (Nasenraum geöffnet, Mundraum verschlossen: Nasalkonsonant, → Nasal).

Artikulationsorgan (Sprechwerkzeug), die an der Lautbildung aktiv beteiligte anatomische Struktur (Lippen, Zunge, Stimmlippen [-bänder]).

Artikulationsort, Ort der Behinderung der ausströmenden Luft durch das → Artikulationsorgan: Oberlippe (→ Labial), Zähne (→ Dental), Zahndamm (→ Alveolar), harter oder weicher Gaumen (→ Palatal, →Velar, → Tektal), Zäpfchen (→ Uvular), Stimmritze (→ Glottal).

Assimilation (Akkomodation), Anpassung zweier Laute in einem oder mehreren Merkmalen; bei **regressiver** (rückwirkender) A. wird der erste Laut an den zweiten angeglichen (lat. *se<u>p</u>tem* → ital. *sette*), bei **progressiver** (vorauswirkender) A. der zweite Laut an den ersten (spät-urn. **keti<u>lʀ</u>* > aisl. *ketill* 'Kessel'); ≠ Dissimilation.

Attribut (Beifügung), dient der näheren Bestimmung von nominalen Satzgliedern, meist ein → Adjektiv (*das letzte Wort*) oder ein → Substantiv im → Genetiv (*der Sinn des Lebens*).

Ausdruck (Bezeichnendes, Zeichenkörper), formal (scil. lautlich, schriftlich oder auch bildlich) etablierte und daher sinnlich wahrnehmbare Komponente des sprachlichen → Zeichens.

Ausgang, auf die → Wurzel folgendes Kombinat von → Suffix und → Endung, z.B. *-us* in lat. *lup-u-s* 'Wolf'.

Ausgleich → Analogie.

Auslautverhärtung, Stimmtonverlust bei stimmhaften → Obstruenten im Auslaut (z.B. ahd. *tag* > mhd. *tac*).

Aussagesatz (Deklarativsatz), faßt ein Geschehen oder einen Sachverhalt in Form einer 'einfachen' (unmarkierten) Mitteilung.

Auxiliarverb (Hilfsverb), Untergruppe der → Verba mit 'abgeschwächter' Bedeutung; A. dienen v.a. zur Bildung von → Tempus- und → Diathese-Formen.

Averbostufe, Leit- bzw. Stammformen starker Verba, die für die Einordnung in → einzelne Ablautreihen ausschlaggebend sind.

Bedeutung → Inhalt.

Bedeutungswandel, Prozeß der Veränderung des → Inhalts sprachlicher → Zeichen (mhd. *wîp* 'Frau' → nhd. *Weib* 'Frau [negativ]').

Binnenreim, Silbenreim im Versinneren (aisl. *bryngǫgl í dyn Skǫglar* 'die Brünnengänse im Lärm der Skögul [= die Pfeile im Kampf]').

Biphonematische Wertung, zwei aufeinanderfolgende Laute werden als zwei getrennte Phoneme klassifiziert ([ks] ‹x› in aschwed. *øx* 'Axt' als /k/, /s/); ≠ monophonematische Wertung.

Brechung, → Lautwandeltyp, bei dem der Vokal der haupttonigen Silbe durch Einwirkung des Vokals der schwachtonigen Folgesilbe in einen Diphthong 'zerlegt' wird (spät-urn. *e* > aisl. *ja* vor *a*).

Casus obliquus ('schräger, schiefer Fall'): Oberbegriff für → Kasus, die eine Abhängigkeit von anderen Satzteilen markieren; → Genetiv, → Dativ, → Akkusativ, ferner → Instrumental.

Casus rectus ('gerader Fall') ⇉ Nominativ.

Dativ, Position in der → Kategorie → Flexion; Objektkasus, der im Altisländischen ein direktes oder indirektes → Objekt anzeigt.

Deixis → Demonstrativpronomen.

Deklination, → Flexion von → Nomina; durch D. werden die → Kategorien → Kasus, → Numerus und → Genus ausgedrückt.

Demonstrativpronomen, Untergruppe des → Pronomens; dient dem Verweis auf schon Erwähntes (**Anapher**) bzw. situativ Gegebenes (**Deixis**). Das Altisländische hat ein D. der undifferenzierten Nähe-Deixis (*sá* m. 'der, dieser'), ein D. der verstärkten Nähe-Deixis (*sjá/þessi* m. 'dieser') und ein D. der Ferne-Deixis (*hinn* m. 'jener'). Auch der bestimmte → Artikel *inn* m. 'der' dient dem Ausdruck der (undifferenzierten) Determiniertheit und fungiert als Demonstrativum.

Denominal, von einem → Nomen abgeleitet.

Dental (Zahnlaut), an den Zähnen gebildeter Laut, entweder am Zahndamm (→ Alveolar, z.B. [t]) oder an den oberen Schneidezähnen bzw. zwischen den Zahnreihen (z.B. [θ]).

Derivation (Ableitung), Bildung neuer Wörter durch Anfügen von → Affixen (→ Wortbildungsmorphem); das Produkt der → Wortbildung wird **Derivat** genannt (dän. *lær-er* 'einer, der lehrt: Lehrer'.

Deverbal, von einem → Verb abgeleitet.

Diachronie, bezieht sich auf die Entwicklung einer Sprache in einem bestimmten Zeitintervall.

Dialekt, Varietät einer Sprache mit räumlich begrenzter Verbreitung, für die bei Sprecher(inne)n von benachbarten Sprachvarietäten eine relativ hohe Verstehbarkeit gegeben ist. Moderne D. dienen v.a. der mündlichen Kommunikation, meist gibt es keine Standardisierungen von Grammatik bzw. Orthographie.

Diathese (Genus verbi), Verbalkategorie, durch die ein Sachverhalt aus unterschiedlicher Handlungsperspektive ausgedrückt wird; → Aktiv, → Mediopassiv, → Passiv.

Diphthong (Zwielaut), Folge zweier artikulatorisch verbundener Vokale derselben → Silbe. Bei einem **fallenden** D. bildet der erste Bestandteil den → Silbengipfel (aisl. *e̲inn* [ˈɛɪ̯nː] ‘einer’), bei einem **steigenden** D. der zweite Bestandteil (span. *serio̲* [ˈseɾi̯o] ‘ernst’).

Dissimilation, Differenzierung zweier ähnlicher Laute in einem oder mehreren Merkmalen (mhd. *mörter̲* → nhd. *Mörtel*). ≠ Assimilation.

Dual, im Altisländischen nur bei → Personalpronomina und → Possessivpronomina bestehende Position in der → Kategorie → Numerus; drückt Paarigkeit bzw. Zweizahl aus.

Durativum, eine → Aktionsart; durative → Verba bezeichnen kontinuierliche Vorgänge (schwed. *äta* ‘essen’).

Eigenname (Nomen proprium), E. bezeichnen einzelne Personen, Tiere, Gegenstände, Gegebenheiten etc. und dienen deren Identifizierung (*Margot*, *Schneeberg*); ≠ Appellativum.

Elativ → Superlativ.

Endung, an den → Stamm antretendes Flexionselement (→ Flexiv), z.B. *-s* in lat. *lupu-s* ‘Wolf’.

Enklise, Anlehnung (und Reduktion) eines im Satz schwach betonten Wortes an das vorangehende (früh-aisl. *þar es* → *þars* ‘dort, wo’).

Epenthese, Einschub eines Lautes (speziell eines → Konsonanten) zur Ausspracheerleichterung (*-t-* in nhd. *hoffentlich*).

Etymologie, untersucht die Herkunft und Grundbedeutung von Wörtern.

Faktitivum, eine → Aktionsart; faktitive → Verba bezeichnen einen Vorgang des Verursachens. F. sind von einem → Adjektiv abgeleitet (got. *lausjan* ‘los(e) machen, lösen’).

Femininum (weibliches Geschlecht), dient beim → Substantiv der Klassenbildung; die Zuweisung des → Genus ist zum Teil arbiträr.

Fernassimilation, Angleichung zweier nicht benachbarter Laute in einem oder mehreren Merkmalen (→ Artikulationsart, → Artikulationsort).

Flexion, Abwandlung eines Wortstammes mittels → Flexiven; die so entstandenen Wortformen bilden gemeinsam ein Flexionsparadigma (→ Paradigma); → Deklination, → Konjugation, ferner auch → Komparation.

Flexionsmorphem → Flexiv.

Flexiv, gebundenes → Morphem, das der Bildung von flektierten Formen (und damit der syntaktisch-semantischen Kennzeichnung) dient. Besonders bei F. treten Morphemvarianten entgegen; → Allomorph.

Formenlehre (Flexionsmorphologie), Teilgebiet der → Grammatik (**1**); im Rahmen der F. wird die Bildung von Wortformen untersucht und systematisiert; → Flexion, → Flexive.

Frikativ (Reibelaut, auch Engelaut, Spirans), entsteht durch das Reibegeräusch der ausströmenden Luft an der Enge des Artikulationsortes (z.B. → stimmhaft [ð]; → stimmlos [θ]).

Fügewort, Oberbegriff für → Präposition und → Konjunktion.

Futur I, Position in der → Kategorie → Tempus; markiert das bezeichnete Geschehen als vorausgesagt (‘erwartet’); im Altisländischen analytisch gebildet.

Futur II (Futurum exactum, Vorzukunft), Position in der → Kategorie → Tempus; kennzeichnet ein Geschehen, das vollzogen ist, bevor das vorausgesagte Geschehen (quasi die Haupthandlung) einsetzt (‘erwartet’ und ‘vollzogen’); im Altisländischen analytisch gebildet.

Gattungsbezeichnung → Appellativum.

Geminata, Doppelkonsonant (schwed. *vill* [ˈvɪlː] ‘will’).

Genetiv (Genitiv), Position in der → Kategorie → Flexion; Objektkasus, zeigt im Altisländischen ein direktes bzw. indirektes → Objekt an oder bestimmt nominale Satzglieder als → Attribut näher (z.B. in Form eines sog. Genetivus partitivus, der ein Teilverhältnis ausdrückt: *der Letzte der Mohikaner*).

Genus (grammatisches Geschlecht), Nominalkategorie, die der Kennzeichnung von Kongruenzbeziehungen (meist zu einem → Substantiv) dient; beim Substantiv dient G. als ‘subkategorielle’ Dimension der Klassenbildung. Das G.-System des Altisländischen umfaßt die Positionen → Maskulinum, → Femininum und → Neutrum.

Genus verbi ⇉ Diathese.

Germanisch, → Sprachzweig des → Indogermanischen; wird traditionell in die Gruppen Nordgermanisch (→ Urnordisch), Westgermanisch (→ Altenglisch, → Althochdeutsch) und Ostgermanisch (→ Gotisch) unterteilt.

Gerundet (vs. ungerundet), distinktives → Merkmal, das durch Vorhandensein (bzw. Abwesenheit) einer zusätzlichen Lippenrundung definiert ist, also [± gerundet].

Glottal (Kehlkopflaut), im Kehlkopf (Larynx) an der Glottis (Stimmritze), dem Spalt zwischen den Stimmlippen (-bändern), gebildeter Laut (z.B. [h]).

Gotisch, ostgermanische Sprache (Belegzeitraum 3.–6. Jahrhundert).

Graduierung (Gradation) ⇉ Komparation.

Gradus, eine Nominalkategorie; → Komparation.

Grammatik, **1.** Hat die morphologischen und syntaktischen Regularitäten einer Sprache zum Gegenstand, umfaßt also im engeren Sinn → Formenlehre (Flexionsmorphologie) und → Syntax, im weiteren Sinn auch → Phonetik bzw. → Phonologie. **2.** Beschreibung der Grammatik einer Sprache (in der eben erläuterten Bedeutung) in einem Lehrbuch oder Nachschlagewerk, entweder mit Vorgabe eines 'regelgerechten' Sprachgebrauchs (**präskriptiv**, normativ) oder unter Ausrichtung auf den tatsächlichen Sprachgebrauch (**deskriptiv**). **3.** Strukturelles Regelsystem, das sämtlichen sprachlichen Kommunikationsprozessen zugrundeliegt. **4.** Theorie, die einer (Art von) Sprachbeschreibung zugrundeliegt.

Graphem, minimale Einheit des Schriftsystems einer Sprache, in Spitzklammern notiert (z.B. ‹b›); Gegenstand der Graphematik. In Buchstabenschriften korrelieren G. meist mit Phonemen (aisl. ‹b› ~ /b/).

Halbvokal, hauptsächlich phonologisch determinierte Untergruppe der → Approximanten, bei deren Artikulation die Luft relativ unbehindert, aber leicht geräuschhaft aussströmt: [w] (quasi *u̯*), [j] (quasi *i̯*).

Hauptsatz, strukturell selbständiger Satz.

Hauptton (Hauptakzent) → Ton (**1**).

Hiatus, artikularische Unterbrechung beim Zusammenstoß zweier Vokale, die verschiedenen Silben angehören (lat. *hiātus* [ɪˈʔaːtʊs] 'Kluft' mit H. zwischen [ɪ] und [aː]).

Imperativ, Position in der → Kategorie → Modus; drückt eine Aufforderung bzw. einen Befehl aus (ne. *Look!*).

Indefinitpronomen, Untergruppe des → Pronomens; I. beziehen sich auf Personen oder Gegenstände, die unbestimmt sind.

Indikativ (Wirklichkeitsform), Position in der → Kategorie → Modus; drückt eine allgemeine Gültigkeit aus.

Indogermanisch, Sprachfamilie, der die ind(o-iran)ischen und → germanischen Sprachen angehören, dazu acht weitere → Sprachzweige, darunter Anatolisch (mit Hethitisch, ab ca. 1570 v. Chr. bezeugt), (Alt-)Griechisch (ab 15./14. Jh. v. Chr.) und Italisch (mit Latein, ab 6. Jh. v. Chr.).

Infinitiv (Nennform), bezeichnet die Bedeutung des → Verbs an sich, und zwar ohne formalen Ausdruck der Verbalkategorien → Person, → Numerus und Modus (→ Verbform, infinite).

Informant(inn)ensprache ('lebende' Sprache), aktuell von einer Sprachgemeinschaft (von Informant[inn]en in der mündlichen Kommunikation) verwendete Sprache; ⇸ Korpussprache.

Inhalt (Bezeichnetes, Bedeutung), nach Ferdinand de Saussure die Vorstellung bzw. der Gehalt und sonach die mentale Komponente des sprachlichen → Zeichens.

Inkongruenz ⇸ Kongruenz.

Instrumental, Position in der → Kategorie → Flexion, in einigen altgermanischen Sprachen relikthaft vorhanden; dient der Bezeichnung des Mittels zur Durchführung einer Handlung. Im Altisländischen hat der → Dativ zum Teil instrumentale Bedeutung.

Intensiv-Iterativum, eine → Aktionsart; intensiv-iterative → Verba bezeichnen Vorgänge, die mit verstärkter Intensität ausgeführt werden und sich wiederholen (ahd. *tretten* 'oft betreten, zertreten').

Interferenz, Einwirkung einer Sprache auf eine andere im Gefolge von Sprachkontakt bzw. Zweisprachigkeit.

Interrogativpronomen, Untergruppe des → Pronomens; dient zur Einleitung einer Ergänzungsfrage (ne. *What's new, pussycat?*).

Intransitiv → Verb, intransitives.

Kardinalia (als Sg. nur **Kardinalzahl** gebräuchlich; auch Quantitativa), Untergruppe der → Numeralia; bezeichnen eine Anzahl. Auch der unbestimmte → Artikel *einn* m. 'ein' fungiert als Quantativum.

Kasus (Fall), Nominalkategorie, die der Kennzeichnung syntaktischer Relationen im → Satz dient. Das Kasussystem des Altisländischen umfaßt die Positionen → Nominativ, → Genetiv, → Dativ und → Akkusativ.

Kategorien, paradigmatische, aus den (durch → Flexive markierten) grammatischen Inhalten bzw. syntaktischen Beziehungen gewonnene Abstraktionsklassen; → Deklination, → Konjugation.

Kausativum, eine → Aktionsart; kausative → Verba bezeichnen einen Vorgang des Verursachens. K. sind von einem starken → Verb abgeleitet (aisl. *setja* 'sitzen machen, setzen').

Kernsatz, Satz mit Zweitstellung des finiten → Verbs („V2").

Klusil ⇉ Frikativ.

Komparation (Steigerung, Graduierung), → Flexion von → Adjektiva und → (Adjektiv-)Adverbia; zeigt graduelle Unterschiede der bezeichneten Eigenschaft an.

Komparativ, Position in der → Kategorie → Gradus (→ Komparation); bezeichnet einen graduellen Unterschied bei zwei vergleichbaren Werten, also eine Eigenschaft in erhöhtem bzw. höherem Grad.

Komposition (Zusammensetzung), Bildung neuer Wörter durch Verbinden von zwei (oder mehreren) selbständigen Wörtern; das Produkt der → Wortbildung wird **Kompositum** genannt (gr. δημο-κρατία *dēmo-kratía* 'Volksherrschaft').

Kongruenz, morphologisch-syntaktische Übereinstimmung zusammengehöriger Konstituenten, i.e. → Satzglieder, Satzgliedteile, im Altisländischen auch Wortkonstituenten (*konungr-inn* 'der König', Gen. *konungs-ins* des 'Königs'; vgl. → Demonstrativum).

Konjugation, → Flexion von → Verba; durch K. werden die → Kategorien → Person, → Numerus, → Tempus, → Modus und → Diathese ausgedrückt.

Konjunktion, 'inhaltsarme', unflektierbare → Wortart mit verbindender (koordinierender, subordinierender) Funktion; ein → Kasus wird nicht gefordert.

Konjunktiv (Möglichkeitsform), Position in der → Kategorie → Modus; drückt eine eingeschränkte Gültigkeit aus. Im Altisländischen hat der Konjunktiv I die Merkmale 'gewünscht, gefordert', der Konjunktiv II die Merkmale '(nur) denkmöglich, unmöglich'.

Konkretum, Klasse von → Substantiva, die Gegenständliches (Materielles) bezeichnen; ≠ Abstraktum.

Konnektor, dient der Verknüpfung von → Satzgliedern oder → Sätzen; zu den K. zählen v.a. → Konjunktionen und → Präpositionen.

Konsonant (Mitlaut), Laut, bei dessen Artikulation das Ausströmen der Luft (im Unterschied zu einem → Vokal) durch durch Verschluß (→ Plosiv) oder Enge (→ Frikativ) behindert wird, bei → Obstruenten stärker, bei → Approximanten, → Nasalen und → Vibranten schwächer. Je nach → Artikulationsort und → Artikulationsart werden K. in verschiedene Klassen eingeteilt; s. Fig. 4 (S. 205).

Kontaktassimilation, Angleichung zweier benachbarter Laute in einem oder mehreren Merkmalen (→ Artikulationsart, → Artikulationsort).

Korpussprache ('tote' Sprache), nur in einem abgeschlossenen Textkorpus überlieferte Sprache; ≠ Informant(inn)ensprache.

Labial (Lippenlaut), an den Lippen gebildeter Laut (z.B. [p]; → Bilabial), im weiteren Sinn auch [f], [v] etc. (→ Labiodental).

Labiodental (Lippenzahnlaut), mit der Unterlippe an den oberen Schneidezähnen gebildeter Laut ([f], [v] etc.).

Lateral (Seitenlaut), durch seitliche Engebildung der Zunge entstehender → Approximant (z.B. [l]).

Laut (Phon), kleinstes artikulatorisch-akustisches Element der gesprochenen Sprache, in eckigen Klammern notiert (z.B. [a]); Gegenstand der → Phonetik.

Konsonanten

Artikulationsort ▸	Labiale		Labiodentale		Dentale		Alveolare		Postalveolare		Retroflexe		← Tektale: Palatale		Tektale → : Velare		Uvulare		Pharyngale		Glottale	
Artikulationsart ▾	stl.	sth.	stl.	sth.	stl.	sth.	stl.	sth.	stl.	sth.	stl.	sth.	stl.	sth.	stl.	sth.	stl.	sth.	stl.	sth.	stl.	sth.
Plosive	p	b					t	d			ʈ	ɖ	c	ɟ	k	g	q	ɢ			ʔ	
Nasale		m		ɱ				n				ɳ		ɲ		ŋ		ɴ				
Vibranten		ʙ						r										ʀ				
geschlagene Laute				ⱱ				ɾ				ɽ										
Frikative	ɸ	β	f	v	θ	ð	s	z	ʃ	ʒ	ʂ	ʐ	ç	ʝ	x	ɣ	χ	ʁ	ħ	ʕ	h	ɦ
Laterale Frikative							ɬ	ɮ														
Approximanten				ʋ				ɹ				ɻ		j		ɰ						
Laterale Approximanten								l				ɭ		ʎ		ʟ						

Fig. 4: Zeicheninventar des Internationalen Phonetischen Alphabets (IPA; Versionen 1996 bzw. 2005), leicht modifiziert.

▴ Oben: Konsonanten (graue Bereiche kennzeichnen unmögliche Artikulationen). Weiteres Zeichen: ʍ labial-velarer Approximant. Abkürzungen: „stl." stimmlos, „sth." stimmhaft. – ▸ Rechts: Vokale (begradigtes Vokaltrapez). Zusatzsymbole: ˈ Hauptton, ˌ Nebenton; ː Länge, ˜ Nasalität. Abkürzungen: „–R" ungerundet (i.e. mit Lippenspreizung), „+R" gerundet (mit Lippenrundung). – Hinweis: [ɶ] (z.B. in nhd./dial. [wiener.] *dā̃* [dɶː] 'Teil') ist hier entgegen IPA („open") als halbtiefer Vokal eingetragen.

Vokale

Artikulationsort ▸	palatal (vorne)		neutral		velar (hinten)	
Zungenlage ▾	–R	+R	–R	+R	–R	+R
hoch (geschlossen)	i	y	ɨ	ʉ	ɯ	u
halbhoch	ɪ	ʏ				ʊ
mittelhoch	e	ø	ɘ	ɵ	ɤ	o
mittel			ə			
mitteltief	ɛ	œ	ɜ	ɞ	ʌ	ɔ
halbtief	æ	ɶ	ɐ			
tief (offen)			a		ɑ	ɒ

Lautgesetz, regelhafter Prozeß der Veränderung eines Lautes (genauer: des Ersatzes eines Lautes durch einen anderen); betrifft das L. eine ganze Gruppe von Lauten, spricht man von **Lautverschiebung**.

Lautwandel, Prozeß der Veränderung eines Lautes (genauer: des Ersatzes eines Lautes durch einen anderen); hat der L. für den ganzen Wortschatz Gültigkeit, handelt es sich um ein → Lautgesetz. Der L. vollzieht sich vom lautlichen Kontext abhängig (urn. *w* schwindet vor folgendem *ō̆* oder *ū̆*; **kombinatorisch**, kontextsensitiv, bedingt) oder unabhängig (an. *au* > aschwed. adän. *ø̄* in allen Positionen; **spontan**, kontextfrei, unbedingt).

Lenierung, → Lautwandel durch Verringerung des Atemdrucks, z.B. adän. *p*, *t*, *k* > *b*, *d*, *g* (stimmlose Plosive werden durch stimmhafte Plosive ersetzt).

Lexem, Grundelement des → Lexikons; ⇉ Wort.

Lexikon, **1.** Wortschatz einer Sprache (Gesamtmenge aller → Lexeme); **2.** Zusammenstellung des Wortschatzes in einem Wörterbuch.

Liquida, traditioneller Oberbegriff für → Laterale (z.B. [l]) und → Vibranten (z.B. [r], [ʀ]).

Maskulinum (männliches Geschlecht), dient beim → Substantiv der Klassenbildung; die Zuweisung des → Genus ist zum Teil arbiträr.

Matrixsatz (‘Obersatz’), strukturell übergeordneter Satz.

Mediopassiv (Medium), Position in der → Kategorie → Diathese; ist sowohl agens- als auch patiensbezogen: das → Subjekt übt eine Tätigkeit an sich selbst aus, ist also auch → Objekt (*Jakob wäscht sich*). Im Altisländischen hat das Mediopassiv v.a. → reflexive und → reziproke Bedeutung.

Merkmal, Komponente eines sprachlichen Elements. **1.** → Phonologie: Im → Minimalpaar ne. *big* [ˈbig] ‘groß’ : *pig* [ˈpɪg] ‘Schwein’ unterscheiden sich [b] und [p] in dem **distinktiven** (bedeutungsdifferenzierenden) M. [±stimmhaft]. **2.** In der → Semantik dienen M. als ‘Bedeutungsbausteine’ der Aufgliederung von Wortbedeutungen (aisl. *sinn* ‘sein’ [+reflexiv]).

Metathese (Inversion), Umstellung von Phonemen, oft bei → Liquiden, z.B. in ae. *hors* ‘Roß’ (: aisl. *hross* etc.).

Minimalpaar, zwei Wörter (oder Formen) abweichender Bedeutung, die sich in genau einem → Phon (das dann als → Phonem zu klassifizieren ist) in derselben Position voneinander unterscheiden; nhd./dial. (bair.-österr., z.B. wiener.) *dǟ* [dœː] ‘Teil’ : *sǟ* [sœː] ‘Seil’ zeigen die phonologische → Opposition /d/ : /s/.

Modalverb, Untergruppe der → Verba mit modaler Bedeutung; meist zu den → Auxiliarverba gezählt.

Modus, Verbalkategorie, durch die eine Stellungnahme zum Realitätsgehalt des geäußerten Sachverhalts ausgedrückt wird; → Imperativ, → Indikativ, → Konjunktiv.

Monophonematische Wertung, zwei aufeinanderfolgende Laute werden als ein Phonem klassifiziert (nach manchen [pf] in nhd. *Napf* als /p͜f/ oder, in anderer Notation, /p^{f}/); ≠ diphonematische Wertung.

Monophthong, vokalischer Einzellaut; → Diphthong.

Morph, noch nicht (als Repräsentant eines → Morphems) klassifizierte kleinste bedeutungstragende Lautsequenz; vgl. → Allomorph.

Morphem, kleinstes bedeutungstragendes Element der Sprache, wird zwischen geschweiften Klammern notiert (z.B. *Wolf* {wolf}); Gegenstand der → Morphologie. **Gebundene** M. sind wort- und formenbildend; → Wortbildungsmorphem, → Flexionsmorphem.

Morphologie, Teildisziplin der Sprachwissenschaft, die die Wort- und Formenbildung der Wörter zum Gegenstand hat; → Wortbildung, → Formenlehre.

Morphophonematik (Morphophonologie), Zwischenebene, auf der die phonologische Struktur von Wörtern morphembezogen untersucht wird.

Morphosyntax, bezieht sich auf die Kennzeichnung syntaktischer Funktionen (→ Syntax) mit morphologischen Mitteln (→ Morphologie), z.B. mittels → Flexiven.

Name → Eigenname.

Nasal, Laut, bei dessen Artikulation die Luft durch den Nasenraum ausströmt, während das Gaumensegel (Velum) gesenkt ist; bei oralem Verschluß entsteht ein nasaler → Konsonant (z.B. [m]), ohne oralen Verschluß ein nasaler → Vokal (z.B. [ã] in frz. *sans* [sã] 'ohne').

Nebensatz, strukturell abhängiger Satz.

Nebenton (Nebenakzent) → Ton (**1**).

Neutralvokal (ungenau auch: Zentralvokal), mit neutraler Zungenstellung gebildeter Vokal (z.B. [ə]; → Schwa).

Neutrum (sächliches Geschlecht), dient beim → Substantiv der Klassenbildung; die Zuweisung des → Genus ist zum Teil arbiträr.

Nomen appellativum → Appellativum.

Nomen proprium → Eigenname.

Nomen, Oberbegriff für die → Wortarten **1.** (im engeren Sinn) → Substantiv und → Adjektiv, **2.** (im weiteren Sinn) auch → Pronomen und → Numerale (Kriterium: → Deklination).

Nominalgruppe, → Syntagma mit einem → Substantiv als Kern.

Nominativ, Position in der → Kategorie → Flexion; Subjektkasus und lexikalische Grundform (Wörterbucheintrag) von Nomina (→ Nomen).

Nullmorph, Spezialfall von Allomorphie, bei dem ein → Morphem (zumeist ein → Flexiv) ausdruckseitig nicht realisiert ist: in aisl. *konung-Ø* Akk. Sg. 'König' repräsentiert -Ø das Flexiv {Akk. Sg.}.

Numerale (Pl. Numeralia), → Wortart, die genau definierte Quantitäten (Zahlen bzw. Mengen) bezeichnet; morphologisch verhalten sich viele N. wie → Adjektiva oder → Pronomina. Die wichtigsten N. sind → Kardinale und → Ordinale.

Numerus (Zahl), Nominalkategorie, die der Kennzeichnung von Quantitätsverhältnissen dient. Das Numerussystem des Altisländischen umfaßt die Positionen → Singular und → Plural, bei den → Personalpronomina auch → Dual.

Objekt, → Satzglied, das die von einem Geschehen betroffenen Personen, Gegenstände oder Sachverhalte markiert (logisch-semantisch gesehen: das **Patiens**); das O. wird durch einen → Casus obliquus ausgedrückt.

Obliquus ⇉ Casus obliquus.

Obstruent, Oberbegriff für → Plosive (Verschlußlaute) und → Frikative (Reibelaute).

Okklusiv ⇉ Plosiv.

Opposition, phonologische, liegt vor, wenn sich zwei Wörter (mit abweichender Bedeutung) in genau einem Laut unterscheiden: [ɪ] und [ʏ] im → Minimalpaar nhd. *Kiste* : *Küste* stehen in Opposition (Merkmal [±gerundet]) und sind daher als → Phoneme /i/ und /y/ zu bestimmen.

Ordinalia (als Sg. nur **Ordinalzahl** gebräuchlich), Untergruppe der → Numeralia; bezeichnen einen bestimmten Punkt in einer Reihenfolge (Ordnungszahlen).

Orthographie (Rechtschreibung), reglementierte schriftliche Wiedergabe einer Sprache. Die Verschriftung mittelalterlicher Volkssprachen beruht zumeist auf Usus; die modernen europäischen Nationalsprachen sind seit dem 19. Jahrhundert (mehrfach) kodifiziert bzw. amtlich normiert worden.

Palatal, am harten Gaumen (Palatum) gebildeter Laut; es kann sich um einen → Konsonanten (z.B. [c]) oder um einen → Vokal (z.B. [e]) handeln.

Palatalisierung, Veränderung des → Artikulationsortes zum harten Gaumen (Palatum) (lat. *domina* > **donna* > span. *doña* [ˈdoɲa] ‘Frau’).

Paradigma (‘Beispiel, Muster’), **1.** im engeren Sinn alle Formen eines Wortes, die dann ein Flexionsmuster bilden; **2.** im weiteren Sinn jede vertikale Beziehung austauschbarer sprachlicher Elemente (z.B. → Opposition, phonologische).

Partikel, ‘inhaltsarme’ und unflektierbare → Wortart; ‘Füllwörter’ ohne verbindende Funktion.

Partizip, infinite → Verbform, die einen Vorgang (*fahrend*: Partizip I) oder ein Ergebnis als Folge eines Vorgangs (*gefahren*: Partizip II) bezeichnet. Das P. dient im Altisländischen zur Bildung von → Perfekt, → Plusquamperfekt und → Passiv.

Passiv, Position in der → Kategorie → Diathese; patiensbezogen: am → Objekt wird (vom → Subjekt) eine Tätigkeit ausgeübt (*Jakob wird gewaschen*).

Patiens → Objekt.

Perfekt, Position in der → Kategorie → Tempus; zeigt eine Begrenzung eines Geschehens an ('vollzogen', dazu 'zeitindifferent' im Sinne von 'vergangen, in die Gegenwart hineinwirkend'); im Altisländischen analytisch gebildet.

Person, Verbalkategorie; zeigt an, ob sich ein Geschehen auf den/die Sprecher(in) (1. Person), den/die Angesprochene(n) (2. Person) oder einen/eine Besprochene(n) (3. Person) bezieht.

Personalpronomen, Untergruppe des → Pronomens; dient zum Verweis auf den/die Sprecher(in) (1. Person), den/die Angesprochene(n) (2. Person) oder einen/eine Besprochene(n) (3. Person).

Philologie, **1.** Oberbegriff für Sprach- und Literaturwissenschaft mit all deren Teildisziplinen; **2.** Beschreibung und Dokumentation von Texten.

Phon ⇉ Laut.

Phonem, kleinstes bedeutungsunterscheidendes Element (Lautsegment) der Sprache, wird zwischen Schrägstrichen notiert: /a/; Gegenstand der → Phonologie.

Phonematik ⇉ Phonologie.

Phonemspaltung, Prozeß, bei dem durch → Lautwandel aus → Allophonen eines → Phonems selbständige Phoneme entstehen: spät-urn. /u/ (je nach lautlichem Kontext [ʊ] oder [ʏ] realisiert) > spät-urn. an. /u/ : /y/ (nach Wegfall der konditionierenden Faktoren).

Phonemzusammenfall, Prozeß, bei dem es durch → Lautwandel zum Verlust eines → Phonems kommt: adän. /θ/ wird durch /t/ ersetzt und fällt nach Aufhebung der → Opposition zu bereits vorhandenem /t/ mit diesem zusammen.

Phonetik, Teildisziplin der Sprachwissenschaft, die die akustisch-artikulatorischen Eigenschaften der Laute zum Gegenstand hat.

Phonologie, Teildisziplin der Sprachwissenschaft, die die Funktion der Laute im sprachlichen System zum Gegenstand hat.

Phrase, Wortfolge, die eine unmittelbare Satzkonstituente bildet. Eine **Nominalphrase** enthält obligatorisch ein → Nomen als Kern und fakultative Ergänzungen (z.B. → Apposition, → Attribut), eine **Verbalphrase** enthält obligatorisch ein → Verb als Kern und fakultative Ergänzungen (→ Adverbialbestimmung, → Objekt).

Pleonasmus, Überfülle des Ausdrucks durch Häufung von gleichen oder ähnlichen Bedeutungselementen (*Färöer-Inseln*).

Plosiv (Verschlußlaut, auch Klusil, Okklusiv), entsteht durch das Geräusch der ausströmenden Luft nach dem Lösen eines Verschlusses am Artikulationsort (z.B. → stimmhaft [b], → stimmlos [p]).

Plural, Position in der → Kategorie → Numerus; drückt Vielheit bzw. Mehrzahl aus.

Plusquamperfekt, Position in der → Kategorie → Tempus; zeigt die Begrenzung eines vergangenen Geschehens an (Merkmale 'vollzogen' und 'vergangen'); im Altisländischen analytisch gebildet.

Positiv, Position in der → Kategorie → Gradus; bildet im Komparationsparadigma (→ Komparation) die Grundstufe, bei der kein Vergleich von Werten vorgenommen wird.

Possessivpronomen, Untergruppe des → Pronomens; drückt Zugehörigkeit aus.

Prädikat, → Satzglied, das die auf das → Subjekt bezogene Handlungen, Vorgänge und Zustände bezeichnet; besteht aus einer Verbalform (→ Verb) oder aus Verbalform und → Prädikativum.

Prädikativum, nominaler Prädikatsteil; meist ein → Adjektiv (norw. *Magnus er ung* 'M. ist jung') oder ein → Substantiv (norw. *Magnus er storme(i)ster* 'M. ist Großmeister').

Präfix, der → Wurzel vorangehendes Wortbildungselement, z.B. *Ur-* in nhd. *Urlaub.*

Präposition, 'inhaltsarme' und unflektierbare → Wortart mit verbindender Funktion. P. regieren den → Kasus des zugeordneten → Substantivs; das Verhältnis zum Bezugswort kann lokal, temporal, kausal oder modal sein.

Präsens, Position in der → Kategorie → Tempus; markiert die Aktualität, Aktualisierung oder allgemeine Gültigkeit eines Geschehens ('allgemein', 'zeitindifferent, v.a. gegenwärtig').

Präteritopräsens, ursprünglich starkes, also ablautendes Verb (→ Verb, starkes), dessen ursprüngliche Präteritalformen eine Präsensbedeutung angenommen haben, vgl. gr. εἶδον *eĩdon* 'sehen, erfahren', Perfekt οἶδα *oĩda* (= aisl. *veit*, ahd. *weiz* 'weiß') 'ich habe erfahren' → 'ich weiß, kenne'.

Präteritum, Position in der → Kategorie → Tempus; markiert ein Geschehen als dezitiert zeitlich zurückliegend, ohne daß eine Begrenzung angezeigt wird ('explizit vergangen').

Pronomen (Pl. Pronomina), → Wortart mit vertretender bzw. verweisender Funktion; je nach Kontext wird auf verschiedene Gegenstände oder Sachverhalte referiert. Morphologisch sind die P. durch → Deklination (→ Flexion) gekennzeichnet und unterliegen der → Kongruenz mit ihren Bezugselementen.

Reduktion (von Vokalen), → Lautwandel durch → Zentralisierung von Vokalen, z.B. adän. *e* (etc.) > *ə*.

Reduplikation, Verdoppelung von Wortsegmenten (anlautender → Konsonant in got. *s̱aí-s̱lēp* 'schlief' : *s̱lēpan* 'schlafen') oder des ganzen Wortkörpers (lat. *quis-quis* 'wer auch immer' : *quis* 'wer').

Reflexiv, bezeichnet die Referenzidentität von → Subjekt und → Objekt; → Mediopassiv, → Reflexivpronomen.

Reflexivpronomen, Untergruppe des → Pronomens; bezieht sich als → Objekt auf das → Subjekt (*Anand verteidigt sich*).

Reibelaut ⇉ Frikativ.

Relativpronomen, Untergruppe des → Pronomens; verweist im abhängigen → Satz auf ein unmittelbar vorangehendes → Satzglied des → Matrixsatzes. Das Altisländische kennt nur unflektierbare **Relativpartikel** (→ Partikel) wie *er* oder *sem*.

Resonant, ist durch (relative) Öffnung und durch keine oder nur (relativ) geringe Geräuschbildung charakterisiert ist: → Vokal, → Halbvokal, → Liquida, → Nasal.

Reziprok, bezeichnet die wechselseitige Beziehung von → Subjekt und → Objekt (*sie geben einander die Schuld*).

Rhotazismus, → Lautwandeltyp, bei dem [z] durch [r] (Buchstabenname gr. ρ ‹r›: *rho*) ersetzt wird (urn. *raunijaz* > aisl. *reynir* 'Erprober').

Rundung → Gerundet (vs. ungerundet).

Saṃprasāraṇa, → Lautwandeltyp, bei dem der → Halbvokal vor synkopiertem Vokal (→ Synkope) silbische Funktion übernimmt, i.e. durch → Vokal ersetzt wird (*-ja-* [quasi *-i̯a-*] > *-i-* in urn. *Har-i-wolafʀ* < urgerm. **Har-ja-*).

Satz, inhaltlich, strukturell und bezüglich → Intonation relativ unabhängige und vollständige Redeeinheit.

Satzgefüge, entsteht durch subordinative (hypotaktische) Verknüpfung von Sätzen: → Matrixsatz und Ergänzungssatz (*Sie fragt sich, ob sie richtig gehandelt hat*), Adverbialsatz ('Angabesatz'; dän. *Jeg gik, da Vladimir kom hjem* 'Ich ging, als V. heimkam'), Attributsatz (Gliedteilsatz; ne. *I know who said that* 'Ich weiß, wer das sagte').

Satzglied (Satzkonstituente), relativ selbständiges Funktionselement im Satz; → Adverbialbestimmung, → Objekt, → Prädikat, → Subjekt.

Satzreihe, entsteht durch koordinative (parataktische) Verknüpfung von Sätzen.

Schwa (Murmelvokal, Zentralvokal), in mittlerer Zungenlage an neutralem → Artikulationsort gebildeter Vokal [ə].

Schwachton → Ton (**1**).

Schwächung → Reduktion (von Vokalen).

Semantik, Teildisziplin der Sprachwissenschaft, die die Bedeutung der sprachlichen Zeichen zum Gegenstand hat.

Silbe, kleinste lautübergreifende Einheit im natürlichen Sprechfluß, gliedert diesen rhythmisch. Eine auf Vokal endende S. wird als **offen**, eine auf einem oder mehreren Konsonanten endende S. als **geschlossen** bezeichnet.

Silbengewicht: eine Silbe gilt als **leicht**, wenn auf Kurzvokal im Silbengipfel höchstens ein → Konsonant folgt (°*V̆C*), als **schwer**, wenn auf Kurzvokal zwei Konsonanten folgen (°*V̆CC*) oder auf Langvokal bzw. → Diphthong höchstens ein Konsonant (°*V̄C*, °*VVC*) und als **überschwer**, wenn auf Kurzvokal mehr als zwei Konsonanten folgen (°*V̆CCC*) oder auf Langvokal bzw. Diphthong mehr als ein Konsonant (°*V̄CC*, °*VVCC*).

Silbengipfel (Silbenkern), mit der größten Schallfülle (Sonorität) versehenes Element der Silbe; Silbenträger (→ Sonant) ist fast immer ein → Vokal (*W̱olf*), nur ausnahmsweise ein → Sonorkonsonant (čech. *vl̠k* 'Wolf').

Silbensenke, auf den Silbengipfel folgende(r) Konsonant(en).

Singular, Position in der → Kategorie → Numerus; drückt Einheit bzw. Einzahl aus.

Sonant (Silbenträger), Laut, dem silbengipfelbildende Funktion zukommt: in der Regel ein → Vokal, nur selten eine → Liquida (also → Vibrant oder → Lateral: čech. *Brno* [ˈbr̩nɔ] Stadtname, čech. *vlk* [ˈvl̩k] 'Wolf') oder ein → Nasal (uridg. **(d)k̑m̥tóm* [cm̩tˈɔm] '100').

Sonorkonsonant (Sonorant), → Konsonant, bei dessen Artikulation die Luft im wesentlichen unbehindert ausströmt, sodaß der S. als Silbenträger fungieren kann (→ Sonant); → Liquida, → Nasal.

Spannsatz, Satz mit Drittstellung des finiten → Verbs („V3").

Spirant ⇉ Frikativ.

Sprachfamilie, Gruppe genetisch verwandter Sprachen, die von einer gemeinsamen Grundsprache abstammen, z.B. → Indogermanisch (→ Urindogermanisch).

Sprachwandel, Prozeß der Veränderung von Sprachelementen. S. vollzieht sich auf allen Ebenen des Sprachsystems; vgl. → Analogie, → Bedeutungswandel, → Lautwandel.

Sprachzweig, Untergruppe genetisch verwandter Sprachen, die von einer gemeinsamen Grundsprache abstammen, z.B. → Germanisch (→ Urgermanisch).

Sproßvokal → Anaptyxe.

Stamm, aus → Wurzel und → Suffix bestehendes Kombinat, z.B. *lupu-* in lat. *lup-u-s* 'Wolf'.

Stimmhaft (vs. stimmlos), phonetisches → Merkmal, das durch Vorhandensein (bzw. Abwesenheit) einer Stimmbeteiligung (Schwingen der Stimmlippen) definiert ist (also [±stimmhaft]).

Stirnsatz, Satz mit Erststellung des finiten → Verbs („V1").

Subjekt, → Satzglied, das in der Regel den Träger eines Geschehens oder Seins bezeichnet (logisch-semantisch gesehen: das **Agens**); das S. wird durch den → Nominativ markiert.

Substantiv, → Wortart, die Gegenständlichkeit im weitesten Sinn ausdrückt (also auch Lebewesen, Sachverhalte und Abstraktes bezeichnet). Morphologisch ist das S. durch → Deklination (→ Flexion) gekennzeichnet; syntaktisch fungiert das S. als → Subjekt oder → Objekt, ferner auch als → Prädikativum.

Suffix, auf die → Wurzel folgendes Wortbildungselement, z.B. *-u-* in lat. *lup-u-s* 'Wolf'; → Wurzel und → Suffix ergeben den → Stamm.

Superlativ, Position in der → Kategorie → Gradus (→ Komparation); bezeichnet den höchsten Grad bei mehr als zwei vergleichbaren Werten oder einen sehr hohen Grad einer Eigenschaft (sog. **Elativ**).

Suppletion, Zusammenschluß etymologisch verschiedener Teilparadigmata zu éinem Flexionsparadigma (dän. *god – bedre* 'gut – besser').

Suprasegmentale Eigenschaft (prosodische Eigenschaft), 'überlagert' einzelne Segmente (wie → Phoneme) und ist daher nicht segmentierbar; als → distinktives Merkmal können Artikulationsdauer (/i/ : /ī/), Atemdruck oder Tonhöhe bzw. -verlauf auftreten, vgl. → Ton.

Synchronie, bezieht sich auf den Zustand einer Sprache zu einem gegebenen Zeitpunkt.

Synkope, Schwund eines Vokals im Wortinneren; vgl. → Apokope.

Syntagma ('Zusammengestelltes'), **1.** im engeren Sinn eine Abfolge syntaktisch zusammengehörender Wörter (Wortgruppe oder → Satz); **2.** im weiteren Sinn jede horizontale Beziehung bzw. Verknüpfung sprachlicher Elemente zu größeren Einheiten.

Syntax (Satzlehre), Teilgebiet der → Grammatik (**1**), beschreibt den Bau von Wortgruppen und Sätzen (→ Satz).

Tektal, am Gaumendach gebildeter Laut; Oberbegriff für → Palatal und → Velar.

Tempus, Verbalkategorie, die eine zeitliche Relation zwischen sprachlicher Äußerung und geäußertem Sachverhalt ausdrückt; → Futur I und II, → Perfekt, → Plusquamperfekt, → Präsens, → Präteritum.

Themavokal, vokalisches → Suffix zwischen → Wurzel und → Endung (urgerm. **wulf-a-z* 'Wolf').

Ton, **1.** Im engeren Sinn (= dynamischer Akzent, Druckakzent) Hervorhebung durch verstärkten Atemdruck (Lautstärke) bei der Artikulation eines → Vokals; je nach Intensität sind **Hauptton**, **Nebenton** und **Schwachton** (in 'unbetonter' Silbe) zu unterscheiden. **2.** Im weiteren Sinn (= Intonation) jede Hervorhebung bei der Artikulation von Silben, Wörtern, Wortgruppen und Sätzen; in mehrsilbigen Wörtern kann nicht nur der Atemdruck variiert werden (dynamischer Akzent, s. vorhin), sondern auch die Tonhöhe oder der Tonhöhenverlauf (musikalischer Akzent wie in schwed. *anden* /ˈandɛn/ 'die Ente' [Akzent 1] vs. *anden* /ˋandɛn/ 'der Geist' [Akzent 2]).

Topikalisierung, Transfer eines → Satzglieds an den Satzbeginn (in das Vorfeld vor das finite → Verb).

Transitiv → Verb, transitives.

Triphthong, Folge von drei artikulatorisch untrennbaren vokalischen Elementen (nhd./dial. [burgenländ.] *wiɒün* [ˈviɐʏn̩] 'wühlen').

Umlaut, → Lautwandeltyp, bei dem der Vokal der haupttonigen Silbe an einen Vokal der schwachtonigen Folgesilbe angeglichen wird (urgerm. *e* > urn. *i* vor *i*, *j*).

Urgermanisch, rekonstruierte gemeinsame Grundsprache der germanischen Sprachen (→ Germanisch).

Urindogermanisch, rekonstruierte gemeinsame Grundsprache der indogermanischen Sprachen (→ Indogermanisch).

Urnordisch, in Runeninschriften bezeugte gemeinsame Grundsprache der nordgermanischen Sprachen.

Uvular, am Gaumenzäpfchen (Uvula; vom weichen Gaumen ausgehend) gebildeter Laut (z.B. Zäpfchen-*r* [ʀ]).

Velar, am weichen Gaumen (Velum) gebildeter Laut; es kann sich um einen → Konsonanten (z.B. [k]) oder um einen → Vokal (z.B. [o]) handeln.

Verb, → Wortart, die Handlungen, Vorgänge und Zustände ausdrückt. Morphologisch ist das V. durch → Konjugation (→ Flexion) gekennzeichnet; syntaktisch fungiert das V. als → Prädikat.

Verb, intransitives, regiert kein → Objekt im → Akkusativ, sodaß keine Bildung eines → Passivs möglich ist (*Schnee fällt*) oder ein Objekt (z.B. im → Dativ) nicht zum → Subjekt des Passivsatzes transformiert wird (*Rechtsdrehende Milchsäure hilft dem Darm* : *Dem Darm wird geholfen*).

Verb, transitives, regiert ein → Objekt im → Akkusativ, das bei der Bildung eines → Passivs zum → Subjekt des Passivsatzes wird (*Der Klingone tötet den Romulaner* : *Der Romulaner wird von dem Klingonen getötet*).

Verbform, finite, ist durch die → Kategorien der → Konjugation bestimmt.

Verbform, infinite, ist bezüglich der Verbalkategorien → Person und → Numerus bzw. auch → Modus unbestimmt; → Infinitiv, → Partizip.

Vernersches Gesetz → Wechsel, grammatischer.

Verschlußlaut ⇉ Plosiv.

Vibrant, durch intermittierenden Verschluß bzw. Schwing- bzw. Zitterbewegung der Zunge gebildeter Laut (z.B. Zungenspitzen-*r* [r], Zäpfchen-*r* [ʀ]); vgl. → Rhotazismus.

Vokal, 'Öffnungslaut', bei dessen Artikulation die Luft (im Unterschied zu einem → Konsonanten) unbehindert ausströmt, ohne Enge- oder Geräuschbildung. V. sind in aller Regel → stimmhaft und bilden den → Silbengipfel (→

(→ Ton). V. werden nach → Artikulationsort (palatal, neutral, velar) und → Artikulationsart (Zungenlage tief, mittel, hoch) bzw. Lippenrundung (→ Gerundet vs. ungerundet) in Klassen eingeteilt; s. Fig. 4 (S. 205).

Vokalharmonie, qualitative Abhängigkeit des Neben- oder Schwachtonvokals vom Haupt- oder Nebentonvokal (anorw. *e* ~ *i* in *bróðer* 'Bruder' : *systir* 'Schwester').

Vorgangspassiv, drückt einen Vorgang aus (prozessual: *Pompeji wurde zerstört*); → Zustandspassiv.

Wechsel, grammatischer, durch unterschiedliche Betonung verursachter Wechsel von wurzelschließenden → Konsonanten im → Germanischen; gemäß einem von Karl Verner entdeckten → Lautgesetz (**Vernersches Gesetz**) werden die stimmlosen Frikative urgerm. *s*, *f*, *þ*, *x* (und x^w) stimmhaft, d.h. durch urgerm. *z*, *β*, *ð*, *γ* (und γ^w) ersetzt, wenn der → Hauptton des Wortes ursprünglich (i.e. im → Urindogermanischen und frühesten → Urgermanischen) nicht unmittelbar vorangeht: urgerm. **wēs̲úm* 1. Pers. Pl. Prät. 'waren' > **wēz̲um* (früh-aisl. *órum*, ahd. *wārun*, ne. *were* mit *r* < *z* durch → Rhotazismus), dagegen **wás* 1./3. Pers. Sg. Prät. 'war' (früh-aisl. *vas*, ahd. ne. *was*).

Wort, morphologisch-syntaktisch definierte sprachliche Einheit: „minimale freie Form" (Leonard Bloomfield), d.h. kleinster relativ selbständiger Bedeutungsträger.

Wortart (Wortklasse), Resultat der Klassifikation von Wörtern; nach grammatischen (morphologischen und syntaktischen) Kriterien kann das in Fig. 5 (S. 216) vorgestellte Ermittlungsverfahren angewendet werden.

Wortbildung, Schaffung neuer Wörter aus vorhandenem Wortmaterial; die beiden Haupttypen sind → Derivation (Ableitung) und → Komposition.

Wortbildungsmorphem, dient der → Derivation.

Wortklasse ⇉ Wortart.

Wortschatz ⇉ Lexikon.

Wortsippe (Wortfamilie), etymologisch zusammengehörende Wörter.

Wurzel (Wortstock), Kern eines Wortes, wird durch die einer → Wortsippe gemeinsamen → Phoneme gebildet (*lup-* in lat. *lup-u-s* 'Wolf'); W. und → Suffix (*-u-*) ergeben den → Stamm (*lupu-*).

Wurzelnomen, Substantiv, bei dem die → Endung direkt (d.h. ohne → Suffix) an die → Wurzel tritt, z.B. lat. *vōx* 'Stimme' (i.e. *vōc-Ø-s*).

Zeichen, sprachliches, Grundelement einer allgemeinen Zeichentheorie (Semiotik); Einheit von → Inhalt und → Ausdruck (Bezeichnetem und Bezeichnendem, auch Bedeutung und Zeichenkörper bzw. Vorstellung und Lautbild) zum Zwecke der Kommunikation.

Wort
- ↳ flektierbar
  - ↳ konjugierbar: VERB
  - ↳ deklinierbar
    - ↳ mit Determinator (Artikel) zu verbinden: SUBSTANTIV
    - ↳ nicht mit Determinator (Artikel) zu verbinden
      - ↳ komparierbar (steigerungsfähig): ADJEKTIV
      - ↳ eingeschränkt komparierbar: ADVERB I (ADJEKTIVADVERB)
      - ↳ nicht komparierbar (steigerungsfähig): PRONOMEN
- ↳ nicht flektierbar
  - ↳ kann Satzgliedwert haben: ADVERB II
  - ↳ kann keinen Satzgliedwert haben
    - ↳ mit verbindender Funktion
      - ↳ mit Kasusforderung: PRÄPOSITION
      - ↳ ohne Kasusforderung: KONJUNKTION
    - ↳ ohne verbindende Funktion: PARTIKEL

Fig. 5: Fließdiagramm zur Bestimmung von Wortarten traditioneller Prägung.

Zentralisierung (Schwächung, Reduktion), Ersatz eines → Vokals höherer oder tieferer Zungenlage durch den mittleren (und neutralen) → Schwa-Laut [ə].

Zusammensetzung ⇉ Kompositum.

Zustandspassiv, drückt einen Zustand als Ergebnis eines Vorgangs aus (stativ-resultativ: *Pompeji ist zerstört*) ; → Vorgangspassiv.